# 우리는 유아통합교육 교사입니다

## 18명의 유아교사와 유아특수교사가<br>함께 연주하는 협력교수 교향곡

백상수 · 한민경 · 류은영 · 강 솔 · 김소원 · 김연재
김유정 · 박수빈 · 송선영 · 신민선 · 양예림 · 유민하
윤원주 · 이유라 · 임재영 · 전현태 · 정은지 · 하지윤

KNOWLEDGE COMMUNITY 공동체

## 우리는 모든 유아를 위해 헌신하는 교사들입니다

존경하는 독자 여러분께,

우리는 유아통합교육이라는 울타리 안에서 아이들과 함께 성장하는 통합학급 교사(유아교사)와 유아특수교사입니다. 이 책은 우리 18명이 유아통합교육 현장에서 마주한 다채로운 경험과 깊은 고민, 그리고 그 속에서 발견한 진솔한 이야기들을 담아낸 여정의 기록입니다.

서로 다른 전공, 다양한 대학, 각기 다른 자격증을 가졌지만, "모든 유아가 행복한 교육"이라는 하나의 꿈을 향해 함께 나아가는 동반자입니다. 이 책에 실린 글들은 오롯이 우리 개인의 경험과 시각을 바탕으로 쓰였습니다. 통합학급 담임교사로서, 유아특수교사로서 각자의 교직 정체성을 확고히 한 채, 통합교육 현장을 바라보며 느낀 점들을 가감 없이 담아내고자 노력했습니다. 따라서 이 글들은 저자 전체의 합의된 관점을 반영하는 것이 아니며, 통합학급 담임교사들과 유아특수교사들이 각자의 입장에서 어떠한 입장의 협의를 거쳐 쓰인 결과물도 아닙니다.

우리는 유아통합교육이라는 이름 아래, 각기 다른 빛깔을 지닌 경험과 배경을 품고 모였습니다. 유아교사로서, 유아특수교사로서, 서로 다른 렌즈를 통해 세상을 바라보며, 때로는 같은 곳을 향하면서도 다른 풍경을 마음에 담아 왔습니다. 이 책은 바로 그 다름 속에서 피어난 이야기들의 모음입니다.

## 이 책은, 바로 이러한 현실 속에서 18명의 교사들이 함께 만들어낸 '협력의 악보'입니다

18명의 유아교사와 유아특수교사들은 각자의 교실에서 '협력'이라는 주제를 탐구하며, 수많은 음표들을 채워나갔습니다. 우리는 누구보다도 유아교육 현장의 양쪽 입장을 깊이 이해하고 있으며, 각자의 자리에서 쌓아온 소중한 경험들을 가지고 있습니다. 그렇기에 이 악보에 담긴 우리의 이야기는 어느 한쪽으로 치우치지 않고, 진정으로 아이들을 위해 무엇을 해야 하는지에 대한 끊임없는 고민과 성찰을 담고 있습니다.

우리는 서로 다른 배경과 경험을 가진 교사들이 각자의 고유한 목소리를 내는 것 자체가 매우 의미 있다고 생각합니다. 각자의 독창적인 관점이 존중받고, 다양한 시각이 공존할 때 비로소 통합교육은 더욱 풍성해지고, 아이들을 위한 진정한 협력이 가능해진다고 믿기 때문입니다.

우리는 각자의 고유한 목소리가 존중받을 때, 진정한 통합교육의 의미가 살아난다고 믿습니다. 획일적인 시선으로는 담아낼 수 없는 영유아들의 다채로운 가능성을 발견하고, 서로의 부족한 부분을 채워주며 함께 성장하는 것, 이것이 바로 우리가 꿈꾸는 협력입니다. 다양한 시각이 공존하는 교실이야말로 모든 아이들이 자신의 잠재력을 마음껏 펼칠 수 있는 따뜻한 공간이 될 수 있다고 확신합니다.

물론 서로 다른 관점은 때로는 오해를 낳고, 예상치 못한 상처를 남길 수도 있습니다. 마치 서로 다른 악기가 조화로운 연주를 만들어내기까지 끊임없는 조율이 필요한 것처럼, 서로를 이해하고 공감하는 과정 또한 쉽지 않을 수 있습니다. 하지만 우리는 이러한 어려움을 피하지 않고, 서로의 입장을 존중하며, 열린 마음으로 진솔하게 대화하는 것이야말로 진정한 협력의 시작임을 굳게 믿습니다.

우리는 일반 유아와 특수교육대상유아의 통합교육을 지향하는 교육자의 관점, 분리 교육의 가치를 강조하는 교육자의 관점, 그 어느 한쪽의 입장이 아닌, 오직 아이들을 위해 모인 우리 모두의 이야기를 함께 써내려 가기로 결심했습니다. 이 책은 바로 그 협력의 과정을 통해 서로가 얻은 소중한 깨달음을 나누는 여정입니다. 독자 여러분께서도 이 책을 통해 '협력'이 지닌 위대한 힘을 함께 경험하고, 각자의 교육 현장에서 아이들을 위한 아름다운 협력의 음악을 연주할 수 있기를 진심으로 바랍니다.

**저자들은 각자의 팀에서, 같은 공간에서, 같은 아이들을 바라보며 유아교사와 유아특수교사로서 협력한 생생한 이야기들을 이 책에 담았습니다**

우리는 이 책을 통해 유아통합교육 현장에 대한 다양한 시각을 공유하고, 함께 고민하며, 더 나은 교육의 미래를 향해 나아가는 여정에 작은 보탬이 될 수 있기를 진심으로 바랍니다. 우리는 모두, 영유아들의 행복한 웃음을 지켜주고 싶은 마음 하나로 뭉친 교사들입니다. 함께 손잡고, 영유아들의 밝은 미래를 함께 만들어갑시다.

이 책은 영유아들의 순수한 목소리, 교사들 간의 뜨거운 협력, 그 모든 것을 아름다운 음표로 표현한 '협력의 악보'입니다. 이 악보를 통해 수많은 새로운 '연주자'들이 자신만의 악기로 또 다른 감동적인 음악을 선보이기를 기대합니다. 18명의 유아교사, 유아특수교사들은 하나의 교실에서 협력교수의 무한한 가능성을 탐구하며, 그 과정에서 얻은 값진 교훈과 깊은 통찰을 공유합니다.

유아교사와 유아특수교사가 함께 만들어가는 협력의 경험은 단순히 교육적 성과를 넘어, 교사 개인의 인간적인 성장과 발전에도 크게 기여합니다. 서로를 존중하고 신뢰하며, 아이들을 위해 함께 노력하는 과정에서 교사들은 더욱 단단해지고, 교실은 더욱 따뜻한 사랑으로 가득 찹니다. 협력교수는 교육 방법론을 넘어, 모든 아이들이 더 나은 미래를 꿈꿀 수 있도록 용기를 북돋아 주는 희망의 열쇠입니다.

특별히, 이 책에 참여한 저자들은 여러 가지 제약과 어려움, 특히 서로 다른 관점을 직면해야 하는 두려움, 오해, 그리고 다른 관점의 교육자들로부터의 비판에 대한 불안감 등 수많은 어려움을 감수하면서도 자발적으로 참여하였습니다. 이 책을 읽으시는 독자 여러분께서도 우리의 이러한 진심을 너그러이 헤아려주시고, 각 글에 담긴 개인의 관점을 그 자체로 존중해 주시기를 간곡히 부탁드립니다. 부디 이 책이 유아통합교육에 대한 낡은 편견과 고정관념을 깨고, 서로를 깊이 이해하고 함께 성장하는 소중한 니님놀이 되기를 소망합니다. 이러한 노력의 일환으로 본 저서의 수익금은 유아통합교육 발전을 위한 장학기금으로 전액 기부됩니다.

우리는 '같이'라는 단순하지만 강력한 가치를 실천하며, 모든 아이들이 자신의 잠재력을 마음껏 펼치고, 더 나은 미래를 향해 나아갈 수 있도록 돕는 여정을 묵묵히 걸어갈 것입니다.

'같이'의 가치를 실천하는 18명의 협력교수 실천가로서, 우리는 아이들을 위해 함께합니다.

이 책이 그 여정의 첫걸음이 되길 바랍니다.

2025년 12월

저자 일동

# 차 례

# 제 1 장
# 벽을 넘어, 다리를 놓다 : 유아교육과 특수교육의 포용적 성장

# 제1장
# 벽을 넘어, 다리를 놓다 : 유아교육과 특수교육의 포용적 성장

## 협력교수의 교육적 가치

백상수(대구대학교 유아특수교육과 교수/
한국유아특수교육학회 회장)

### 1. 왜 협력교수인가? 영유아들의 선택권과 권리를 존중하다

오랜 시간 유아특수교육 현장에 몸담아 온 저는, 이 책의 첫 장을 열며 깊은 감회에 젖습니다. '벽을 넘어, 다리를 놓다'라는 이 장의 제목처럼, 유아교육과 특수교육이 서로의 영역을 존중하고 협력하며 함께 성장하는 포용적인 미래를 꿈꾸는 제 간절한 바람이 담겨 있기 때문입니다.

저는 통합교육이 선택이 아닌 필수라고 생각합니다. 획일적인 교육 방식으로는 영유아들의 다양한 요구를 충족시킬 수 없습니다. 유아교사와 유아특수교사는 서로의 전문성을 존중하며 협력하여 아이들에게 맞춤형 지원을 제공해야 합니다. 유아교사는 유아특수교사와 함께 활동 계획을 세우고, 특별한 필요를 가진 유아들에게 맞춤형 지원을 제공하며, 유아특수교사는 유아교사에게 다양한 교육 방법과 자료를 공유하는 좋은 기회를 제공할 수 있습니다. 이러한 상호 협력은 단순히 수업을 진행하는 것을 넘어, 영유아들의 성장과 학습에 긍정적인 영향을 끼치며, 궁극적으로 누구도 소외되지 않는 포괄적인 교육 환경을 만들어내는 기반이 됩니다. 서로의 강점을 이해하고, 그에 맞춰 공동의 목표를 달성하기 위해 노력하는 것은 모두가 함께 성장할 수 있는 교육의 미래를 열어줄 것입니다.

통합교육은 유아교사와 유아특수교사 모두에게 필요한 권리이며, 교육을 받는 장소와 형식을 결정하는 데 중요한 요소입니다. 통합교육은 학생의 선택권을 침해하지 않으면서도 그들의 필요에 맞는 교육을 제공하는 방식으로 이루어져야 합니다. 각 교사의 협력이 이루어질 때 학생들은 보다 풍부하고 다양한 학습 경험을 할 수 있으며, 이러한 과정에서 학생들의 권리가 보장됩니다. 이러한 협력교수가 시행될 때 학생의 권리가 존중되므로 모두에게 긍정적인 교육 환경이 조성됩니다.

협력교수가 유아교육과 유아특수교육에서 중요한 이유는 바로 이 시기에 서로 다른 아이들이 각자의 필요를 충족하며 함께 성장할 수 있는 환경을 조성하는 데 있습니다. 협력 교육은 특수교육적 요구가 있는 아이들과 일반 아이들이 자연스럽게 함께 어울리며 서로의 다름을 인정하고 배우는 기회를 제공합니다. 이는 배움을 주체로서 받아들이도록 격려하며, 후에 다양한 삶의 도전을 헤쳐나갈 힘을 길러줍니다. 초등, 중등, 고등 교육에서는 이미 상당 부분 발달이 이루어진 상태에서 학습이 진행되기 때문에 유아 단계와 동일한 방식의 협력 교육이 필요치 않을 수 있습니다.

그러나 이는 유아교육에서의 통합적 접근의 효과와 필요성을 부정하는 것이 아닙니다. 오히려 유아 시기에 이러한 경험을 통해 더 나은 사회적 합류를 가능하게 하고, 각자가 지닌 다름을 존중하며 공존할 수 있는 기초를 마련하는 것입니다. 따라서 유아교육에서의 협력교수는 단순히 교육 방식을 넘어, 모든 아이들이 함께 성장하며 포용적인 사회의 일원이 되기 위한 중요한 밑바탕을 형성합니다. 이는 교육자와 정책 결정자들이 추구하는 궁극적인 목표와 완전히 일치하는 방향이며, 함께 이 필요성을 이해하고 이를 적극적으로 지원하는 것이 우리에게 주어진 과제일 것입니다.

협력교수는 영유아들의 교육권을 보장하기 위해 필요한 요소로서, 이는 부모가 자녀의 교육에 대해 선택할 권리를 실현하는 데 기여합니다. 협력교수는 영유아들의 발달에 도움이 되는 효과적인 교육 방법으로 입증된 바 있으며, 그에 따라 영유아들의 관심과 필요를 반영한 맞춤형 교육이 가능합니다. 헌법상 교육받을 선택권과 거부할 수 없는 권리가 보장되는 만큼, 협력교수가 영유아들의 발달에 도움이 되지 않는다면 실행되어서는 안 됩니다. 유아교육에서 특수교육의 이해와 적용을 무시하는 것은 유아특수교육이 가지는 상호 보완적 가치를 저평가하는 것입니다. 유아교사들은 특수교육에 대한 기본적인 이해와 관심을 가질 필요가 있으며, 이는 영유아들의 다양한 요구를 충족시키는 데 필수적입니다. 유아교육과 특수교육이 함께 고려된 통합적 접근은 더욱 포용력 있는 교육 환경을 만드는 데 기여할 것입니다.

다학문적 접근을 통한 통합교육 실천의 디딤돌을 제공

## 2. 모든 논의의 중심, 영유아들의 교육권

저는 우리의 모든 논의에서 가장 중요한 기준은 영유아들의 교육권이라고 생각합니다. 아이들은 헌법에 보장된 교육권을 가지며, 부모는 자녀의 교육이 어떻게 이루어질지를 선택할 권리가 있습니다. 부모는 자녀가 받을 교육을 선택할 때 그 선택을 거부할 수 없는 권리를 가지고 있으며, 이 권리가 침해된다면 여러 가지 문제가 발생할 수 있습니다. 만약 협력교수가 이 권리를 침해한다면 협력 교육은 이루어져선 안 될 것이지만, 반대로 분리 교육이 영유아들의 교육권을 침해한다면 그것 역시 정당화될 수 없습니다. 협력교수를 둘러싼 논쟁에서 출발점으로 삼아야 할 부분은 영유아들의 교육권과 부모의 선택권입니다. 법적 틀 안에서 부모는 아이들이 어떤 교육을 받을지 선택할 권리를 가지며, 이는 유아교육법과 특수교육법 모두에서 보장된 권리입니다.

통합교육의 목표는 영유아들의 교육권과 부모의 선택권을 실현하는 최상의 방법을 찾는 데 있습니다. 모든 유아와 특수교육자는 이 목표를 위해 함께 노력해야 하며, 이는 우리 모두가 공유해야 할 가치입니다. 협력교수가 영유아들의 발달에 미치는 긍정적 영향을 고려할 때, 이는 법적 절차를 뛰어넘어 교육 실천의 핵심으로 자리 잡을 것입니다. 유아교육법과 특수교육법은 모두 유치원에서의 교육 대상을 동일하게 인정하며, 유아교육법은 유치원에서 교육을 진행해야 함을 법적으로 보장된 방법론으로 제시합니다. 특수교육대상유아는 법적으로 교육을 받을 권리를 가지고 있으며, 이로 인해 부모는 자녀의 교육에 대해 선택할 권리를 가집니다.

첫째, 부모의 선택권은 반드시 보장되어야 합니다. 부모는 자녀가 어떤 교육을 받을지 결정할 권리를 가지고 있으며, 이는 자녀가 통합 유치원이나 다른 교육 환경에서 교육받을 수 있는 권한을 포함합니다. 부모의 선택은 자녀에게 가장 적합한 교육적 환경을 제공하고, 그들의 잠재력을 최대한 발휘할 수 있도록 돕는 중요한 요소입니다. 이러한 선택권이 보장될 때, 모든 아이들이 그들에게 맞는 최적의 교육 경험을 누릴 수 있습니다.

둘째, 협력교수는 영유아들의 선택권과 권리를 존중해야 합니다. 협력교수는 유아교사와 유아특수교사 모두에게 중요한 권리이며, 이는 교육을 받는 장소와 형식을 결정하는 핵심 요소입니다. 협력교수이 효과적으로 이루어질 때, 학생의 선택권은 오히려 보호받아야 하며, 이를 통해 학생들이 자신의 권리를 체감할 수 있어야 합니다. 협력교수는 학생의 선택권을 존중하면서도 최상의 교육 기회를 제공하는 방법이 되어야 합니다. 모든 아이들은 교육받을 권리가 있으며, 유아인 경우에는 유아교육을, 특수교육대상자인 경우에는 특수교육을 받을 권리를 포함합니다. 유치원은 단순한 물리적 교육 장소에 그치지 않으며, 그 안에서 어떤 교육을 받을지는 부모의 선택과 아이의 권리에 따라 결정됩니다. 따라서 교육권은 각 아이가 자신의 필요에 맞는 교육을 받을 수 있도록 보장하는 중요한 권리이며, 이 권리가 존중받을 때 아이들은 자신의 잠재력을 최대한 발휘할 수 있게 됩니다.

협력교수가 존재하는 것의 의미는 단순히 법적 권한을 넘어서, 영유아들의 교육권이라는 더 큰 가치와 직결됩니다. 영유아들의 교육권은 헌법에 의해 보장되며, 이는 모든 아이들이 적절한 교육을 받을 수 있는 기본적인 권리입니다. 이러한 교육권이 실현될 때, 학생들은 자신의 목소리를 내고 선택할 수 있는 능력을 기르게 됩니다. 특히 유아특수교사들은 종종 자신의 중요성과 역할을 강조하지만, 일반 유아교사는 수업을 주도하는 경우가 많아 이로 인해 불균형한 관계가 형성될 수 있습니다. 협력교수가 가치 있게 실현되기 위해서는 각 교사가 서로의 강점을 이해하고 존중하는 환경이 필수적입니다.

결국, 이러한 모든 논의는 영유아들의 교육권을 최우선으로 두어야 하며, 협력교수는 이 교육권을 보장하고 심화시키기 위한 가장 효과적인 방법이 될 수 있습니다. 모든 교사가 힘을 합쳐 최상의 교육 환경을 만들어 나가는 것이 우리 모두의 목표입니다. 아이들이 자신이 원하는 교육을 받을 수 있는 권리를 보장하고, 그렇게 함으로써 그들의 미래를 밝히는 길을 함께 열어가는 것이 우리의 사명입니다.

셋째, 실천의 유연성이 필요합니다. 법적 규정보다 중요한 것은 교육 실천의 효과입니다. 영유아들의 발달에 긍정적인 영향을 미친다면, 개인 교사의 선호와는 무관하게 협력교수는 반드시 시행되어야 합니다. 반대로, 실질적인 효과가 없다면 그 상황에 맞게 다른 방식을 모색하는 것이 필요합니다. 교육 현장에서의 실천은 영유아들의 교육권을 현실화하는 데 핵심적인 역할을 하기 때문에, 우리는 유연한 접근이 요구되는 상황임을 인식해야 합니다.

우리는 유아교사와 유아특수교사가 협력하는 것 이상의 의미를 탐구해야 하며, 협력교수가 영유아들의 교육권을 실현하는 데 얼마나 중요한 역할을 하는지를 심도 있게 다루어야 합니다. 협력교수는 단순한 형식적인 접근이 아니라, 영유아들의 권리를 보호하고 최적의 교육 경험을 제공하는 구체적인 방법으로 자리 잡아야 합니다. 이 과정에서 협력이 교육의 본질을 방해할 수도 있음을 고려하며, 다각적인 관점을 통해 영유아들의 권리를 더욱 강력하게 지킬 수 있는 방안을 모색해야 합니다.

영유아의 교육권 보장을 위해 교육 현장의 다양한 목소리를 담은 연구 실행 및 발표

## 3. 다양한 방식의 협력, 함께 성장하는 교육

저는 통합교육이 모든 아이들이 함께 배우고 성장할 수 있는 환경을 제공하는 것을 목표로 하지만, 여기에는 여러 어려움과 도전이 존재한다는 것을 잘 알고 있습니다. 유아교사와 유아특수교사 간의 인식의 차이는 통합교육이 제대로 이루어지지 않거나 불완전하게 운영되는 주된 원인 중 하나입니다. 유아교사들은 종종 유아교육의 주류로서의 책임을 느끼며, 특수교육대상유아가 수업에 미치는 영향을 우려하게 됩니다. 반면, 유아특수교사는 일반 유아들의 학습 과정에서 소외감을 느끼며, 자신의 전문성이 충분히 인정받지 못한다는 불만을 가지고 있습니다. 이러한 인식의 차이는 결국 교육의 질 저하로 이어지며, 협력교수가 원활하게 진행되지 않는 문제를 초래할 수 있습니다. 따라서 협력교수를 진정으로 효율적으로 운영하기 위해서는 양측의 인식 차이를 극복하고, 서로의 관점을 존중하고 이해하는 노력이 필요합니다.

저는 특히 관리자의 역할이 매우 중요하다고 생각합니다. 관리자는 긍정적인 협력 문화 조성에 핵심적인 역할을 하기 때문입니다. 관리자는 교육 환경의 중심에서 통합교육이 성공적으로 이루어질 수 있도록 중요한 역할을 합니다. 관리자는 유아교사와 유아특수교사 간의 관계를 긍정적으로 조정하고, 협력의 필요성을 인정하면서 지원하는 환경을 조성해야 합니다. 관리자들이 서로 다른 교사의 교육 철학과 가치관을 이해하고 존중하는 태도를 가질 때 협력교수가 더욱 발전할 수 있습니다.

또한 관리자는 교사들이 자발적으로 협력할 수 있도록 할 뿐만 아니라, 이를 보장하기 위한 공간이나 자원도 마련해야 합니다. 예를 들어, 정기적인 팀 회의를 통해 교사들이 서로의 경험과 자료를 공유할 수 있는 기회를 제공하고, 협력 교육 방안을 논의하는 것도 좋은 방법입니다. 관리자의 리더십은 협력적인 교육 문화가 뿌리내리게 하며, 그렇게 함으로써 모든 교사가 더욱 쉽게 협력하고 소통할 수 있는 환경을 제공합니다. 이러한 과정을 통해 관리자는 교육의 질을 향상시키고, 아이들이 더 나은 교육을 받을 수 있도록 하는 데 기여할 수 있습니다.

협력교수가 영유아들의 교육권을 보장하기 위해 필수적이며, 부모는 자녀의 교육에 대한 선택권을 가집니다. 협력교수는 이미 영유아들의 발달에 긍정적인 영향을 미치는 교육 방법으로 검증된 바 있습니다. 헌법은 교육받을 선택권과 이를 거부할 수 없는 권리를 보장합니다. 따라서 협력교수가 영유아들의 발달에 도움이 되지 않는다면, 그 도입은 바람직하지 않습니다. 지속적인 평가와 개선이 필요하며, 문제점을 신속하게 진단하고 대처하는 것이 중요합니다.

이러한 논의를 통해 기존 방식과 새로운 접근이 결합하여 최적의 교육 환경을 만들어 나가기를 바랍니다. 협력 교육이 영유아들의 발달에 기여할 수 있도록 그 효과성과 필요성을 지속적으로 검토하고 논의함으로써, 차별 없는 교육을 받을 모든 아이들에게 기회를 보장해야 합니다. 협력교수는 단순한 교수법이 아니라, 모든 어린이가 존중받고 성장할 수 있는 교육 공동체를 형성하는 핵심으로 자리잡아야 합니다.

한국-일본 교육학자들의 국제교류를 통한 영유아 통합교육의 실천

## 4. 18명 저자들의 협력교수 이야기의 가치

이 책 『우리는 유아통합교육 교사입니다』는 단순한 교육 사례 모음집이 아닙니다. 냉혹한 현실 속에서도 영유아들의 교육권이라는 하나의 별을 향해 묵묵히 걸어간 18명의 교사들의 땀과 눈물, 그리고 희망이 담긴 인간적인 기록입니다.

특히 이 책에 담긴 18명의 협력교수 팀들의 실제 사례를 통해 협력교수가 영유아들의 교육권을 침해하지 않고 오히려 보호하고 있다는 점이 확인되었다는 사실을 강조하고 싶습니다. 유아통합교육 현장에서 잘못된 교육 방법론이 적용되고 있다는 비판 속에서, 이들의 이야기는 한 줄기 빛과 같습니다. 현재 많은 유치원에서 유아교사와 유아특수교사의 비율이 불균형하게 형성되어 있고, 협력에 어려움을 겪고 있는 현실 속에서, 이들의 성공적인 협력은 모두가 함께 노력하면 불가능은 없다는 것을 보여줍니다. 저는 우리 18명의 유아교사와 유아특수교사의 협력 경험을 통해 협력교수의 가치를 깊이 실감하며, 협력교수가 각 교사의 역량에 따라 수업의 질을 크게 향상시킬 수 있다는 것을 확인했습니다. 음악을 좋아하는 선생님은 음악 중심의 교육을, 미술을 좋아하는 선생님은 미술 중심의 교육을 운영하며 영유아들이 잠재력을 마음껏 펼칠 수 있도록 돕는 것이죠.

제가 특히 주목하는 것은, 이 책의 18명 저자들은 흔히 흑백논리에 갇히기 쉬운 교육 현장에서 공존의 가능성을 제시한다는 점입니다. "협력교수는 없다"는 냉소적인 외침은 때때로 우리의 발걸음을 멈추게 합니다. 하지만 이 책에 등장하는 교사들은 서로의 차이를 '다름'이 아닌 '특별함'으로 받아들이고, 유아교육의 전문성과 특수교육의 전문성을 융합하여 놀라운 시너지 효과를 창출했습니다. 이는 특수교육대상유아뿐만 아니라 모든 아이들이 함께 배우고 성장하며, 서로의 다름을 존중하는 포용적인 교육 환경을 조성할 수 있다는 것을 증명하는 희망의 증거입니다.

또한 저는 이 책의 저자인 유아교사와 유아특수교사들은 협력교수의 실천과정에서 법과 제도의 한계를 뛰어넘어 교육적 가치를 실현했다는 점에 깊은 감동을 받았습니다. 현실적인 어려움, 때로는 부족한 법적 근거 속에서도, 이들은 영유아들의 교육권을 최우선으로 생각하며 멈추지 않았습니다. 저는 이들의 헌신적인 노력이 단순히 주어진 환경에 순응하는 것이 아니라, 더 나은 교육 환경을 만들기 위한 능동적인 실천이라고 생각합니다. 무엇보다, 이 책의 저자들은 모든 영유아들의 교육권을 보장하는 포용적 교육의 중요성을 강조합니다. 특수교육대상유아를 '따로' 교육하는 것이 아니라, '함께' 교육하는 것이 왜 중요한지를 보여줍니다. 서로 다른 아이들이 함께 배우고 성장하며, 서로의 다름을 존중하고 배려하는 사회를 만들어가는 데 기여할 수 있음을 설득력 있게 제시합니다. 저는 이 책이 포용적 교육에 대한 사회적 인식을 개선하고, 모든 아이들이 차별 없이 교육받을 수 있는 환경을 조성하는 데 기여할 수 있다고 믿습니다.

18명 저자들의 협력교수 사례들은 교사 개인의 성장을 넘어 교육 공동체의 가능성을 보여준다는 점 또한 간과할 수 없습니다. 협력교수는 단순히 두 명의 교사가 함께 수업을 진행하는 기술적인 문제가 아닙니다. 서로의 강점을 배우고, 부족한 점을 채워주며 함께 성장하는 인간적인 교류입니다. 이 책은 교사들이 서로 협력하고 소통하며, 긍정적인 교육 공동체를 형성하고, 나아가 교육 현장의 문화를 혁신할 수 있음을 보여주는 소중한 사례입니다. 이 책의 저자들은 이론적인 논의에만 머무르지 않고, 교육 현장의 생생한 목소리를 담아냈습니다. 실제 수업 사례, 교사들의 고민과 성찰, 시행착오와 성공 경험 등은 독자들에게 현실적인 도움과 깊은 공감을 선사할 것입니다. 저는 이 책이 교육 현장에서 발생하는 다양한 문제에 대한 실질적인 해결책을 제시하고, 교사들이 자신의 교육 철학을 재정립하는 데 도움을 줄 수 있다고 확신합니다.

이러한 논의를 통해 기존 방식과 새로운 접근이 결합하여 최적의 교육 환경을 만들어 나가기를 바랍니다. 유아교사와 유아특수교사와의 협력교수가 영유아들의 발달에 기여할 수 있도록 그 효과성과 필요성을 지속적으로 검토하고 논의함으로써, 차별 없는 교육을 받을 모든 아이들에게 기회를 보장해야 합니다. 협력교수는 단순한 교수법이 아니라, 모든 어린이가 존중받고 성장할 수 있는 교육 공동체를 형성하는 핵심으로 자리 잡아야 합니다.

저는 이 책에 담긴 18명의 교사들의 이야기가 한국 유아통합교육의 밝은 미래를 향한 작은 씨앗이 되기를 소망합니다. 이들의 열정과 헌신, 끊임없는 노력은 우리에게 다음과 같은 중요한 질문을 던집니다.

우리는 영유아들의 교육권을 위해 무엇을 할 수 있을까?

우리는 서로의 차이를 인정하고 존중하며 어떻게 협력할 수 있을까?

우리는 어떤 교육 환경을 만들어 아이들이 행복하게 성장할 수 있도록 도울 수 있을까?

"나는 독특하다는 것을 믿어라!
자신만의 걸음으로 자기 길을 가라."
-영화 <죽은 시인의 사회> 중 강단 위에 선 키팅 선생

# 제 2 장

# '나'에서 '우리'로 : 모두를 위한 통합교육

# 제2장
# '나'에서 '우리'로 : 모두를 위한 통합교육

## Section 1

신민선(서울동원초등학교병설유치원 유아교사)

*협력교수는 개별의 경험과 전문성이 모여*
*하나의 거대한 퍼즐을 완성하는 지혜다.*

### 1. 유아교사와 유아특수교사, '함께'라는 이름의 특별한 만남

유아교사로서 익숙했던 일상에 유아특수교사와의 만남은 설렘과 동시에 조심스러운 긴장감을 안겨주었습니다. 오랫동안 일반 유아들을 가르쳐온 경험은, 특수교육이라는 새로운 영역 앞에서 낯섦으로 다가왔기 때문입니다. 하지만 유아특수교사와의 첫인상은 제 안의 불안감을 씻어내기에 충분했습니다. 따뜻한 미소와 진심 어린 눈빛은 유아에 대한 깊은 애정을 느끼게 했고, 섬세한 관찰력과 존중하는 태도는 굳게 닫혀있던 마음의 문을 활짝 열어젖혔습니다. '아, 이 분이라면 함께 멋진 그림을 그려낼 수 있겠다'라는 강렬한 믿음이 샘솟았던 순간이었습니다.

결정적인 계기는 '모든 유아가 함께 배우는 교실'을 만들고자 하는 뜨거운 열망이었습니다. 특수교육대상유아의 배치는 필연적인 협력을 요구했지만, 업무 분담을 넘어 진정한 '팀'으로서의 의미를 깨닫게 했습니다. 솔직히 고백하자면, 통합교육에 대한 막연한 두려움이 존재했던 것도 사실입니다. '혹여 다른 유아들에게 피해가 가지 않을까, 내가 과연 잘 지도할 수 있을까' 하는 걱정은 꼬리에 꼬리를 물었습니다. 하지만 유아특수교사와의 허심탄회한 대화는 이러한 우려를 '함께 해결해야 할 과제'로 전환시키는 마법을 부렸습니다.

'모든 유아가 존중받는 교실'이라는 공동의 목표를 설정하고, 정기적인 소통을 통해 서로의 전문성을 존중하며 역할을 분담하기 시작했습니다. 유아교사로서 저는 일반 유아들의 발달 특성을 고려한 교육과정 운영에 집중하고, 유아특수교사는 개별 유아의 특성과 요구에 맞는 맞춤형 지원을 제공하는 방식으로 협력했습니다. 때로는 의견 차이로 인한 갈등도 있었지만, 서로를 향한 신뢰와 존중을 바탕으로 건설적인 논의를 이어갔습니다.

유아특수교사와의 만남은 제게 협업을 넘어, 교육 철학에 대한 깊은 성찰과 성장의 기회를 제공했습니다. 다양성을 포용하고 개별 유아의 잠재력을 최대한 발휘할 수 있도록 돕는 것이야말로 진정한 교육의 의미라는 것을 깨달았습니다. 이제 저는 특수교육대상유아뿐만 아니라, 모든 유아가 함께 성장하는 행복한 교실을 만들어가는 여정에 더욱 적극적으로 참여하고자 합니다. 유아특수교사와의 '특별한 만남'은 앞으로 제 교육 인생의 든든한 버팀목이 되어줄 것이라 봅니다.

## 2. 다름이 빚어낸 아름다운 협주 : 시너지의 탄생

팀 구성 초기, 우리에게 주어진 숙제는 명확했습니다. 서로의 전문성을 어떻게 조화롭게 인식하고 활용하여 최고의 시너지를 만들어낼 것인가. 해답을 찾기 위한 여정은 정기적인 협의회라는 든든한 발판 위에서 시작되었습니다.

우리 팀만의 특별한 소통 방식은 바로 '긍정 피드백'이었습니다. "선생님이 만든 그림 자료 덕분에 유아들이 훨씬 더 집중했어요."라거나 "이번 활동에서 유아들이 정말 즐겁게 참여했어요. 선생님 덕분이에요!"와 같은 긍정적인 피드백을 아낌없이 주고받았습니다. 이러한 칭찬과 격려는 서로의 노고를 인정하고, 굳건한 신뢰를 쌓는 데 엄청난 힘이 되었습니다. 긍정 피드백은 칭찬을 넘어, 팀원 간의 상호 존중과 협력을 강화하는 중요한 도구였습니다. 이를 통해 각자의 강점을 인정하고, 서로의 노력을 격려하며, 팀 전체의 사기를 드높일 수 있었습니다.

우리는 '긍정적인 인정'을 그 무엇보다 소중하게 생각했습니다. 매주 수업을 진행하면서 느낀 점이나 우려했던 점들을 솔직하게 공유했습니다. 이 시간에는 유아들의 놀이 상태뿐만 아니라, 교사로서 느낀 감정까지 함께 나누었습니다. 서로 지원할 수 있는 방법을 모색하면서, 이러한 피드백 회의를 통해 서로의 감정과 고민을 깊이 이해하고, 함께 해결책을 찾아가는 과정이 얼마나 중요한지 깨달았습니다. 피드백을 주고받을 때마다 항상 긍정적인 부분을 먼저 언급하며 상대방의 강점을 인정하는 것을 잊지 않았습니다. "이번 활동에서 유아들이 정말 즐겁게 참여했어요. 선생님 덕분이에요!"라거나 "이 유아에게 이렇게 접근하는 방식이 정말 효과적이었어요."와 같은 칭찬은 서로의 강점을 인정하고 긍정적인 에너지를 불어넣어, 비판적인 의견도 더욱 수용적으로 받아들이고 함께 성장하는 원동력이 되었습니다.

협력교수를 통한 유아의 놀이 지원 : 주제가 같은 놀이를 나누어 지원

## 3. 함께라서 더 멀리 : 유아교사-유아특수교사의 동행

통합교육을 성공적으로 이끌기 위해, 저는 유아특수교사와의 협력을 통해 '유아를 바라보는 새로운 시각'을 배우는 데 집중했습니다. 평소 저는 활동 중심의 유아

주도적인 흐름을 중요하게 생각했지만, 유아특수교사의 예리한 눈에는 그 흐름 속에서도 놓칠 수 있는 섬세한 배려 지점들이 보였습니다. 미술 시간에 저는 단순히 "자유롭게 해보세요"라고 지도했지만, 특수유아에게는 그것이 너무 추상적이고 불안정한 지시였을 수 있었습니다. 이유라 선생님께서는 그 유아가 시각 자료와 단계별 안내가 있을 때 더욱 안정감을 느낀다고 조언해 주셨고, 실제로 그렇게 적용해 보니 그 유아가 훨씬 몰입하고 편안해하는 모습을 볼 수 있었습니다. 그때 저는 언어적 교수법에 따라 결과가 완전히 달라질 수 있다는 것을 깨달았고, 효과적인 의사소통 방식의 차이를 배우는 소중한 계기가 되었습니다.

어느 날, 통합교육 활동 중에 갑자기 큰 소리로 울기 시작한 적이 있었습니다. 저는 순간적으로 당황했고, 유아를 데리고 교실 밖으로 나가야 할지 고민하는 사이, 유아특수교사는 조용히 목소리를 낮추고 교실 분위기를 안정시키며 유아들의 주의를 자연스럽게 다른 방향으로 돌려주셨습니다. 덕분에 저는 그 유아에게 집중하여 감정을 안정시킬 수 있었고, 다른 유아들도 혼란 없이 상황을 받아들였습니다. 눈치채지 못할 만큼 자연스러웠지만, 교실 전체를 안정시키는 강력한 힘, 그것이 바로 선생님의 뛰어난 강점이라는 것을 알게 되었습니다. 그리고 저 또한 그러한 '존재감 있는 배려'를 실천해 보고 싶다고 다짐했습니다.

## 4. 모두가 빛나는 교실 : 개성과 가능성이 만개하는 공간

통합교육 현장은 때로는 예상치 못한 어려움과 난관으로 가득했습니다. 그중에서도 가장 힘들었던 순간은 발달 지연이 있는 한 유아가 집단 활동에 집중하지 못하고 쉽게 자리에서 이탈하는 문제였습니다. 활동 자료나 환경을 충분히 개별화할 시간은 턱없이 부족했고, 수업 흐름은 자주 끊기는 악순환이 반복되면서 유아특수교사와 저 모두 깊은 좌절감을 느꼈습니다. 하지만 우리는 포기하지 않았습니다. 이 난관을 극복하기 위해 유아교사와 유아특수교사가 머리를 맞대고 짧게 협의하여 기존 교구를 변형하는 창의적인 해결책을 모색하기 시작했습니다.

## 미술 놀이에서의 창의적 해결책

미술 놀이(교통 기관) 시간에 우리는 복잡한 도안 대신 색 구분이 가능한 그림을 제공하고, 활동 단계를 잘게 나누어 '작은 성공 경험'을 쌓을 수 있도록 했습니다. 이렇게 함으로써 해당 유아는 활동에 조금씩 참여하며 성취감을 느낄 수 있었습니다. 또한 또래 유아 두 명을 '도움 친구'로 지정하여 자연스럽게 짝 활동을 하도록 유도했더니, 유아가 교사에게만 의존하지 않고 또래와 함께 활동에 참여할 수 있었습니다.

해당 유아는 활동 시간을 점차 늘려갔고, 다른 유아들도 서로 돕고 함께 성취감을 느끼며 기뻐했습니다. 이 경험을 통해 저는 교사 혼자만의 노력으로는 불가능했던 일들이 팀워크와 또래의 협력이 함께할 때, 창의적인 해결책을 찾아 놀라운 성장을 만들 수 있다는 것을 깨달았습니다. 이러한 과정은 단순히 문제해결을 넘어, 서로의 전문성을 존중하고 협력하는 데 큰 도움이 되었습니다. '혼자 가면 빨리 가지만, 함께 가면 멀리 간다'는 말처럼, 우리는 함께였기에 더 멀리 나아갈 수 있었습니다.

통합교육의 효과를 극대화하기 위해, 저는 유아들의 발달 수준과 흥미를 동시에 반영할 수 있는 다양한 방법을 끊임없이 고민하고 시도했습니다. 목표는 단 하나, 모든 유아가 수업에 적극적으로 참여할 수 있는 '모두를 위한 교실'을 만드는 것이었습니다.

## 동화 활동에서의 참여 유도 : 잠재력을 끌어내는 섬세한 맞춤

언어 표현에 어려움을 겪는 유아가 동화 활동에 소극적인 모습을 보일 때, 저는 가치 있는 아이디어를 떠올렸습니다. 유아가 카드를 순서대로 배열하며 이야기를 말하거나 단순히 가리키기만 해도 충분히 참여할 수 있도록 활동 방식을 바꾼 것입니다. 아이디어를 현실로 만들기 위해 카드 뒷면에는 벨크로(찍찍이)를 붙여 판에 쉽게 붙였다 뗄 수 있게 제작하여, 소근육 발달까지 함께 도울 수 있도록 세심하게 배려했습니다. 이 방법은 유아들이 자신의 속도에 맞춰 활동에 참여할 수 있도록 하면서도, 언어 표현이 어려운 유아들에게도 성취감을 안겨주는 마법과 같은 효과를 발휘했습니다.

### 촉각 놀이 자료 활용 : 오감을 자극하는 다채로운 학습 경험

수·과학 놀이에서는 '촉각 놀이 자료'를 적극적으로 활용했습니다. 모양을 놀이할 때 그림 대신 펠트, 스펀지, 모래, 종이 등 다양한 촉감을 입힌 모양 카드를 제작하여 시각적·촉각적 자극을 동시에 제공했습니다. 이 자료는 발달 지연 유아뿐만 아니라 일반 유아들도 호기심을 느끼고 적극적으로 활동에 참여할 수 있도록 이끌었습니다. 촉각적 자극은 유아들의 감각 발달을 촉진하며, 학습에 대한 흥미를 유발하는 데 큰 역할을 했습니다.

### 감각 공간 마련 : 스스로를 다독이는 치유의 공간

집중하기 어려워하는 유아를 위해 교실 한쪽에 '차분히 쉬는 감각 공간'을 마련했습니다. 이 공간에는 푹신한 쿠션, 아늑한 작은 텐트, 다양한 촉감 교구 등을 배치하여 유아가 스스로 감정을 조절하고 평온을 찾을 수 있도록 배려했습니다. 활동에서 잠시 벗어났다가 다시 돌아올 수 있는 이 공간은 수업 흐름을 원활하게 유지하는 데 큰 도움이 되었습니다. 유아들은 이 공간에서 스스로 안정감을 찾고, 다시 활동에 참여할 수 있는 여유를 얻을 수 있었습니다.

이러한 혁신적인 시도들을 통해 유아들은 자신이 가장 잘할 수 있는 방식으로 수업에 참여하며 자존감과 성취감을 경험했습니다. 일반 유아들은 더욱 다양한 방식으로 학습할 수 있어 흥미와 참여도가 눈에 띄게 높아졌습니다. 이 경험을 통해 저는 혁신적인 교구와 창의적인 환경 변화가 통합교육을 더욱 효과적으로 만드는 핵심 요소임을 깨달았습니다. 또한 모든 유아가 자신의 속도와 방식에 맞춰 학습할 수 있는 환경을 조성하는 것이 얼마나 중요한지 다시 한번 확인할 수 있었습니다. 결국 '모두가 빛나는 교실'은 획일적인 교육이 아닌, 개성과 가능성을 존중하는 교육 철학에서 비롯된다는 것을 깨달았습니다.

환경적 지원 : 그림 자료를 제공하여 특수유아의 참여도를 높임

특수학급 공간 활용

## 5. 사랑으로 디자인한 교실 : 환경이 곧 교육이다

유아들의 다양한 발달 특성과 개별적인 요구를 섬세하게 고려하여 교실 환경을 안전성, 접근성, 편안함, 심미성이라는 네 가지 핵심 가치를 중심으로 디자인했습니다. 이러한 환경 구성은 유아들이 자신에게 가장 잘 맞는 공간을 스스로 선택하며 활동에 주도적으로 참여할 수 있도록 이끌었습니다. 특히 발달 지연 유아는 스스로 교구를 선택하고 정리하는 경험을 통해 자율성과 자존감을 키울 수 있었고, 동시에 일반 유아들도 안정적이고 쾌적한 환경에서 배움과 놀이를 균형 있게 즐길 수 있었습니다. "환경이 곧 교육이다"라는 믿음으로 우리는 유아들의 성장을 위한 최적의 공간을 만들기 위해 끊임없이 노력했습니다.

### 안전성과 접근성 : 모두를 위한 배려

교실 및 복도 공간을 최대한 넓게 확보하고, 발달 지연이 있는 유아도 안전하고 자유롭게 이동할 수 있도록 모든 교구장을 낮고 개방적인 형태로 배치했습니다. 이를 통해 유아들이 원하는 자료를 쉽게 꺼내고 정리할 수 있도록 돕고, 특수한 요구를 가진 유아들이 다른 친구들의 도움 없이도 독립적으로 활동할 수 있는 환경을 조성하는 데 심혈을 기울였습니다.

### 편안함 : 정서적 안정감을 주는 포근한 공간

특수반 교실 한쪽에는 '차분히 쉬는 감각 공간'을 마련했습니다. 부드러운 흰색 천으로 아늑하게 꾸민 작은 텐트와 푹신한 쿠션, 다양한 촉감 교구를 비치하여 정서적으로 불안하거나 과도하게 흥분한 유아가 스스로 쉬면서 편안함과 안정감을 찾을 수 있도록 배려했습니다. 이 공간은 유아들이 필요할 때마다 스스로 감정을 조절하고, 다시 활동에 즐겁게 참여할 수 있는 여유를 제공하는 '마법의 공간'과 같았습니다.

교실 한쪽에 '차분히 쉬는 감각 공간' 마련

### 심미성 : 아름다움이 주는 긍정적인 힘

벽면은 지나치게 화려한 장식 대신, 유아들이 직접 만든 작품이나 놀이 주제와 관련된 그림을 신중하게 선별하여 전시했습니다. 이를 통해 유아들이 자신의 성취를 자랑스럽게 여기고, 교실 전체가 학습 주제에 몰입할 수 있는 시각적인 단서가 되도록 디자인했습니다. 심미성을 고려한 교실 환경은 유아들의 학습 동기를 높이고, 무한한 창의력을 자극하는 데 긍정적인 영향을 주었습니다.

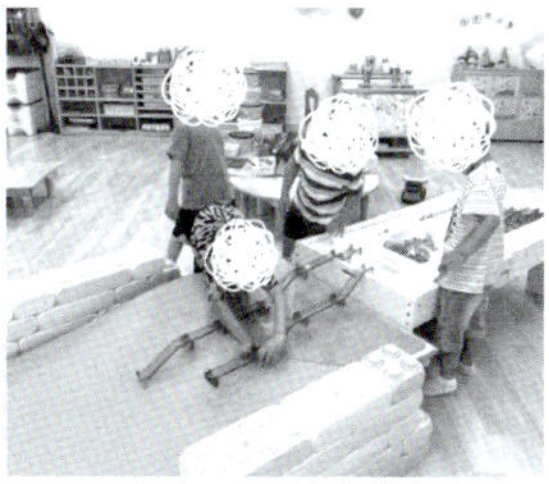

다양한 놀이 공간 활용 : 특수학급, 일반 학급, 신체 활동실

### 다양한 놀이 공간 배치와 활용 : 균형 잡힌 성장

- 놀이 공간 : 유아들이 자유롭게 탐색하고 상상력을 마음껏 발휘할 수 있는 공간을 마련했습니다. 다양한 교구와 놀이 자료를 풍부하게 배치하여 유아들이 창의적으로 놀이를 즐길 수 있도록 했습니다.
- 인지 : 학습 활동에 최대한 집중할 수 있는 환경을 조성했습니다. 편안한 테이블과 의자를 배치하여 유아들이 조용히 학습에 몰입할 수 있도록 했습니다.
- 휴식 공간 : 유아들이 피로를 풀고 감정을 조절할 수 있는 아늑한 공간을 마련했습니다. 푹신한 쿠션과 아늑한 텐트를 활용하여 편안하고 안정적인 분위기를 조성했습니다.

이처럼 우리가 함께 사랑으로 디자인한 교실에서 유아들은 저마다의 개성을 빛내며 함께 성장하고 있습니다.

## 6. 함께 일군 성장 : 통합교육이 가져온 변화와 감동의 순간들

통합교육은 단순히 특정 유아를 돕는 차원을 넘어, 모든 유아들이 함께 성장할 수 있는 교육임을 두 눈으로 확인했습니다. 또한 교사 개인의 노력뿐 아니라 팀의 유기적인 협력과 창의적인 지원이 있을 때 제한된 자원 속에서도 효과적인 개별화교육프로그램(IEP) 실행이 가능하다는 값진 교훈을 얻었습니다. 팀워크는 단순히 업무를 분담하는 것을 넘어, 서로의 전문성을 존중하고, 어려움에 직면했을 때 머리를 맞대고 함께 해결책을 모색하는 과정에서 상상 이상의 시너지를 창출했습니다.

### 구체적인 사례 : 언어 발달이 늦은 유아의 놀라운 변화

언어 발달이 다소 늦은 한 유아가 또래 친구들과 함께하는 동화 활동에 적극적으로 참여하지 못하는 안타까운 상황이 있었습니다. 유아특수교사와 함께 논의를 거쳐 개별화교육계획(IEP)을 수립했고, 그림 카드와 간단한 상징을 활용하여 이야기의 주요 흐름을 시각적으로 파악할 수 있도록 체계적으로 지원했습니다. 또한 짝 활동 시 짝꿍이 역할을 친절하게 설명해 주도록 배려하여 자연스러운 또래 지원 체계를 구축했습니다. 그 결과, 놀라운 변화가 일어났습니다. 해당 유아는 점차 손을 번쩍 들고 짧은 문장으로 자신의 생각을 또렷하게 표현하기 시작했고, 다른 유아들도 "○○가 드디어 말했어!"라며 친구의 용기 있는 시도를 진심으로 존중해 주는 감동적인 모습을 보였습니다. 이는 단순히 학습 능력의 향상뿐 아니라 자존감과 사회성 발달이라는 긍정적인 결과로 이어졌습니다.

## 작은 성취를 놓치지 않는 따뜻한 시선

처음에 이 유아는 친구들과의 놀이에 쉽게 참여하지 못하고 자주 침묵하거나 엉뚱한 행동을 하며 자리를 이탈하는 모습을 보여 안타까움을 자아냈습니다. 이 문제를 해결하기 위해 유아특수교사와 함께 "○○가 이야기할 차례야"라고 또래 친구들이 자연스럽게 기회를 주는 방법을 도입했습니다. 몇 주 후, 동화 활동 시간에 이 유아가 용기를 내어 더듬거리며 짧게 한 문장을 말했을 때, 교실 안에 있는 모든 유아들이 진심으로 박수를 쳐 주었습니다. 그 순간 유아의 얼굴에는 세상에서 가장 행복한 미소가 가득했고, 부모님께도 "드디어 ○○가 이야기했어요!"라는 감동적인 소식을 전해드리며 함께 기쁨을 나눌 수 있었습니다.

또한 교사로서 저 역시 작은 성취를 놓치지 않고 진심으로 함께 축하하는 따뜻한 태도가 얼마나 중요한지 다시 한번 깨달았습니다. 유아들의 작은 변화를 세심하게 관찰하고, 그 소중한 순간을 놓치지 않고 진심으로 격려하는 것이 유아들의 자존감과 성취감을 키우는 데 얼마나 큰 영향을 미치는지 다시 한번 확인할 수 있었습니다. 이 순간은 단순히 한 유아의 성장을 넘어, 모든 유아들이 서로의 다름을 존중하며 함께 기뻐하는 아름다운 공동체적 경험으로 승화되었습니다. 통합교육은 특정 유아만을 위한 특별한 교육이 아니라, 모든 유아가 함께 성장할 수 있는 긍정적인 환경을 조성하는 데 얼마나 큰 역할을 하는지 몸소 체험할 수 있었습니다.

## 7. '우리'를 움직인 두 개의 심장 : 팀워크와 유아 중심의 신념

성공적인 통합교육을 이끌었던 핵심 동력은 무엇이었을까요? 그것은 바로 팀워크와 유아 중심의 신념이라는 두 개의 강력한 심장이었습니다. 이 두 가지 요소는 교육 기법이나 전략을 넘어, 모든 유아가 함께 성장할 수 있는 따뜻하고 포용적인 환경을 조성하는 데 결정적인 역할을 했습니다. 마치 오케스트라처럼, 우리는 각자의 악기를 연주하며 아름다운 하모니를 만들어냈습니다.

### 함께하는 힘, 불가능을 가능으로

첫째, 팀워크는 통합교육의 성공을 위한 가장 중요한 요소였습니다. 유아교사, 유아특수교사, 그리고 학부모까지 모두가 하나의 목표를 향해 힘을 합쳐 협력했을 때, 유아들에게 가장 효과적이고 일관성 있는 지원을 제공할 수 있었습니다. 언어 표현이 서툰 유아의 개별화교육계획(IEP)을 실행할 때 담임교사는 수업 안에서 발표 기회를 전략적으로 제공하고, 유아특수교사는 대체 의사소통 자료를 꼼꼼하게 준비했으며, 또래 친구들은 자발적으로 협력 구조를 만들어 서로를 도왔습니다. 이처럼 각자의 역할을 명확히 나누고, 같은 방향으로 힘차게 나아간 결과 긍정적인 변화를 만들어낼 수 있었습니다. 팀워크는 단순히 업무를 분담하는 것을 넘어, 서로의 전문성을 존중하고, 어려운 문제에 직면했을 때 머리를 맞대고 함께 해결책을 모색하는 과정에서 상상 이상의 시너지를 창출했습니다.

### 유아 중심의 신념 : 다름을 존중하고 함께 성장하는 마법

둘째, 통합교육은 특정 유아만을 위한 특별한 배려가 아니라, 모든 유아가 서로의 다름을 자연스럽게 이해하고 함께 성장할 수 있는 소중한 기회라는 믿음이 중요했습니다. 이 굳건한 신념은 교사들이 단순히 특수유아를 일방적으로 지원하는 데 그치지 않고, 학급 전체의 분위기를 더욱 긍정적이고 따뜻하게 변화시키는 데 크게 기여했습니다. 실제로 문제행동을 보이던 유아가 또래 친구들의 진심 어린 격려 속에서 점차 긍정적인 참여를 보이기 시작했을 때, 학급 전체의 분위기도 놀랍게 달라졌습니다. 이는 통합교육이 개별 유아뿐 아니라 공동체 전체를 긍정적으로 성장시키는 놀라운 힘을 가지고 있다는 것을 증명하는 감동적인 순간이었습니다. 우리는 모든 유아가 서로를 이해하고 존중하며 함께 성장할 수 있는 환경을 조성하는 것이야말로 통합교육의 궁극적인 목표임을 다시 한번 가슴 깊게 깨닫게 되었습니다.

## 8. '우리'의 손으로 함께 빚어가는 유치원

통합교육은 단순히 특정 유아를 위한 특별한 교육 방식을 넘어, 공동체 전체에 긍정적이고 따뜻한 문화를 심어주는 놀라운 힘을 발휘했습니다. 다양한 배경과 개성을 가진 구성원들이 서로 공감하고 적극적으로 참여하며 단순히 교육의 질을 향상시키는 것을 넘어, 모든 유아와 교사, 학부모가 함께 배우고 성장하며 행복을 느끼는 특별한 환경을 조성하는 데 크게 기여했습니다.

### 소규모 간담회 : 마음과 마음을 잇는 소통의 장

첫째, 유아교사, 유아특수교사, 원장(감), 그리고 학부모님들이 함께 참여하는 소규모 간담회(IEP)를 개최하여 통합교육의 어려움과 유아들의 놀라운 긍정적 변화를 진솔하게 공유했습니다. 소규모 간담회(IEP)는 딱딱한 정보를 일방적으로 전달하는 지루한 자리가 아니라, 서로의 진심을 담아 의견을 자유롭게 나누고 깊은 공감대를 형성하는 소중한 기회였습니다. 특히 "통합교육은 특별한 유아만을 위한 일방적인 지원이 아니라, 모든 유아에게 실질적인 도움이 되는 윈-윈 전략"이라는 핵심 메시지를 지속적으로 강조하며, 통합교육이 단순히 특정 유아만을 위한 차별적인 교육이 아니라, 모든 유아의 잠재력을 최대한 발휘하고 조화로운 성장과 발달에 긍정적으로 기여한다는 점을 강조했습니다. 이러한 노력을 통해 학부모님과 교사들 간의 굳건한 신뢰를 쌓고, 공동의 목표를 향해 함께 힘차게 나아갈 수 있는 튼튼한 기반을 마련했습니다.

### 긍정 피드백 문화 확산 : 행복 바이러스 전파

둘째, 긍정 피드백 문화를 유치원 전체에 적극적으로 확산시켰습니다. 교사들끼리 협력 수업 후 짧게라도 서로의 뛰어난 장점을 칭찬하고 공유하거나, 학부모님들께도 유아의 작은 긍정적 변화를 놓치지 않고 빠짐없이 따뜻하게 전달했습니다. "선생님 덕분에 유아들이 수업에 더욱 적극적으로 참여하게 되었어요."라거나 "이번 활동에서 유아들이 정말 즐겁게 참여하는 모습을 보니 저도 너무 기뻤어요."와 같은 긍정적인 피드백을 진심을 담아 자주 나누었습니다. 이러한 작은 성취를 인정하고 서로를 격려하는 긍정적인 분위기가 조성되자, 아무리 다양한 의견 차이가 있더라도 "유아들을 위한 더 좋은 방법을 함께 찾아가는 건설적인 과정"으로 자연스럽게 받아들여졌습니다. 이는 칭찬을 넘어, 서로의 노력을 진심으로 인정하고, 협력을 더욱 강화하는 강력한 도구로 작용했습니다.

### 서로에게 전하는 진심 : '우리'는 함께 성장한다

통합교육 현장에서 이유라 선생님과 함께 땀 흘리고 웃음 지었던 소중한 시간들은 단순한 업무 협력을 넘어, 서로를 깊이 이해하고 진심으로 존중하며 함께 성장하는, 잊지 못할 특별한 경험이었습니다. 그 과정에서 가슴 깊이 느꼈던 감사와 존경, 그리고 앞으로의 빛나는 미래를 향한 뜨거운 응원의 마음을 이 편지에 진심을 다해 담아 전하고 싶습니다.

이유라 선생님, 무엇보다 먼저 진심으로 감사의 말씀을 드립니다. 선생님께서는 유아들의 아주 작은 변화도 그 누구보다 기뻐해 주셨고, 예상치 못한 어려움과 난관에 직면했을 때에도 서로 굳게 의지하며 창의적인 해결책을 찾아나갔습니다. 선생님 덕분에 저 또한 교사로서 한층 더 성장할 수 있었습니다. 선생님의 끊임없는 열정과 헌신은 단순히 특수교육이라는 한정된 틀을 넘어, 모든 교육의 본질을 다시 한번 깊이 생각하게 해주었습니다. 특히 단 한 명의 아이도 포기하지 않겠다는 선생님의 굳건한 의지와 아이들을 향한 뜨거운 애정은 저에게 깊은 영감을 주었고, 교육자로서의 사명감을 다시 한번 일깨워 주었습니다. 선생님과 함께했던 모든 순간들이 제 마음속에 깊이 새겨져 영원히 기억될 것입니다.

### 배움과 성장의 멘토

이유라 선생님께서는 언제나 열린 마음으로 제 의견을 경청해 주시고, 부족한 경험을 따뜻하게 채워주셔서 늘 큰 힘이 되었습니다. 선생님의 세심한 관찰력과 전문성은 단순히 특수교육 분야에만 국한된 것이 아니라, 모든 교육의 근본적인 가치를 다시 생각하게 해주었습니다. 특히 어떠한 어려움 속에서도 아이들을 포기하지 않는 선생님의 끈기와 진심 어린 애정은 저에게 깊은 감동을 주었고, 교육자로서의 책임감을 다시 한번 깨닫게 해주었습니다.

### 함께 만들어갈 아름다운 미래

마지막으로, 앞으로도 유아들을 항상 최우선에 두고, 함께 배우고 성장하는 든든한 동반자로서 오랫동안 함께하고 싶다는 진심 어린 응원의 메시지를 전합니다. 우리가 함께 쌓아온 소중한 협력의 경험이 앞으로도 수많은 유아들의 행복한 성장을 돕는 빛나는 밑거름이 될 것이라고 굳게 믿습니다. 선생님과 함께한 시간은 단순히 업무를 분담하는 피상적인 관계를 넘어, 서로를 깊이 이해하고 존중하며 함께 성장하는 축복과 같은 경험이었습니다. 앞으로도 우리가 함께 만들어가는 교실이 모든 유아에게 무한한 사랑과 존중, 그리고 꿈을 향해 나아갈 수 있는 소중한 배움의 기회가 가득한 따뜻한 공간이 되기를 진심으로 바랍니다.

선생님, 언제나 존경하고 응원하겠습니다.

아이들의 꿈과 희망을 이어주는 든든한 파트너

# Section 2

이유라(서울중흥초등학교병설유치원 유아특수교사)

*협력교수는 두 교사의 사랑과 전문성이 어우러져,*
*모든 아이들을 품어내는 교실 속 하모니다.*

## 1. '언니'와 '파트너'의 탄생

유아교사와 유아특수교사로서 처음 만났을 때, 저는 선생님께서 차분하면서도 따뜻한 에너지를 지닌 '언니' 같은 분이라는 인상을 받았습니다. 반대로 선생님께서는 저의 뜨거운 열정과 전문성을 발견하시며 또 다른 가능성을 보셨을 것이라 생각합니다. 서로 다른 배경과 강점을 가진 우리가 운명처럼 팀을 이루게 된 결정적인 계기는 2021년, 국립특수교육원에서 주관하는 특수교육대상유아 사례집 집필 작업이었습니다. 당시 통합반에서 열정적으로 근무하시던 선생님께 조심스럽게 협력를 요청드렸고, 그 순간부터 우리의 아름다운 협력은 마법처럼 시작되었습니다.

그 시기는 유아교육 현장에 놀이 중심 교육과정으로 전환된 초기였고, 설상가상으로 전 세계를 휩쓴 코로나 팬데믹으로 인해 현장에서 마음껏 놀이를 충분히 실천하기 어려운 암울한 상황이었습니다. 따라서 우리는 현장 교사들에게 실질적인 도움과 영감을 주고, 모범이 될 만한 훌륭한 사례를 반드시 만들어야 한다는 막중한 책임감과 부담감을 동시에 안고 있었습니다. 그러나 선생님께서는 저의 간절한 요청에 흔쾌히 응해주셨습니다. 긴장되던 제 마음의 문을 활짝 열어주시고, 앞으로 나아갈 수 있도록 용기를 북돋워 주셨습니다. 이는 업무 협력 이상의 깊은 의미를 지닌 감동적인 순간이었습니다. 우리는 공식적인 목표인 사례집 집필 작업을 통해 자연스럽게 교육 철학에 대한 공동의 목표를 설정하게 되었고, 그 목표를 달성하기 위해 뜨거운 열정을 아낌없이 쏟을 수 있었습니다.

통합교육에 대한 우리의 기대와 우려는 솔직하게 서로 공유되었습니다. 유아교사로서 선생님께서는 모든 아이가 차별 없이 함께 배우고 성장할 수 있는 이상적인 교육 환경을 마음속 깊이 꿈꾸셨습니다. 유아특수교사인 저는 각 아이의 개별적인 필요를 충족시키는 맞춤형 교육에 집중하면서도, 모든 아이는 우리의 아이라는 공통된 분모 위에 교육에 임할 수 있었습니다. 이렇게 서로 다른 관점과 접근 방식이 오히려 우리의 협력을 더욱 풍부하고 다채롭게 만들었습니다. 우리는 '우리'만의 특별한 공동 목표를 세우고, 통합교육의 본질적인 가치를 실현하기 위해 끊임없이 노력했습니다.

이 첫 만남은 업무 협력의 시작이 아니라, 서로의 부족한 부분을 채워주고 강점을 더욱 빛나게 하며 공동의 비전을 향해 함께 나아가는 소중한 '짝꿍'의 탄생을 알리는 서막이었습니다. 우리는 앞으로 닥쳐올 수 있는 수많은 기대와 걱정을 기꺼이 감수하며, 아이들을 위한 더 나은 교육을 만들기 위해 두 손을 맞잡고 함께 험난한 길을 걸어가기로 굳게 결심했습니다. 이 아름다운 여정에서 우리는 서로를 진심으로 신뢰하며, 파트너가 아닌 하나의 강력한 팀으로서 정체성을 확립해 나갔습니다. 이 운명적인 첫 만남이 없었다면 우리의 눈부신 협력과 놀라운 성과는 결코 불가능했을 것입니다.

## 2. 언어 장벽을 넘어선 마음의 연결

통합교육 현장에서 예상치 못한 어려움이나 문제에 직면했을 때, 저와 신민선 선생님은 환상적인 팀워크를 발휘하여 창의적이고 혁신적인 해결책을 찾아냈습니다. 부족한 시간, 열악한 자원 등 현실적인 제약 속에서도 우리는 서로를 믿고 의지하며 함께 험난한 길을 헤쳐나가고 문제를 해결할 수 있었습니다. 한번은 한국어가 서툰 외국인 특수교육대상유아가 우리 반에 갑작스럽게 배치된 적이 있었습니다. 한국어뿐만 아니라 아이의 부모님과의 원활한 소통에도 큰 어려움이 있었습니다. 이러한 난관을 극복하기 위해 저와 신민선 선생님은 교육청과 지역사회 기관에서 제공하는 다양한 지원을 적극적으로 활용했습니다. 이중 언어 강사를 긴급하게 요청하고, 개별화교육계획(IEP) 협의회 때 학부모님과 막힘없이 소통하기 위해 지역사회 기관에서 귀한 타갈로그어 통역을 지원받았습니다.

또한 아이의 부모님을 배려하여 개별화교육계획을 영어 버전으로 정성껏 제작하고, 학부모님이 직접 참여하는 수업 때는 순서와 수업 내용 설명 자료를 한글과 영어로 함께 준비하여 수업에 대한 이해도를 높이고 적극적인 참여를 유도했습니다. 서툴지만 정성을 담은 '영어'를 통해 부모님과 소통하며, 언어의 장벽을 넘어 마음으로 깊이 교감했던 감동적인 기억이 아직도 생생합니다.

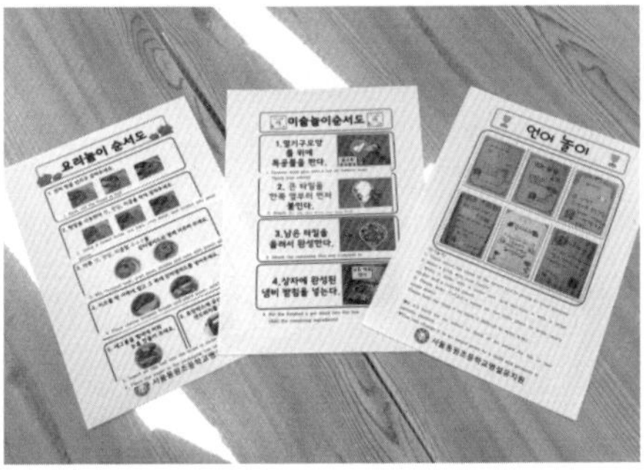


**참여수업 때 제공된 한글과 영어가 함께 명시된 순서도**

처음에 그 아이는 한국말을 거의 알아듣지 못했고, 부모님과 주로 영어로 대화했습니다. 사실 부모님은 타갈로그어에 능통하셔서, 영어는 유아와 부모님이 편하게 소통하는 제2외국어와 같은 언어였습니다. 다행히 서울특별시교육청에서 이중 언어 교사를 채용할 수 있게 지원해 주셔서, 신민선 선생님과 제가 함께 가르치는 학급에 영어, 타갈로그어, 한국어를 모두 자유롭게 구사하는 멋진 이중 언어 교사 선생님과도 협력할 수 있게 되었습니다. 신민선 선생님이 수업을 진행하시면, 이중 언어 강사님은 옆에서 작은 소리로 통역해 주셨고, 저는 그 옆에서 한국어 단어를 한 번 더 또렷하게 들려주며 아이의 한국어 학습을 도왔습니다. 특히 노래를 부를 때는 발달 지체로 한국어 노래가 다소 서툰 유아를 위해 노래를 완벽하게 부르지 못하더라도 제 손바닥을 부드럽게 뒤집어 유아에게 내밀어 함께 손뼉을 치며 한국어 음가를 친절하게 알려주었습니다. 신민선 선생님은 반복적으로 유아에게 익숙한 영어 노래를 큰 집단 활동 전에 항상 함께 불러주셨고, 처음에는 손뼉만 쳤던 아이가 학기 중반쯤에는 놀랍게도 후렴구를 자발적으로 부르기도 했습니다.

어느 날 학부모님께서 영어로 정성스럽게 작성한 편지에 감사의 마음을 가득 담아 학교 관리자분들과 모든 선생님들께 전달해 주셨는데, 그 순간은 국경과 인종, 장애를 초월한 묘한 감동의 시간이었습니다. 통역 시간도 우리가 간절히 요청했던 것보다 훨씬 길어졌고, 통역사님께 감사의 뜻으로 정해진 사례비 이상으로 드리지 못한다고 했지만 괜찮다고 하시며 끝까지 함께해 주셔서 더욱 감동적이었습니다. 문화적으로 다른 부분이 많아 기본생활습관과 위생 등 가정과 긴밀하게 협조해야 할 부분들이 많았는데, 교장 선생님을 비롯한 모든 교육 주체들이 따뜻한 마음으로 학부모님을 진심으로 맞아주셔서 유아특수교사인 저 또한 진심으로 감사했습니다. 이러한 특별한 경험을 통해 우리는 예상치 못한 어려움을 함께 극복하고, 긍정적인 결과를 만들어내는 방법을 몸소 배웠습니다. 서로의 강점을 십분 활용하고, 지역사회와의 굳건한 협력을 통해 다양한 문제를 창의적으로 해결하며, 아이들과 학부모님을 위한 최선의 교육 방안을 끊임없이 찾아가는 아름다운 과정은 저에게 잊을 수 없는 소중한 교훈을 안겨주었습니다.

## 3. '10분의 기적'을 넘어선 공감의 힘

팀원 간의 진솔하고 효과적인 의사소통은 우리의 빛나는 협력을 더욱 굳건하게 강화하는 데 핵심적인 역할을 했습니다. 우리는 서로의 생각을 자유롭게 공유하고 마음을 나누기 위해 다양한 전략과 방법을 적극적으로 활용했고, 이를 통해 서로를 깊이 이해하고 두터운 신뢰를 쌓을 수 있었습니다.

초반에는 유아의 흥미로운 놀이 상황이나 개인적인 관심사를 바탕으로 많은 이야기를 나누며 소통했습니다. 유아가 하원한 후에는 특수유아뿐만 아니라 일반 유아의 즐거웠던 놀이 상황이나 학부모 상담 등 수시로 일어나는 다양한 상황에 대해서도 꼼꼼하게 공유했습니다. 처음에는 교무실에서 선생님이 바로 옆자리에 계셔서 얼굴을 마주 보며 직접 소통할 수 있는 기회가 정말 많았습니다. 이후 안타깝게도 유치원 사정으로 선생님이 교무실 맞은편 자리로 이동하시면서는 이전보다 메신저를 훨씬 많이 활용하게 되었습니다.

선생님께서 저의 어떠한 제안도 긍정적으로 검토하시고 함께 실천해 보자고 흔쾌히 받아주신 덕분에, 저 또한 선생님께 새로운 아이디어를 제안할 때 조금의 거리낌도 없이 솔직하고 편안하게 다가갈 수 있었습니다. 제가 마음속에 품고 있던 교육적 열정을 마음껏 펼칠 수 있었던 것은 선생님의 넓은 아량과 열린 태도 덕분이라고 생각합니다. 교무실 자리 이동으로 물리적인 거리가 다소 멀어졌지만, 그동안 쌓아놓은 끈끈한 소통 습관과 돈독한 관계 덕분에 협력에 큰 어려움은 없었습니다. 오히려 때때로 조용한 교무실에서 둘만 메신저로 은밀하게 소통하면서, 일반 교사와 유아특수교사 간의 그 어떤 벽도 허물 수 있는 끈끈하고 두터운 심리적 연결감을 느낄 수 있었습니다.

최근에는 '더공감교실'이라는 서울특별시교육청 중점사업을 통해 일반 교사와 유아특수교사가 공동 담임이 되어 한 학급의 교육, 상담, 행정 업무를 함께 책임지는 시범사업을 운영하고 있습니다. 공감교실에서 제안된 효과적인 방법 중 하나가 두 교사가 매일 정해진 시간에 통합과 관련된 회의를 10분 동안 진행하는 '10분의 기적'입니다. 우리는 '10분의 기적'을 공식적으로 하자고 약속한 것은 아니지만, 자연스럽고 편안한 소통을 통해 사실상 매일 10분 이상, 어쩌면 그 이상의 귀중한 시간을 건설적인 소통에 쏟았습니다.

이러한 꾸준한 소통은 단순히 필요한 정보를 주고받는 사무적인 행위를 넘어, 우리 둘을 떼려야 뗄 수 없이 하나로 묶어주는 끈끈한 연결고리가 되었습니다. 매일 정성스럽게 주고받는 이야기가 교육 공동체로서 우리 둘을 자연스럽게 하나로 묶어주었던 것 같습니다. 이를 통해 우리는 서로의 의견을 진심으로 존중하며, 아이들을 위한 최선의 교육 방안을 찾기 위해 끊임없이 고민하고 노력할 수 있었습니다. 마음을 나누는 소통과 깊은 공감은 우리의 빛나는 협력을 더욱 견고하게 강화하는 데 없어서는 안 될 중요한 요소였습니다. 이를 통해 우리는 서로를 깊이 이해하고 굳건한 신뢰를 쌓으며, 아이들을 위한 더욱 풍요롭고 행복한 교육을 실현할 수 있었습니다. 앞으로도 우리는 변함없는 소통과 따뜻한 공감을 바탕으로 더욱 발전된 교육을 만들어가기 위해 언제나 함께 노력할 것입니다.

## 4. 서로의 색깔을 존중하며 빚어낸 아름다운 하모니

개별화교육계획(IEP)을 꼼꼼하게 수립하고 성실하게 실행하는 아름다운 과정에서 우리는 환상적인 팀워크를 발휘했습니다. 서로의 뛰어난 전문성을 진심으로 존중하며, 모든 영유아들의 개별적인 필요에 세심하게 맞춘 이상적인 맞춤형 교육을 제공하기 위해 끊임없이 진솔하게 소통하고 굳건하게 협력했습니다. 이러한 노력은 우리 모두에게 괄목할 만한 성장의 기회를 제공했고, 긍정적인 변화를 통해 우리의 노력이 아름다운 결실을 맺는 것을 직접 확인하면서 보람을 느꼈습니다.

통합교육을 실천하면서 때로는 교육 철학이나 핵심 가치관의 미묘한 차이를 느낀 적도 있었습니다. 하지만 우리는 서로의 의견을 존중하고, 합리적인 합의점을 찾기 위해 끈기 있게 노력했습니다. 건설적인 비판을 주고받으며 함께 배우고 성장하기 위해 다양한 노력을 기울였습니다. 사실 다행히도 선생님께서 저의 대부분의 의견과 제안에 긍정적이고 수용적인 태도를 보여주셔서 큰 어려움은 없었습니다. 저보다 교육 경험이 훨씬 풍부하시고 친근한 언니 같은 신민선 선생님이 대부분의 상황에서 저를 배려해 주시고 너그럽게 양보해 주셨습니다. 이러한 선생님의 넓은 아량과 긍정적인 자세는 우리가 서로의 차이를 너그럽게 존중하며 함께 멋지게 성장할 수 있는 튼튼한 기반이 되었습니다.

우리는 서로의 교육 철학을 진심으로 존중하며, 모든 아이들을 위한 최선의 교육 방안을 찾기 위해 끊임없이 열정적으로 대화를 나누었습니다. 이러한 의미 있는 과정을 통해 우리는 '우리'만의 독특하고 아름다운 색깔을 조화롭게 만들어가며, 통합교육의 본질적인 가치를 실현할 수 있었습니다. 험난한 여정을 함께 헤쳐나가는 과정에서 우리는 더욱 끈끈하고 단단한 팀워크를 형성할 수 있었고, 이는 아이들을 위한 더욱 풍요롭고 행복한 교육을 만들어가는 데 강력한 힘이 되었습니다.

## 5. 존중과 협력, '우리'를 하나로 만든 마법

성공적인 통합교육을 이끌었던 원동력은 무엇이었을까요? 저는 그것이 바로 서로에 대한 무한한 존중과 마음에서 우러나오는 자연스러운 협력이었다고 생각합니다. 서로의 빛나는 강점을 인정하고, 각자의 소중한 역할을 성실하게 수행하며, 함께 아름다운 작품을 만들어가는 과정에서 그 어떤 팀보다 강력한 시너지를 발휘할 수 있었기 때문입니다.

예를 들어, 제가 특색 활동으로 영유아들의 흥미를 자극하는 도구를 이용한 신체 활동을 열정적으로 운영했던 감동적인 경험이 떠오릅니다. 이 활동은 매달 특수유아의 개인적인 관심사와 관련된 놀이를 창의적으로 활용한 맞춤형 신체 활동이었습니다. 자동차를 유난히 좋아하는 특수유아를 위해, 먼저 교실에서 자동차 그림을 그리고 자동차 모형 장난감을 가지고 신나게 놀이를 한 뒤, 바퀴가 달린 탈 수 있는 커다란 장난감 자동차에 유아들이 직접 만든 자동차 박스를 끼워 면허 시험을 치르는 즐거운 놀이를 진행했습니다. 이때 신민선 선생님께서는 수업 내용을 미리 꼼꼼하게 확인하시고, 깜짝 면허증과 귀여운 장난감 자동차 열쇠 선물을 손수 준비해 주시는 감동을 선사하셨습니다.

제가 주도해서 운영하는 특색 활동이었음에도 불구하고, 신민선 선생님께서 적극적으로 필요한 물품을 챙겨주신 덕분에 면허 시험 놀이가 훨씬 풍성하고 다채롭게 이루어진 것 같습니다. 이 경험을 통해 깨달은 것은, 누군가 혼자 힘겹게 만들어가는 수업이 아니라, 서로 힘을 합쳐 함께 만들어가는 과정에서 느끼는 즐거움이 얼마나 크고 강력한 힘이 되는지였습니다. 선생님의 적극적인 참여와 따뜻한 지원은 단순히 활동을 풍부하게 만드는 것을 넘어, 아이들에게 잊을 수 없는 더 큰 즐거움과 의미를 제공하는 데 결정적인 역할을 했습니다.

이러한 아름다운 경험은 우리가 서로의 소중한 역할을 존중하며, 각자의 빛나는 강점을 십분 활용해 함께 앞으로 나아가는 것이 얼마나 중요한지를 생생하게 보여줍니다. 서로에 대한 깊은 신뢰와 존중, 그리고 마음에서 우러나오는 자연스러운 협력은 통합교육의 놀라운 성공을 이끌어낸 핵심 동력이었습니다. 우리는 서로의 의견을 진지하게 경청하며, 아이들을 위한 최선의 교육 방안을 찾기 위해 끊임없이 소통하고 협력했습니다. 이러한 협력적인 과정은 교육적인 성과를 넘어, 우리 모두에게 값진 성장의 기회를 제공했습니다.

끈끈한 팀워크를 더욱 강화하기 위해 저와 신민선 선생님은 정기적인 협의회와 자유로운 소통의 시간을 적극적으로 활용했습니다. 특히 '우리' 팀만의 특별한 소통 방식을 통해 서로의 신뢰를 더욱 깊게 쌓고, 더욱 돈독한 협력을 이끌어냈습니다. 평소에는 메신저를 이용하여 실시간으로 소통하거나 직접 얼굴을 마주 보며 진솔한 이야기를 나누었습니다. 이는 일상적인 업무와 아이들에 대한 다양한 정보를 빠르게 공유하는 데 매우 효과적이었습니다. 그러나 특별히 방학 동안에는 일부러 시간을 내어 둘이서만 함께 맛있는 식사를 하고 즐거운 시간을 보내기도 했습니다. 이 시간은 식사를 함께하는 것을 넘어, 서로 더욱 친밀해지고 진정으로 하나된 느낌을 나눌 수 있는 소중한 기회였습니다. 이러한 소중한 시간 동안 우리는 서로의 생각과 경험을 허심탄회하게 나누며, 평소 바쁜 교실 안에서는 느끼기 어려웠던 깊은 교감과 굳건한 신뢰를 쌓을 수 있었습니다. 이는 단순히 업무적인 소통을 넘어, 서로를 진정으로 이해하고 존중하는 데 크게 기여했습니다. 이러한 깊은 소통은 우리의 끈끈한 팀워크를 더욱 강화하며, 통합교육의 성공을 이끌어내는 데 강력한 힘이 되었습니다.

## 6. '싱글벙글' 웃음꽃 피는 교실의 비밀

통합교육의 긍정적인 효과를 극대화하기 위해 저와 신민선 선생님은 늘 새로운 아이디어를 탐구하고 과감하게 시도하는 혁신적인 노력을 아끼지 않았습니다. 교육 방법, 교재 개발, 환경 구성 등 여러 측면에서 창의적인 아이디어를 마음껏 펼치며, 영유아들의 무한한 흥미와 적극적인 참여를 이끌어내는 매력적인 자료와 교구를 정성스럽게 제작하고 교육 현장에서 적극적으로 활용했습니다. 이러한 열정적인 노력은 단순히 형식적인 교육의 틀을 넘어, 모든 아이들이 매일 즐겁게 배우고 행복하게 성장할 수 있는 따뜻하고 긍정적인 교육 환경을 조성하는 데 중요한 역할을 했습니다.

처음 유치원에 풋풋한 새내기 교사로 발령받았을 때 특수학급의 이름은 다소 평범한 '나무반'이었습니다. 그때부터 우리는 어떻게 하면 더욱 원활하고 의미 있는 통합을 이룰 수 있을지 밤낮으로 고민했고, 오랜 고민 끝에 특수학급의 이름을 완전히 바꾸기로 결심했습니다. 대부분 한국에 있는 유치원 학급 이름은 3글자 명사로 이루어져 있지만, 저와 선생님은 통합교육의 본질적인 취지에 가장 잘 맞는 이상적인 학급명을 정하기 위해 심혈을 기울인 결과 모두가 함께 웃는 행복한 교실을 표현하는 '싱글벙글'이라는 아름다운 형용사를 과감하게 선택하게 되었습니다. 이는 특수학급 교실이 특정 유아들이나 소수의 특수교육대상유아만을 위한 고립된 공간이 아니라, 그 누구든 멋진 친구들과 함께 싱글벙글 웃으며 즐거운 시간을 보낼 수 있는 따뜻한 공간이라는 심오한 의미를 담고 있습니다. 이렇게 학급명을 획기적으로 바꾸면서, 특수학급과 일반 학급 간의 보이지 않는 경계를 허물고, 모든 아이들이 편견 없이 함께 어울릴 수 있는 진정으로 통합된 공간으로 새롭게 자리 잡았습니다.

이후에는 학급 관련 공문서인 내부 기안 제목에도 주저 없이 '싱글벙글 꽃잎반'이라는 특별한 이름을 사용했습니다. 이는 모든 아이들이 '싱글벙글'과 '꽃잎반' 두 공간에서 함께 즐겁게 뛰어놀고 배우는 소중한 구성원이 된다는 깊은 의미를 담고 있습니다. 이러한 작지만 의미 있는 변화는 아이들과 학부모님들에게도 긍정적이고 희망찬 메시지를 전달하며, 통합교육의 핵심 철학을 자연스럽게 스며들게 하는 데 크게 기여했습니다.

우리는 모두 다 '싱글벙글 꽃잎반', 학급팻말

또한 특수유아 중에는 손으로 작은 구슬을 굴리는 놀이를 유난히 좋아하는 아이가 있었습니다. 기존의 구슬 놀이 장난감은 제작 과정이 복잡하고 어려울 뿐만 아니라, 특수유아의 다소 부주의한 특성 때문에 쉽게 무너져 놀이가 지속되기 어렵다는 심각한 문제점이 있었습니다. 이러한 문제점을 해결하기 위해 우리는 기존의 비싼 구슬 놀이 장난감 대신 성인의 키만큼 커다란 종이 판(유치원으로 택배가 왔던 재활용품)을 적절하게 기울여 간편하고 창의적인 구슬 놀이를 직접 만들었습니다. 이후에는 구슬뿐만 아니라 아이들이 좋아하는 플레이콘, 자동차 등 다양한 재료를 활용하여 굴려보는 등 창의적인 놀이 활동을 더욱 확장했습니다. 이러한 혁신적인 시도는 놀이의 지속성과 영유아들의 접근성을 획기적으로 높이는 동시에, 영유아들의 무한한 흥미를 자연스럽게 끌어내는 데 놀라운 효과를 발휘했습니다.

유아의 실수를 용인하는 재활용품을 활용한 환경 구성 및
굴리기 놀이가 가능한 다양한 교구 제공

## 7. 우리의 사랑으로 채운 무지개 놀이터

영유아들의 고유한 발달 특성과 개별적인 요구를 진심으로 고려하여 교실 환경을 구성하는 것은 통합교육의 성공을 위한 핵심 요소 중 하나입니다. 저와 신민선 선생님은 안전성, 접근성, 편안함, 심미성 등 다양한 요소를 꼼꼼하게 고려하여 교실을 디자인하며, 모든 아이들이 즐겁고 행복하게 성장할 수 있는 아름다운 공간을 만들기 위해 열정적으로 노력했습니다.

다행히 통합반과 특수학급이 바로 옆에 다정하게 붙어 있어서 놀이 공간 구성과 다양한 활동을 매우 자유롭고 융통성 있게 운영할 수 있었습니다. 예를 들어, 어떤 특별한 날에는 통합반에서 모든 아이들이 함께 어울려 신나는 놀이를 즐기고, 또 다른 날에는 통합반과 특수학급을 분리하여 전체 유아를 절반씩 나누어 소규모 그룹으로 더욱 심도 있는 놀이를 진행하기도 했습니다. 각각 10명씩 자유롭게 놀이를 하다가 흥미를 잃으면 언제든지 공간을 바꾸어 놀이할 수 있도록 배려했습니다. 특히 유아들이 어느 정도 새로운 환경에 안정적으로 적응하면 한 학급당 놀이 인원을 굳이 제한하지 않고 자유 놀이 시간 동안 자유롭게 이동하며 원하는 놀이를 마음껏 즐기도록 격려했습니다. 즉, 통합반, 복도, 특수학급에 정성껏 준비된 다양한 놀이를 마치 스테이션 교수처럼 돌아가면서 다채롭게 경험하도록 유도했습니다. 물론 어떤 놀이 공간을 선택할지는 언제나 모든 유아의 자유 의지에 달려 있었습니다.

한 번은 한 일반 유아가 조용히 쉬고 싶다며 갑자기 통합학급의 전등을 꺼버린 예상치 못한 상황이 발생했습니다. 마침 특수유아가 신기한 형광 물질이 있는 놀잇감을 매우 좋아한다는 사실을 떠올리고, 두 아이의 놀이를 자연스럽게 연결해 주기 위해 특수학급 공간에서는 모든 전등을 끄고 더욱 신비로운 분위기 속에서 놀이를 진행하고, 통합학급에서는 모든 전등을 켜고 밝고 활기찬 분위기 속에서 놀이를 진행했습니다. 특수학급에서는 어두컴컴한 공간에서 특별한 형광 물질을 찾는 스릴 넘치는 '교실 속 보물찾기' 놀이가 즉흥적으로 시작되었습니다. 놀이를 통해 아이들은 평소에는 잘 보이지 않던 놀잇감에 형광 물질이 발라져 있다는 사실도 새롭게 발견했습니다. 손 세정 뷰어(형광 물질을 발라 손을 깨끗이 씻었는지 확인하는 기계)와 TV를 연결하여 유아들이 힘들게 찾아온 빛나는 보물 장난감을 넣어 보는 흥미진진한 게임도 진행했습니다. 당연히 특수유아의 뛰어난 강점을 십분 활용한 놀이여서 일반 유아들보다 훨씬 더 재빠르게 보물을 찾아내 감탄을 자아내기도 했던 기억이 새록새록 합니다.

어두운 공간에서 신나는 놀이를 즐기다 보니 자연스럽게 특수학급은 낮에도 불을 끄고 창밖의 눈부신 빛을 부드럽게 차단한 은은한 천을 드리우며, 조용히 휴식이 필요한 유아들이 편안하게 쉴 수 있는 아늑한 공간이 되었습니다. 반대로 일반학급은 늘 밝은 불을 켜고 활기차게 놀이하는 공간이 되었고, 그러면서 아늑한 캠핑 놀이도 자연스럽게 시작되어, 유아들이 즐거운 놀이 속에서 낮과 밤의 신비로운 시간 개념을 저절로 배우게 되었습니다. 물론 유치원 복도도 훌륭한 놀이 공간이었습니다. 유아들이 기차(바퀴 달린 옷걸이)를 타고 두 공간을 자유롭게 오가며 상상력을 마음껏 펼치는 시간 여행 놀이를 즐기기도 했습니다. 특히 통합학급 교구장에는 특수유아가 좋아하는 놀잇감을 언제든지 배치할 수 있도록 넉넉한 공간을 흔쾌히 마련해 주셔서, 모든 유아들이 함께 행복하게 놀이할 수 있었습니다.

이러한 세심한 교실 환경 구성은 단순히 물리적인 공간을 아름답게 꾸미는 것을 넘어, 아이들이 안전하고 자유롭게 탐색하고 몰입하여 학습하며 함께 성장할 수 있는 최적의 환경을 제공했습니다. 우리는 영유아들의 개별적인 발달 특성과 다양한 요구를 마음으로 깊이 이해하며, 그들이 행복하게 뛰어놀고 즐겁게 배울 수 있는 꿈과 희망이 가득한 공간을 만들기 위해 끊임없이 노력했습니다. 앞으로도 우리는 아이들을 위한 더욱 훌륭한 교실을 창의적으로 디자인하며, 영유아들의 웃음소리가 끊이지 않는 행복한 교육 환경을 만들어가기 위해 최선을 다할 것입니다.

## 8. 구슬 속에 담긴 성장, 놀이 속에 피어난 희망

통합교육을 통해 가장 큰 보람을 느꼈던 순간은 중증 장애를 가진 유아가 즐거운 놀이를 통해 초등학교 입학 전에 자신의 이름 석 자를 또렷하게 읽게 된 놀라운 성장이 일어났을 때였습니다. 이 아이의 개별화교육계획(IEP)을 꼼꼼하게 수립하면서, 학부모님께서는 초등학교에 입학하기 전에 적어도 자신의 이름을 읽을 수 있으면 정말 좋겠다는 간절한 바람을 조심스럽게 말씀하셨습니다. 당시 저는 솔직히 크게 기대하지 않았지만, 학부모님의 진심 어린 바람을 존중하는 마음으로 교육 목표를 설정하고, 교사로서 아이를 위해 최선을 다해 아낌없이 지원했습니다.

이 아이는 매일매일 구슬 놀이에만 푹 빠져 지내는 특별한 유아였습니다. 그래서 저는 반짝이는 아이디어를 떠올리고 작은 구슬 위에 아이의 이름 글자를 하나씩 정성스럽게 적어주고, 구슬을 굴리면서 맨 먼저 떨어지는 구슬을 번호를 외치듯 신나게 들어올려 마치 복권에 당첨된 것처럼 즐겁게 읽어주었습니다. 처음에는 아이가 그저 신기하고 재미있어하며 제 손에 구슬을 소중하게 올려주면서 관심을 공유하기 시작했습니다. 이 재미있는 활동을 며칠 동안 반복하자, 다른 일반 유아들도 구슬 놀이에 자연스럽게 관심을 가지게 되었고, 어느새 구슬 놀이는 특수유아 개인의 작은 관심에서 반 전체 아이들이 함께 즐기는 놀이로 마법처럼 확장되었습니다. 당시 유치원에서 학부모님들에게 매달 1회 발행되는 유익한 통합학급 놀이 소식지에도 이 놀라운 변화가 담기게 되었습니다.

신나는 놀이 과정에서 일반 유아들이 특수유아와 자발적으로 함께 구슬 놀이를 즐기며, 다정한 목소리로 구슬에 적힌 글자를 친절하게 읽어주는 아름다운 또래 교수 모습도 자연스럽게 나타났습니다. 지금 돌이켜보면 매번 선생님과 함께 통합하는 반에서는 유달리 똑똑하거나 인기가 많은 유아들이 으레 그랬듯이 특수유아의 든든한 편이 되어주거나 남다른 관심을 가져주어 훌륭한 또래 교수자가 되어주었습니다. 담임교사가 특수유아를 진심으로 소중하게 대하는 따뜻한 태도는 일반 유아에게도 특수유아를 어떻게 대해야 하는지 보여주는 훌륭한 본보기가 되었습니다.

함께 구슬 놀이를 즐기며 긍정적으로 상호작용하는 소중한 시간, 예상치 못한 행동이나 반응을 긍정적으로 해석해 주시는 신민선 선생님의 따뜻한 모습 덕분에 특수유아들이 일반 유아들에게 매력적인 놀이 친구로 자연스럽게 인식될 수 있었습니다. 그래서 저도 유아특수교사라기보다, 함께 같은 공간에서 생활하는 두 명의 담임으로서 모든 유아의 성장을 책임지는 담임 역할을 충실히 수행하도록 노력했습니다. 이 감동적인 순간은 단순히 한 아이의 놀라운 성장을 넘어, 우리의 노력이 어떻게 놀라운 성장을 만들어낼 수 있는지 생생하게 보여주는 잊을 수 없는 장면이었습니다.

## 9. 제도의 빈틈을 채운 '우리'의 치열한 고민

진정한 통합교육은 때로 정해진 제도의 틀을 넘어서는 헌신을 요구합니다. 우리는 "모든 아이는 동등한 교육의 기회를 누려야 한다"는 신념을 지키기 위해, 시스템의 경직성이 만든 교육의 공백 앞에서 좌절하기보다, 우리만의 해법을 찾아 나서기로 했습니다. 특히 여러 연령에 특수교육대상유아가 분산 배치되었을 때,

유아특수교사 한 명이 여러 반을 오가야 하는 '떠돌이 교사'가 되는 구조적 문제가 있었습니다. 이는 단순히 교사의 물리적 어려움을 넘어, 지원이 절실한 아이 곁에 온전히 머물 수 없는 안타까운 상황으로 이어졌습니다. 한 반에 지원 인력이 들어가면 다른 반은 속수무책으로 공백이 생기는 현실은 통합교육의 이상과 현실 사이의 큰 괴리였습니다.

이 불균형을 해소하기 위해 우리는 '자원의 재분배'와 '외부 자원의 창출'이라는 두 가지 전략을 세웠습니다.

첫째, 교육적 필요에 따른 '전략적 시간 안배'를 시도했습니다. 상대적으로 지원 요구가 적은 유아의 학급에는 유아특수교사의 지원 시간을 최소화하고, 그 시간을 지원이 더 절실한 곳에 집중했습니다. 이 과감한 결정은 신민선 선생님을 비롯한 모든 일반 학급 담임선생님들의 깊은 이해와 전적인 협조가 있었기에 가능했습니다. 동료 교사들의 지지는 가장 강력한 내부 자원이었습니다.

둘째, 교실 밖으로 눈을 돌려 '활용 가능한 모든 자원'을 끌어모았습니다. 교육청의 목적사업비를 적극적으로 활용해 보조 인력을 확보하고, 지역 대학과의 연계를 통해 교육봉사 인력을 활용했습니다. 서류 작업과 행정적 수고를 기꺼이 감수하며 만든 이 추가 인력은, 특히 안전이 최우선인 현장체험학습에서 모든 아이의 안전과 온전한 참여를 보장하는 결정적인 힘이 되었습니다.

우리의 경험은 단언합니다. 현장의 교사들이 통합교육을 망설이는 가장 큰 이유는 '의지'의 부족이 아닌 '지원'의 부재입니다. 유아특수교사나 담임교사 한 명에게 모든 짐을 지우는 것이 아니라, '1유아특수교사－1일반교사'가 한 팀이 되어 한 학급을 온전히 책임지는 시스템이 필요합니다. 유아기는 그 어떤 시기보다 통합의 교육적 효과가 극대화되는 결정적 시기입니다. 우리가 현장에서 치열하게 증명해 냈듯이, 제도적 지원이 뒷받침될 때 통합교육은 이상을 넘어 모두가 행복한 현실이 될 수 있습니다. 특히 발달의 결정적 시기인 유아기 통합교육의 중요성을 고려할 때, 이러한 선진적인 인력 배치 모델은 선택이 아닌 필수입니다. 우리의 실천 사례는 교사의 전문성과 헌신이 제도적 한계를 넘어설 수 있음을 보여주는 동시에, 왜 더 나은 시스템이 필요한지에 대한 가장 확실한 증거가 될 것입니다.

*함께라면 가능합니다. 함께라면 더 나은 교육을 만들 수 있습니다.*

## 서로에게 전하는 진심 : '우리'는 함께 성장한다

나의 짝꿍! 신민선 선생님께

진심 어린 감사와 존경, 그리고 응원의 마음을 전하고 싶습니다. 선생님과 함께하며 배운 소중한 가치와 경험을 이 자리를 빌려 나누고자 합니다.

### 놀이 중심 교육처럼, 나의 성장을 이끌어주신 동반자

선생님은 유아의 흥미와 관심을 존중하는 놀이 중심 교육처럼, 저의 다양한 시도와 제안에도 늘 긍정적으로 반응해 주셨습니다. 선생님께서 함께 고민하고 지지해 주신 덕분에, 저는 교실에서 새로운 활동을 자신 있게 시도할 수 있었고, 우리 영유아들의 놀이와 배움이 더욱 풍부하고 의미 있게 확장될 수 있었습니다. 선생님의 열린 마음은 저를 성장시키는 가장 큰 원동력이었습니다.

### '우리 아이'들을 향한 진심이 만든 성장

무엇보다도, 우리 특수유아들을 한 명 한 명 귀하게 여기고 대해주시는 선생님의 따뜻한 마음이 통합교육 현장에서 가장 큰 힘이 되었습니다. 선생님의 세심한 관심 덕분에 모든 아이들이 서로를 배려하며 자연스럽게 어울릴 수 있었고, 특수유아와 일반 유아가 함께 성장하는 소중한 경험을 할 수 있었습니다. 이는 저 혼자만의 노력으로는 결코 이룰 수 없는 값진 성과였습니다.

### 협력과 소통이 빚어낸 성장

신민선 선생님은 늘 저를 믿고 지지해 주셨고, 영유아들의 필요에 맞춰 교육과정을 유연하게 조율해 주셨습니다. 덕분에 저는 두려움 없이 다양한 제안을 할 수 있었고, 그 제안이 영유아들의 성장을 이끌어내는 것을 직접 확인하며 교사로서의 큰 보람과 자신감을 얻을 수 있었습니다. 선생님과의 협력과 소통은 업무 관계를 넘어, 교사로서의 성장을 선물한 값진 시간이었습니다.

### 함께 나아갈 빛나는 미래

신민선 선생님과 함께한 모든 순간은 저에게 업무 이상의 의미였습니다. 우리 영유아들의 행복한 성장을 위해 함께 고민하고 노력해 주신 선생님께 다시 한번 깊이 감사드립니다. 우리는 앞으로도 서로를 존중하며, 함께 성장해 나가는 동반자로서 아이들에게 더 나은 미래를 선사할 것이라고 믿습니다.

특별히, 선생님과의 협력은 교실을 넘어 교육청과 연수원에서 함께 교사 연수를 진행하는 기회로도 이어졌습니다. 대학원 시절, 통합 연수는 협력교수의 한 형태인 '팀티칭'으로 이루어져야 한다고 과제 발표를 한 적이 있었는데, 실제 현장에서 저의 가치를 실현할 수 있어 매우 뜻깊었습니다.

언니이자 선배로서 늘 겸손하게 다가와 주셨던 선생님의 모습, 잊지 않겠습니다. 저 또한 제 교직 생활 속에서 만날 다른 통합교사들에게 선생님 같은 좋은 협력자가 되도록 노력하겠습니다.

감사합니다, 선생님.

**'다름을 공감하고 함께하는 통합교육'을 주제로**
**'팀티칭'으로 강의했던 소중한 날의 기록**

# 제 3 장
# 두 교사, 하나의 꿈

# 제3장
# 두 교사, 하나의 꿈

## Section 1

유민하(경기 동탄호수유치원 유아교사)

*협력교수는 서로에 대한 신뢰와 전문성을 바탕으로*
*유아와 교사의 성장을 함께 이끌기 위해 노력하는 동반자이다.*

### 1. 선입견을 넘어선 동행 : '우리'라는 이름의 팀이 되기까지

통합학급의 담임교사와 유아특수교사로 처음 만났을 때, 저는 각자의 역할에 대한 선입견과 걱정을 가지고 있었습니다. '혹시 유아특수교사가 내 수업을 평가하지는 않을까?' 하는 긴장감과 '일반 유아의 교육은 내 몫, 특수유아의 교육은 특수선생님의 몫'이라는 생각에 갇혀 있었습니다.

#### 선입견의 벽을 허물다

하지만 이러한 선입견의 벽은 금세 허물어졌습니다. 제게 없는 경험과 지혜로 교육적인 새로운 도전을 격려해 주시는 유아특수교사의 따뜻함에 마음을 열었고, 유아특수교사 역시 유아들에게 최선을 다하는 저의 진심을 알아봐 주시며, '우리 반은 함께 만들어가는 학급'이라는 깨달음을 얻었습니다. 우리는 서로의 교육 철학과 열정을 존중하며 '모든 유아의 성장'이라는 공통의 목표를 향해 나아가기 시작했습니다.

### '우리'가 되기로 한 결정적 순간

우리가 진정한 팀이 될 수 있었던 결정적인 계기는 서로의 전문성을 존중하고 공동의 비전을 설정한 데 있었습니다. 교실 내의 모든 유아들의 성장을 위해, 점차 특수유아와 일반 유아를 구분하지 않고 모든 아이를 함께 지원하는 하나의 팀이 되었습니다. 이러한 변화는 상대방의 교육 방식을 존중하고 배려했던 덕분에 가능했습니다.

우리는 통합교육에 대한 각자의 기대와 우려를 솔직하게 공유하며 '모든 유아가 존중받는 교실'이라는 공동의 목표를 세웠습니다. 저는 막연한 걱정을 "어떻게 함께 해결할까?"라는 질문으로 바꾸었고, 유아특수교사 역시 모든 아이들이 존중받는 교실을 함께 만들고자 했습니다. 이 공동 목표는 정기적인 소통과 역할 조율의 기반이 되었고, 서로에 대한 깊은 신뢰를 쌓는 초석이 되었습니다.

우리의 동행은 단순히 두 교사의 협력을 넘어, 선입견을 극복하고 '우리'라는 이름으로 함께 성장해 나가는 소중한 과정이었습니다.

## 2. 서로의 조각을 맞춰 시너지를 완성하다

팀워크의 시작은 서로의 강점을 발견하고 인정하는 열린 마음에서 비롯됩니다. 우리는 처음엔 각자의 역할을 구분하려 했지만, 점차 서로의 전문성을 존중하며 협력하는 방식으로 발전했고, 협업을 넘어 진정한 동반자가 될 수 있었습니다.

### 각자의 강점을 살려 시너지 창출 : 아름다운 조화를 이루다

처음 팀을 구성했을 때, 우리는 서로의 뛰어난 전문성을 명확하게 인식하고 이를 교육 현장에서 최대한 활용하기 위해 밤낮으로 고민했습니다. 유아특수교사는 개별 유아를 주의 깊게 관찰하고 섬세하게 분석하여 각 유아의 독특한 발달 수준과 개별적인 요구를 정확하게 파악하는 데 탁월한 전문성을 가지고 있었습니다. 반면 저는 학급 전체 유아의 조화로운 성장과 발달을 지원하는 데 초점을 맞추다 보니, 개별 유아를 미시적인 관점에서 면밀하게 파악하는 부분에 있어서는 다소 부족한 점이 있었습니다. 유아특수교사가 유아의 사소한 행동이나 작은 요구도 놓치지 않고 세심하게 지원하는 모습을 보면서 유아특수교사로서의 뛰어난 전문성을 더욱 존경하게 되었습니다.

저는 꼼꼼하고 계획적인 성향이 강해서 미리 철저하게 준비하지 않은 즉흥적인 활동을 진행하는 데 어려움을 느꼈고, 유아들의 즉각적인 요구를 신속하게 반영해 주지 못하는 경우가 종종 있었습니다. 반면, 유아특수교사는 예측 불가능한 상황에 따른 놀라운 유연성을 발휘하여 유아들의 다양한 요구를 즉시 수용해 주셨습니다. 이러한 서로의 차이점을 인정하고, 각자의 뛰어난 강점을 조화롭게 결합하여 보다 효과적인 통합교육을 실천했습니다. 예를 들어, 큰 놀이 주제 안에서 저는 유아들이 반드시 습득해야 할 핵심적인 배움을 미리 체계적으로 설계하고 세심하게 제공하였고, 유아특수교사는 유아의 끊임없이 변화하는 흥미에 따라 다양한 요구에 탄력적으로 대응하며 유아 주도의 창의적인 배움을 능숙하게 이끌어 주셨습니다. 이처럼 우리는 서로의 강점을 완벽하게 결합하여 아이들에게 더욱 풍요롭고 효과적인 교육을 제공할 수 있었습니다.

### 팀워크를 다지기 위한 초기 활동과 진솔한 대화 : 마음을 잇는 다리

팀워크를 다지기 위해서는 무엇보다 서로에 대한 깊은 이해가 반드시 선행되어야 한다고 굳게 믿습니다. 이를 위해 우리는 딱딱한 정기 회의뿐만 아니라, 편안한 일상적인 대화를 통해 서로의 생각과 감정을 자유롭게 공유했습니다. 이러한 솔직한 소통은 단순히 필요한 정보를 주고받는 것을 넘어, 서로를 더욱 깊이 이해하고 굳건한 신뢰를 쌓는 데 긍정적인 영향을 미쳤습니다. 그래서 우리는 틈만 나면 대화를 나누며 서로에게 다가갔습니다.

팀워크를 강화하기 위해 우리는 계획된 공식적인 시간 외에도 비공식적인 시간을 적극적으로 활용하여 소소하고 진솔한 대화를 많이 나누었습니다. 예를 들어, 하루 종일 열정적으로 진행했던 교육과정 수업이 끝난 후 함께 향긋한 커피를 마시며 오늘 하루 교실에서 있었던 즐거운 일이나 가슴 아픈 고민을 허심탄회하게 나누는 과정에서 자연스럽게 서로를 깊이 이해하게 되었고, 이러한 소중한 경험들이 차곡차곡 누적되어 그 어떤 어려움도 함께 헤쳐나갈 수 있는 끈끈한 결속력 있는 팀워크로 마법처럼 발전할 수 있었습니다.

"선생님, 혹시 불편한 점은 없으세요? 제가 선생님을 도와드릴 일이 있을까요? 선생님의 훌륭한 수업과 연계해서 어떤 수업을 진행하면 우리 아이들에게 더욱 풍성한 배움을 선사할 수 있을까요?"와 같은 진솔한 질문을 통해 서로의 의견을 존중하고 적극적으로 협력했습니다. 수많은 대화의 과정을 통해 저는 파트너 유아특수교사의 빛나는 교육관을 더욱 깊이 이해하게 되었고, 그녀를 진심으로 존경하고 신뢰하게 되었습니다. 특히 풍부한 교육 경험을 가진 훌륭한 유아특수교사와의 만남은 풋내기 신규 교사였던 저에게 긍정적인 영향을 주었고, 마치 현명한 멘토와 열정적인 멘티의 아름다운 관계처럼 저는 파트너 유아특수교사를 진심으로 믿고 따랐습니다. 이러한 관계는 마치 생존을 위해 고군분투하는 전선에서 싹튼 끈끈한 전우애와도 같았습니다.

세밀하게 계획된 형식적인 회의보다는 번거로운 교육과정을 모두 마친 후나 정신없이 바쁜 일과 중과 같은 일상적인 순간에 비공식적인 대화를 통해 자유롭게 의견을 많이 나누었습니다. 때로는 즉흥적이고 가벼운 아이디어가 예상치 못한 놀라운 긍정적 결과로 이어지기도 했습니다. 격식 없고 자유로운 분위기 속에서 서로 간의 친밀감이 자연스럽게 형성되고, 아직은 미완성인 창의적인 아이디어를 함께 다듬고 발전시켜 교육 현장에서 효과적으로 적용할 수 있는 훌륭한 결과로 이끌어내며 활발한 의사소통이 끊임없이 이루어질 수 있었습니다. 이 귀한 시간에는 단순히 문제 상황을 공유하는 것을 넘어, 서로가 느낀 감정과 생각들을 솔직하게 이야기했습니다. 또한 유아특수교사와 함께 유아들의 행동을 주의 깊게 관찰하고, 그들의 작은 반응을 함께 분석하는 시간을 가졌습니다. 이러한 노력을 통해 서로의 독특한 시각을 폭넓게 이해하고, 굳건한 신뢰를 쌓는 데 큰 도움을 받을 수 있었습니다.

유치원 안과 밖에서 자율적으로 소통하는 우리

## 3. 다름을 껴안고 함께 춤추다 : 조화로운 공존을 향한 여정

### 통합교육을 실천하며 느낀 교육 철학의 미묘한 차이

통합교육을 열정적으로 실천하면서 때로는 교육 철학이나 핵심 가치관의 차이를 느끼는 순간들이 있었습니다. 처음 통합교육을 시작할 때는 획일적으로 모든 특수유아에게 부분 통합교육을 일률적으로 제공하는 것이 가장 이상적이라고 막연하게 생각했습니다. 통합학급에서의 의미 있는 배움도 분명히 있겠지만, 뛰어난 전문성을 갖춘 특수선생님의 체계적인 지도 아래 더욱 전문적이고 개별적인 수준의 맞춤형 교육 활동이 이루어진다고 섣불리 판단했기 때문입니다. 하지만 시간이 지나면서 모든 특수교육대상유아가 반드시 정해진 개별 교육 시간을 반드시 가져야 하는 것이 아니라, 개별 유아의 다양한 필요에 따라 통합교육의 시간이 더욱 유연하고 융통성 있게 설계되어야 한다는 것을 깨달았습니다.

### 서로의 의견 조율과 합의점 찾기

'통합학급 유아의 즐거운 놀이를 진심으로 관찰하고 긍정적으로 모방하며 아름답게 상호작용하는 특수교육대상유아의 사랑스러운 모습, 함께 만들어가는 평범한 일과 속에서 나와 다른 사람을 자연스럽게 존중하고 배려하는 따뜻한 인성을 내면화하는 통합학급 유아의 감동적인 모습'을 보면서 통합교육은 억지로 계획된 특별한 활동이 아니라 자연스러운 교육 맥락 속에서 자연스럽게 실현되어야 한다는 깨달음을 얻었습니다. 이를 위해 우리는 수업에 대한 진솔한 이야기를 계속해서 나누었습니다. "오늘 우리가 함께 진행했던 수업에 긍정적으로 연결해서 어떻게 하면 더욱 확장된 의미 있는 배움을 이끌어낼 수 있을지, 아이들과 즐겁게 상호작용하는 선생님의 태도는 어떠했는지"와 같은 날카로운 질문에 대한 답변들이 자칫 나에 대한 비판으로 오해될 수 있지만, 이미 서로에 대한 깊은 신뢰를 형성한 상황에서의 건설적인 비판은 오히려 교사로서 한 걸음 더 멋지게 성장할 수 있는 튼튼한 밑거름이 되었습니다.

## 4. 척박한 환경 속에서 피어난 끈끈한 팀워크

통합교육 현장에서 가장 큰 어려움 중 하나는 충분한 지원과 전문 인력의 심각한 부족이었습니다. 우리 유치원의 경우, 단 1개의 특수학급에 각 연령별로 다양한 특성을 가진 유아가 모두 분포되어 있어서 유아특수교사 1명이 3개의 통합학급을 모두 책임지고 지원해야 하는 안타까운 상황이었습니다. 특수교육대상유아는 개개인의 발달 수준과 개성이 천차만별이고, 그에 따라 세심하게 지원해야 하는 범위가 상상 이상으로 넓습니다. 특히 특수학급은 달랑 한 학급이지만 각 연령별로 다양한 특수교육대상유아가 배치되어 있어 턱없이 부족한 지원 인력으로 모든 업무를 감당해야 하는 상황에서의 고단한 일과가 마치 끝없는 터널처럼 벅차게 느껴졌던 적도 있었습니다. 이로 인해 유아특수교사의 전문적인 지원이 절실하게 필요한 순간에 지원이 부족하여 통합학급의 다양한 활동을 유아교사가 모든 부담을 짊어지고 홀로 진행해야 하는 어려움도 빈번하게 발생했습니다. 이러한 구조적이고 제도적인 한계는 통합교육의 질을 심각하게 저하시키고, 교사들에게 엄청난 부담으로 다가왔습니다.

## 연령 간 통합 : 창의적인 해결책

이러한 고질적인 문제점을 해결하기 위해 우리는 지혜를 모아 연령 간 통합이라는 창의적인 해결책을 적극적으로 도입했습니다. 연령 간 통합은 부족한 특수교사의 지원을 더욱 효과적으로 받을 수 있을 뿐만 아니라, 서로 다른 연령 간의 자연스러운 배움을 통해 교육적으로 더욱 긍정적이고 혁신적인 효과를 가져올 수 있었습니다. 예를 들어, 연령이 다른 유아들이 함께 활동하며 서로 배우고 돕는 소중한 기회를 체계적으로 제공했습니다. 이를 통해 유아특수교사의 부족한 지원을 슬기롭게 극복하고, 모든 유아가 함께 배우고 성장할 수 있는 조화로운 환경을 조성할 수 있었습니다. 이러한 창의적인 해결책은 자원 부족을 일시적으로 극복하는 것을 넘어, 더욱 발전된 교육 환경을 조성하는 데 중요한 역할을 했습니다. 이처럼 우리는 구조적이고 제도적인 한계를 놀라운 창의력과 끈끈한 팀워크로 극복하고, 통합교육의 질을 꾸준히 높여나갈 수 있었습니다.

## 구체적인 사례

만 5세 학급이었던 우리 학급에서는 유아들과 함께 책을 각색해 우리 반만의 도서를 제작해 보았습니다. 책을 만드는 과정에서 '글을 읽을 수 없는 사람, 눈이 보이지 않는 사람' 등 다양한 사람들과 함께 책을 공유할 수 있는 방법에 대해 생각하며 다름과 존중에 대해 다시금 이해할 수 있는 시간이었습니다. 직접 그림을 그리고 글씨도 써보고, 목소리도 넣어보며 가족들, 형님들, 동생들과 모두 나눌 수 있는 책을 완성했습니다. 소인수 유치원의 장점을 살려 동생들을 모두 초대해 출판회를 열어 작가 소개, 책 소개, 작가 사인, 질문 등 다양한 과정을 거치며 긍정적인 자아존중감을 형성하고 연령 간 다양한 배움을 공유할 수 있었습니다. 또한 병설유치원이었기에 복도에도 책을 게시하여 초등학교 형님들과도 우리의 책을 나누고 QR코드를 통해 감상평을 나누며 유치원 내에서의 이음교육과 유초이음교육을 동시에 실행할 수 있었습니다.

꽃잎반 도서 출판회 : 느리지만 꼼꼼히! 준비 과정부터 출판회까지 천천히 나아가는 통합학급(현수막 준비, 책 집필, 사인회와 낭독회까지)

## 5. 우리 사랑으로 물든 교실, 영유아들의 상상력이 현실로!

통합교육의 놀라운 효과를 극대화하기 위해 우리는 영유아들의 무한한 흥미와 적극적인 참여를 유발하는 다채로운 자료와 교구를 열정적으로 개발하고, 창의적인 아이디어를 마음껏 발휘하여 교실 환경을 혁신적으로 구성했습니다. 이러한 노력 덕분에 유아들은 심리적으로 안정감 있고 편안한 환경 속에서 더욱 자유롭게 탐색하고 놀라운 상상력을 발휘하여 창의적인 놀이를 마음껏 이끌어 갈 수 있었습니다. 또한 빠르게 변화하는 현대 사회의 흐름을 반영한 디지털 매개물을 적극적으로 활용한 융합 놀이는 유아들이 시대 변화에 발맞춰 흥미를 가지고 적극적으로 참여할 수 있는 소중한 기회를 제공했습니다.

구체적으로 영유아들의 다채로운 발달 특성과 개별적인 요구를 세심하게 고려하여 교실 환경을 안전, 접근성, 편안함, 심미성 등 다양한 측면에서 심혈을 기울여 구성했습니다. 낯선 환경에 대한 불안감을 느끼는 섬세한 유아를 위해 아늑하고 편안한 교실 내 휴식 영역을 정성껏 구성하고, 유아가 평소에 좋아하는 놀이나 특별히 애착을 가지는 공간을 파악하여 최대한 편안함과 안정감을 느낄 수 있는 맞춤형 환경을 제공했습니다. 또한 가정과 긴밀하게 연계하여 유아가 집에서 특별한 관심을 가지거나 심리적으로 의지하는 장난감 정보를 미리 받아 유치원에서도 친숙하고 즐겁게 놀이하며 심리적인 안정감을 느낄 수 있도록 적극적으로 지원했습니다.

## 다양한 활동 영역의 창의적 배치와 융통성 있는 활용

우리는 딱딱하게 영역을 명확하게 규정해 놓기보다는 유아들의 창의적인 생각을 최대한 존중하고 융통성을 발휘하여 교실 환경을 자유자재로 구성했습니다. 유아의 끊임없이 달라지는 놀이 상황이나 개인적인 관심사에 맞춰 특정 영역을 과감하게 크게 구성하기도 하고, 놀잇감의 위치를 수시로 바꿔주어 더욱 다양한 방법으로 교구를 활용할 수 있도록 격려하고 지원했습니다. 작은 변화에도 무한한 상상력을 발휘하여 창의적인 놀이를 마음껏 이끌어내는 사랑스러운 유아들을 위해 다각도에서 교실 배치를 끈기 있게 시도하며, 유아들이 번뜩이는 아이디어를 현실로 만들고 여러 가지 새로운 시도를 두려움 없이 도전할 수 있도록 환경의 지속적인 변화를 추구했습니다.

## 영유아들의 무한한 흥미와 적극적 참여를 유발하는 자료와 교구

숨 가쁘게 빠르게 변화하는 디지털 시대에 유아들이 흥미를 느끼고 더욱 즐겁게 참여할 수 있는 혁신적인 디지털 매개물에 대해 깊이 고민하게 되었습니다. 우리나라의 아름다운 문화유산을 주제로 탐구 활동을 진행할 때, 자신이 최근에 가족들과 함께 여행을 다녀온 지역에 대해 신나게 이야기하기도 하고 또 다른 흥미로운 지역에 무엇이 있는지 호기심을 가지는 유아들이 눈에 띄게 많았습니다. 이러한 유아들의 뜨거운 관심을 더욱 확장해 주기 위해 유아들과 함께 각 지역별 특산물이나 유서 깊은 문화재 등에 대해 알아보고 우리나라를 대표하는 아름다운 동요를 새롭게 개사하여 유쾌한 뮤직비디오를 제작해 보았습니다. 이때 유아들이 실제로 뮤직비디오에 등장하여 생동감 넘치게 자신을 표현할 수 있도록 캔바를 이용하여 가사 내용에 적합한 환상적인 가상 배경을 직접 만들고 크로마키 기술을 활용하여 유아들이 가상 배경에서 상상력을 마음껏 발휘하며 다양한 연기를 펼칠 수 있도록 적극적으로 지원했습니다. 유아들과 함께 다양한 정보를 꼼꼼하게 수집하고, 동요를 개성 있게 개사해 보고, 아기자기한 소품을 직접 제작하고, 가사에 맞춰 실감 나는 연기를 해보며 우리 학급만의 독창적인 매력이 넘치는 디지털 융합 놀이가 마침내 탄생했습니다. 특히 평소 자기표현에 어려움을 겪던 특수유아도 노래 가사와 상황에 맞게 친구들과 의논하며 의견을 조율하는 과정에서 자신의 생각이 수용되는 경험을 통해 사회성과 자신감을 기를 수 있는 소중한 시간이었습니다.

크로마키를 이용한 우리나라 동요 뮤직비디오

## 6. 유아들의 작은 변화가 피어나는 교실

유아들의 작고 소중한 변화와 눈부신 성장을 세심하게 발견하고 진심으로 격려하기 위해 우리는 장기간 누적된 관찰 기록을 적극적으로 활용하고, 긍정적인 피드백을 아낌없이 제공하며, 영유아들의 건강한 자존감과 무한한 자신감을 높이는 다양한 방법을 창의적으로 도입했습니다. 이러한 노력을 통해 유아들은 스스로의 괄목할 만한 성취를 진심으로 인정받고, 긍정적이고 건강한 자아존중감을 굳건하게 형성할 수 있었습니다.

### 누적 관찰 기록을 통한 변화 파악

유아들의 작지만 의미 있는 변화와 놀라운 성장을 꼼꼼하게 발견하기 위해 우리는 장기간에 걸쳐 누적된 관찰 기록을 체계적으로 활용했습니다. 유아가 평소에 즐겨 하는 놀이나 학습 태도 등 다양한 활동에 따른 행동과 표현을 꼼꼼하게 기록해 놓고, 비슷한 유형의 활동이나 놀이가 이루어질 때 어떤 점이 이전과 달라졌는지, 어떻게 긍정적으로 발전했는지 객관적으로 비교해 보면서 유아의 개별적인 성장에 따른 맞춤형 지원을 제공했습니다. 아무리 작고 사소한 변화라도 아이의 긍정적인 자아존중감을 높일 수 있도록 유아에게도 변화와 성장에 대해 따뜻하게 이야기해 주며, 스스로 놀라운 성취에 대해 뿌듯함을 느끼고 무한한 자신감을 가질 수 있도록 진심으로 격려했습니다.

### 자존감과 자신감을 높이는 성공 경험

맹목적이고 과장된 칭찬만으로는 건강한 자존감을 제대로 형성할 수 없다고 생각합니다. 유아 지도를 위한 명확한 기준을 세심하게 설정하고 그 기준에 따라 유아를 긍정적으로 지도할 때 비로소 굳건하고 건강한 자존감을 형성할 수 있다고 생각합니다. 유아가 실수하거나 어려운 점에 대해서는 감정을 배제하고 객관적인 사실을 기반으로 차분하게 이야기하되, 앞으로 긍정적으로 발전할 수 있는 구체적인 대안을 함께 진지하게 고민해 보고, 작은 변화라도 유아의 괄목할 만한 성취에 대해서는 진심을 담아 구체적으로 칭찬해 주어 건강하고 균형 잡힌 자존감을 형성할 수 있도록 세심하게 지원했습니다.

유아의 발달 수준에 알맞은 작은 목표부터 차근차근 설정하여 스스로 문제를 해결할 수 있도록 옆에서 따뜻하게 격려함으로써, 누적적인 성공 경험을 통해 긍정적인 성취감을 맛보고 이 과정에서 칭찬과 인정을 받으며 자신에 대한 긍정적인 자존감을 키울 수 있도록 지원했습니다. 예를 들어, 처음에는 평면 블록 놀이부터 시작하여 점차 입체 블록 놀이로 난이도를 높여가고, 나열에서 규칙이 있는 체계적인 놀이로 목표를 점진적으로 확장하며 차근차근 성취를 이루어 가도록 이끌었습니다. 이러한 긍정적인 경험은 유아가 스스로에 대한 무한한 자신감과 굳건한 자존감을 형성하는 데 실질적인 도움이 되었습니다.

### 매일이 즐거운 칭찬 카드 시간

우리는 매일매일 유아들과 함께 칭찬 카드 시간을 가지며, 스스로 또는 친구에 대한 긍정적인 강점을 발견할 수 있도록 체계적으로 지원했습니다. 칭찬 카드를 꾸준히 쌓으며 유아가 직접 눈으로 확인할 수 있는 괄목할 만한 성취 기록을 제공했고, 이를 유아 스스로 발전을 위해 지속적이고 반복적으로 노력할 수 있는 긍정적인 동력으로 삼고자 했습니다. 처음에는 "오늘은 저를 칭찬할 게 하나도 없어요"라고 어려움을 표현하던 유아가 매일매일 진행되는 칭찬 활동에 적극적으로 참여하면서 자신의 사소하지만 소중한 장점을 새롭게 발견하고 자신감 있게 언어로 표현함으로써, 긍정적이고 건강한 자아존중감을 성공적으로 형성할 수 있었습니다.

## 실제로 나타난 긍정적 변화

처음에는 나와 조금 다른 친구를 신기하게, 때로는 어색하게 바라보던 순수한 유아들도 흥미로운 동화나 신나는 수업, 재미있는 놀이를 통해 서로의 다름을 자연스럽게 받아들이는 소중한 경험을 하게 되었습니다. 통합학급에서 유아들은 서로의 즐거운 놀이를 호기심 가득한 눈으로 관찰하고 인상적인 부분을 자연스럽게 습득하며 긍정적으로 모방합니다. 다른 친구가 정성껏 만든 멋진 블록 작품을 보면서 자신도 따라 만들어 보기도 하고, 친구의 신나는 놀이에 함께 참여하기 위해 먼저 다가가 질문도 하며 타인과 긍정적으로 상호작용하는 아름다운 방법을 자연스럽게 배워갑니다. 처음에는 스스로 자신의 의견을 표현하는 것에 어려움을 겪던 내성적인 유아들이, 자신의 생각이 친구들에게 긍정적으로 받아들여지는 소중한 성공의 경험을 통해 자신감을 얻게 되었고, 이 긍정적인 과정에서 사회성, 학습능력이 괄목할 만하게 발달하고 스스로 할 수 있는 일들이 점점 많아지면서 놀랍게도 자존감도 함께 쑥쑥 성장하는 감동적인 모습을 볼 수 있었습니다.

감정 조절이 어렵던 한 유아는 단독놀이를 할 때에도, 일상생활을 할 때에도 자신이 뜻하는 대로 이루어지지 않으면 울음을 터뜨리거나 친구의 장난감을 뺏는 행동을 하곤 했습니다. 적절한 모델링과 마음 다루기, 긍정적 행동 지원을 통해 특수유아는 올바른 방법으로 자신의 의견을 표현하고 친구와 상호작용하며 놀이하는 방법을 배웠습니다. 또한 처음 이런 특수유아의 행동에 당황하고 회피하던 통합학급 유아는 '서로 다르지만 소중한 우리'에 대한 지속적인 인성 및 통합교육을 통해 "○○가 저랑 같이 놀고 싶은가 봐요! ○○야 같이 탑 쌓기 할래?"라며 특수유아의 행동을 긍정적으로 해석하고 먼저 다가가는 등 긍정적인 관계를 형성하기 시작했습니다.

단독놀이도 어렵던 특수유아가 친구와 협동놀이를 하기까지
: 자존감과 사회성의 발달

## 7. 우리의 땀과 사랑으로 빚어낸 한 편의 드라마

통합교육은 유아의 눈부신 발달뿐 아니라 교사의 놀라운 성장도 이끌어낸다고 굳게 믿습니다. 통합교육을 실천하면서 저는 언제나 새로운 도전에 용감하게 직면하고 이전에는 시도해 보지 못했던 다양한 방법의 창의적인 수업을 시도해 볼 수 있었습니다. 혼자 힘으로 훌륭한 수업을 완벽하게 구성하는 것에 어려움을 느껴 깊은 고민에 빠질 때면 언제나 유아특수교사와 함께 머리를 맞대고 열정적으로 공유하여 더욱 전문적이고 획기적으로 발전된 수준 높은 수업을 진행할 수 있었습니다. 통합교육은 저 스스로 교사로서 끊임없이 전문성의 성장을 간절히 갈구하도록 하는 소중한 밑거름이 되었고, 이러한 긍정적인 경험으로 저는 매번 새로운 통합학급에 주저 없이 자원하며 잊을 수 없는 성장의 기회를 맘껏 누리고 있습니다.

## '우리'의 노력으로 만들어진 성장 : 교사로서의 굳건한 인내와 끈기의 중요성

통합교육을 통해 가장 큰 보람과 감동을 느꼈던 순간은 뇌병변 장애로 인한 안타까운 우측 신체 마비 증상을 가진 한 유아의 놀라운 성장을 두 눈으로 똑똑히 목격했을 때였습니다. 이 유아는 안타깝게도 신체 기능뿐 아니라 인지적 기능도 전반적으로 저하되어 또래 친구들과 자연스럽게 소통하는 일상적인 상호작용이 어려웠습니다. 하지만 유독 블록 놀이를 매우 좋아했고, 1학기 동안 내내 블록을 위로만 쌓는 놀이를 반복했습니다. 제 눈에는 똑같은 형태의 반복적인 놀이만 계속 이루어지는 것처럼 보여서 제대로 지원해 주지 못한 건 아닐까 하는 속상한 마음도 들었습니다.

그런데 놀랍게도 2학기가 시작하고 한 달쯤 지난 어느 날, 이 유아가 드디어 블록으로 공룡처럼 보이는 놀라운 형태를 멋지게 구성하고, 그것이 놀랍게도 제 얼굴을 표현한 것이라고 또렷하게 이야기해 주었습니다. 지난 1학기 내내 아이의 잠재력을 믿고 끈기 있게 모델링을 보여주고, 굳어 있는 손가락의 소근육을 조절할 수 있도록 옆에서 묵묵히 지원한 노력이 드디어 아름다운 결과로 나타나는구나, 섣불리 조급해하지 말고 끝까지 아이를 믿고 기다려 주어야겠구나 하는 값진 깨달음을 다시금 마음속 깊이 새길 수 있었습니다. 이처럼 교사의 지원과 유아의 불굴의 노력이 더해져 성장하고 발전하는 유아를 보며 큰 보람을 느꼈습니다. 이 감동적인 순간은 단순히 한 유아의 개인적인 성장을 넘어, 모든 유아들이 서로의 다름을 자연스럽게 존중하며 함께 진심으로 기뻐하는 아름다운 공동체적 경험으로 승화되었습니다. 통합교육은 특정 유아만을 위한 특별한 교육이 아니라, 모든 유아가 함께 배우고 성장할 수 있는 따뜻한 환경을 조성하는 데 크게 기여합니다.

이 경험을 통해 저는 교사로서의 인내와 굳건한 끈기의 중요성을 다시 한번 깨달았습니다. 유아의 성장은 단기간에 이루어지는 것이 아니라, 꾸준한 지원과 따뜻한 기다림 속에서 서서히 싹을 틔우고 잎을 내며 아름다운 꽃을 피운다는 것을 다시 한번 확인할 수 있었습니다. 또한 유아특수교사와의 빛나는 협력이 유아의 놀라운 성장에 얼마나 중요한 영향을 미치는지 뼈저리게 느꼈습니다. 서로의 빛나는 전문성을 존중하며 열정적으로 협력하는 과정에서 더욱 훌륭한 교육 환경을 창조적으로 만들어 나갈 수 있었습니다.

### 팀워크가 만들어낸 성장 : 동화책 제작 프로젝트

만 5세 학급을 담당했던 어느 해, 우리 반에서는 유아들의 문해력 성장을 돕기 위해 매일 아침 책을 함께 읽고 관련하여 그림이나 글로 솔직한 감정을 표현해 보는 의미 있는 활동을 진행했습니다. 이러한 활동을 통해 책의 구성이나 이야기 전개 방식에 익숙해진 유아들과 함께 마음이 따뜻해지는 '진정한 일곱 살'이라는 동화를 읽고, 우리 반 유아들의 진정한 일곱 살을 담아 재구성해 보았습니다. 이 감동적인 책을 소중하게 이용하여 동생들을 따뜻하게 초대해 직접 만든 동화책 출판회를 열어 꼬마 작가로서 특별한 경험을 선사했습니다. 유아들은 이 활동을 통해 책을 읽고 만드는 과정에 즐거움과 흥미를 느끼게 되었고, 이를 세심하게 관찰한 유아특수교사의 훌륭한 아이디어로 유아들이 충분히 책과 친해진 2학기 말쯤, 유아들과 함께 줄거리, 등장인물, 배경 등 책 제작의 처음 단계부터 마지막 완성 단계까지의 모든 과정을 직접 경험해 보며 우리 반만의 개성이 넘치는 특별한 도서를 제작해 보았습니다. 이 훌륭한 프로젝트는 교실에서 일상적으로 진행되는 활동과 유기적으로 연계하여 기존에 있던 책을 바탕으로 새롭게 재구성해 보고, 나아가 책을 창의적으로 제작하는 모든 과정을 직접 경험해 보는 흔치 않은 소중한 기회를 제공했습니다. 통합학급 담임교사와 유아특수교사의 빛나는 협력은 유아들로 하여금 잊을 수 없는 다양한 경험을 통해 꿈을 키우고 무한한 잠재력을 마음껏 펼치도록 돕는 강력한 원동력이 되었습니다.

### 서로에게 전하는 진심 : '우리'는 함께 성장한다

영원한 동반자, 윤원주 선생님께

제 인생에서 존경하는 교사로서의 아름다운 첫 걸음이 훌륭한 윤원주 특수선생님과 함께였기에, 저는 교사로서 가장 운이 좋은 행복한 사람이라고 생각합니다. 처음으로 낯선 유치원 현장을 경험하며 능숙한 수업 운영은 물론 동료 교사와의 조화로운 관계, 학부모와의 효과적인 소통까지 수많은 어려움에 직면했습니다. 하지만 윤원주 선생님께서 전문적인 지원과 값진 삶의 지혜를 아낌없이 나누어 주셨기에, 저는 훌륭한 교사로서 빛나는 역량을 성공적으로 키울 수 있었고, 동시에 한 사람으로서도 한층 더 성숙해질 수 있었습니다.

통합교육 현장에서 함께 땀 흘리고 웃음꽃을 피웠던 소중한 시간은 단순히 사무적인 업무를 억지로 나누는 피상적인 관계를 넘어, 서로를 진심으로 이해하고 진정으로 존중하며 함께 눈부시게 성장하는 잊을 수 없는 감동적인 경험이었습니다. 이러한 아름다운 팀워크는 단순히 교육의 질을 향상시키는 소극적인 차원을 넘어, 모든 유아가 차별 없이 함께 배우고 성장할 수 있는 따뜻하고 조화로운 환경을 조성하는 데 중추적인 역할을 했습니다.

#### 윤원주 선생님께 보내는 마음속 깊은 존경

윤원주 선생님, 진심으로 감사드립니다. 제가 훌륭한 교사로서 멋지게 성장할 수 있도록 끊임없이 격려하고 아낌없이 지원해 주셨던 선생님의 따뜻한 마음과 노력은 제게 큰 힘이 되었습니다. 선생님의 빛나는 전문성과 뜨거운 열정은 제게 깊은 영감을 주었고, 저는 그런 존경스러운 선생님을 마음속 깊이 존경합니다. 비록 지금은 아쉽게도 서로 다른 유치원에서 근무하고 있지만, 선생님은 언제나 제게 커다란 어려움에 직면할 때 진심으로 조언을 구하고 싶은 존경하는 선배 교사이자 든든한 멘토입니다.

앞으로도 선생님과 함께 쌓아 올린 끈끈한 팀워크를 소중하게 간직하고, 모든 유아가 차별 없이 행복하게 성장할 수 있는 아름다운 교실을 열정적으로 만들어 나가겠습니다. 제가 선생님께 진심으로 배운 것처럼, 선생님의 빛나는 지혜와 뜨거운 열정은 앞으로도 더 많은 교사와 사랑스러운 유아들에게 긍정적이고 희망찬 영향을 영원히 미칠 것이라고 굳게 믿습니다. 선생님과 함께했던 아름다운 시간들이 저에게는 그 무엇과도 바꿀 수 없는 소중한 추억이자, 훌륭한 교사로서 성장할 수 있도록 도와준 튼튼한 밑거름이 되었습니다.

# Section 2

윤원주(경기 반송초등학교병설유치원 유아특수교사)

*협력교수는 '서로의 다름을 존중하며,*
*함께 성장을 향해 나아가게 하는 다리'이다.*

## 1. 우리는 그렇게 성장을 시작했다

9월, 새로운 희망으로 가득 찬 학기가 시작되던 날, 전혀 알지 못하는 두 선생님이 낯선 환경에서 운명처럼 만났습니다. 한 명은 사랑스러운 유아들을 가르치는 유아교사, 다른 한 명은 특별한 교육적 요구를 가진 유아들을 지원하는 유아특수교사입니다. 3월부터 함께 운영하던 통합 선생님이 보직 발령으로 다른 학교로 갑작스럽게 이동하며, 9월의 신규 교사로 오신 새로운 유민하 선생님과 다시 통합학급을 운영하게 된 저는 설렘과 동시에 묘한 책임감을 느꼈습니다. 저 또한 이 유치원으로 발령받아 이동한 지 7개월 차였고, 특수학급 유아가 단 한 명이었기에 통합 환경에서 자연스럽게 삽입 교수로 개별화교육을 지원하는 것이 더욱 효과적일 것이라는 조심스러운 판단하에 학부모님과 통합 선생님과 진솔하게 협의하여 완전통합으로 운영하게 되었습니다. 그렇게 우리는 운명처럼 자연스럽게 한 학급에서 두 명의 든든한 담임으로 만나게 되었습니다.

### '우리'만의 팀워크 : 서로의 다름을 존중하고 배우다

유민하 선생님은 제게 업무 협력자를 넘어 그 어떤 단어로도 표현할 수 없는 고마운 존재였습니다. 유아특수교사가 선생님의 학급에 들어와 함께 생활하는 상황이 다소 부담스러울 수도 있었을 텐데, 오히려 어려운 주제의 수업을 먼저 협력을 제안하며 수업에 대해 함께 머리를 맞대고 고민을 나누시는 주도적인 모습에서 진정한 동료애를 느꼈습니다. 저를 동등한 위치의 동료 교사로 존중해 주시는 듯한 따뜻한 느낌을 받았습니다.

우리나라를 주제로 수업을 진행할 때였습니다. '북한'을 어떻게 다루어야 할지 고민을 솔직하게 털어놓으시며 좋은 방법을 함께 고민하다가 제가 통합학급 친구들과 함께 진행하던 '모두사랑놀이'에 [우리와 같지만 조금 다른 이웃]이라는 새로운 관점으로 다양성을 존중하는 의미 있는 놀이로 재구성해서 통합 활동을 진행했습니다. 이처럼 서로의 고민을 솔직하게 열어놓고 나누는 과정으로 더욱 의미 있는 '모두사랑놀이'가 탄생할 수 있었다고 생각합니다. 서로의 뛰어난 강점을 존중하고, 부족한 부분을 서로 채워주며 놀라운 시너지를 낼 수 있었습니다. 통합 선생님은 유아교사로서 전문성을 발휘하여 생활 주제에 따른 놀이를 설계하고, 저의 전문성을 십분 활용하여 통합학급의 다채로운 교육 활동을 더욱 풍성하게 만들며 특수교육대상유아의 개별적인 요구에 더욱 적절하게 대응할 수 있었습니다.

우리는 하나의 학급으로 완전하게 통합하며, '우리 같이 잘 생존하자~'라는 긍정적인 동기를 가지고 서로를 굳게 의지하며 힘든 시간을 보냈던 것 같습니다. 통합교육에 대한 각자의 기대와 걱정을 솔직하게 이야기 나누며, '우리'만의 특별한 공동 목표를 새롭게 설정했습니다. 우리의 목표는 모든 아이들이 차별 없이 행복하게 배우고 성장할 수 있는 아름다운 교실을 함께 만들어가는 것이었습니다. 우리는 서로의 전문성을 존중하고 적극적으로 협력하면서, 영유아들의 개별적인 요구에 맞는 맞춤형 교육을 제공하기 위해 최선을 다했습니다.

## 함께 성장하는 '우리' : 아름다운 동행

통합교육을 성공적으로 이끌기 위해 우리는 서로에게 어떤 점이 가장 필요했을까요? 학기 중에 다른 연령의 특수 친구가 추가로 배치되어 예상치 못하게 다른 연령 통합도 2학기에 함께 진행하게 되었습니다. 유민하 선생님처럼 다른 통합 선생님도 저경력 교사셨지만 두 분 모두 교육과정에 대해 누구보다 열정적이었고 진심 어린 예의, 그리고 따뜻한 배려심으로 무장한 분들이라 그분들의 긍정적인 에너지가 유치원 전체에 긍정 문화를 만들어낸 주역이라고 감히 말할 수 있습니다.

유치원 벨이 울리거나, 택배를 가지러 가야 할 때처럼 누군가가 해야 하는 일이 생기면 마치 결승선을 향해 전력 질주하는 선수들처럼 원무실 나가는 문을 향해 앞다투어 나가며 도움을 주기 위해 노력하는 아름다운 문화가 자연스레 만들어졌습니다. "이번에는 제가 먼저 다녀올게요." 하고 서로 양보 아닌 양보를 훈훈하게 주고받는 잊을 수 없는 장면은 지금도 생각하면 저절로 미소 지어집니다. 누가 먼저 시작했는지 정확히 기억나지는 않지만 서로의 힘듦을 진심으로 알아주고 먼저 다가가 도움을 주고 싶었던 따뜻한 마음이 선생님들 사이에서 가득했던 덕분이었던 것 같습니다. 업무적인 협력이 아니라, 서로가 서로에게 배우고 긍정적인 영향을 주고받는 진정한 협력 공동체로 성장할 수 있었던 것입니다.

**장애인식개선활동 벽화자료를 만들고 있는데 말하지 않아도 와서 함께해 주시는 고마운 통합 선생님들^^ 따뜻한 협력의 결과물은 조금 후에 확인할 수 있습니다.**

우리는 서로의 뛰어난 강점을 발견하고 인정하는 과정에서 예상치 못한 감동을 경험했습니다. 서로의 전문성을 존중하고, 부족한 부분을 서로 채워주며 상상 이상의 시너지를 창출했습니다. 팀원으로서 가장 큰 영향을 준 사람은 다름 아닌 서로였습니다. 우리는 서로에게 긍정적인 영향을 주고받으며 함께 배우고 성장하고, 아이들에게 더욱 의미 있는 교육을 제공하기 위해 끊임없이 노력했습니다. 서로에 대한 깊은 신뢰와 진심 어린 존경, 그리고 아이들을 향한 뜨거운 열정은 우리를 그 무엇보다 강력하게 하나로 묶는 마법과 같은 힘이 되었습니다.

## 2. 영유아들의 웃음꽃을 피우는 우리의 동행

통합교육의 성공은 단순히 잘 짜여진 제도나 완벽한 시스템으로 이루어지지 않습니다. 그것은 바로 아이들을 진심으로 사랑하는 교사들의 유치원에 대한 애정 가득한 마음에서 피어납니다. 우리는 매일 아침 출근하는 유치원이라는 공간이 즐겁고 행복한 공간이 되기 위해 끊임없이 노력했으며, 아이들과 함께 성장하는 과정에서 그 무엇과도 바꿀 수 없는 진정한 성취감과 깊은 감동을 느낍니다. 이러한 따뜻한 애정과 열정의 합이 통합교육의 성공을 이끄는 핵심 동력입니다.

### 유치원에 대한 애정 : 성공의 원동력

통합교육의 성공은 교사들의 유치원에 대한 애정에서부터 시작됩니다. 3~4년마다 어쩔 수 없이 유치원을 옮겨야 하는 안타까운 현실 속에서도 우리는 유치원에 대한 무한한 애정을 잃지 않고 매일을 감사하며 즐겁게 보내기 위해 최선을 다해 노력했습니다. 이 뜨거운 애정은 서로 창의적인 생각을 나누고, 함께 성취를 이루는 기쁨 속에서 더욱 발전할 수 있도록 이끌어주는 단단한 원동력이 되었습니다.

**스스로 길을 열어가는 교사들**

누구의 강요나 지시도 없이 자발적으로 신청한 경기도교육청 주관 '미래형 디지털 활용 교육 특수학급' 공모에 선정되어, 경기도교육청에서 지원을 받아 통합 선생님들과 함께 미래형 디지털 활용 교육을 위한 디지털 기기를 갖추고, 교사 연수를 자발적으로 진행하며 유치원에서 진행할 수 있는 디지털 활용에 대한 고민을 했습니다. 이는 유치원에 대한 깊은 애정이 있었기에 가능했던 일이었습니다. 아이들에게 필요한 디지털 교육을 진심으로 고민하며, 새로운 교육과정을 능동적으로 운영하는 과정에서 우리는 더욱 끈끈한 팀워크를 강화하고 사랑스러운 아이들에게 더 넓고 풍요로운 배움의 기회를 제공할 수 있었습니다.

## 끊임없이 배우고 성장하는 교사 : 유아 개별 특성과 유치원 수업, 다르지만 같은 영역의 전문가가 되기 위해

통합교육 현장은 매년 비슷한 학사로 운영되지만 자세히 들여다보면 매번 새롭고 다르게 변화하고 있습니다. 같은 주제로 운영되는 교육과정이라도, 매년 다른 개성과 특성을 가진 새로운 유아들을 주의 깊게 관찰하고 다양한 요구에 맞는 맞춤형 활동을 새롭게 계획합니다. 폐쇄적 질문이 대부분이었던 특수학급 수업에서 개방적 질문을 사용하며 아이들과 상호작용하는 통합수업을 하기 시작하면서 수업에 대해 항상 고민이었습니다. 동료 선생님들과 고민을 나누며 지금도 열심히 성장 진행 중입니다.

### SCERTS 프로그램 연수

자폐성 유아들의 개별적인 특성과 맞춤형 지도를 체계적으로 고려한 SCERTS 프로그램 연수를 자발적으로 듣고, 연수에서 배운 내용을 2학기 개별화교육계획에 꼼꼼하게 적용했습니다. 이는 자폐 범주성 유아뿐만 아니라 영유아들의 독특한 특성에 따른 맞춤형 교육을 제공하는 데 실질적인 도움이 되었습니다.

### 유치원 수업 연구회

통합교육 활동을 진행하며 수업 기술이 부족함을 절실히 느끼게 되었습니다. 유치원 수업 연구회에 적극적으로 참여하여 수업 연구에 대한 고민을 유치원 선생님들과 함께 나누며 조금씩 성장하고 있습니다. 이를 통해 수업에 대한 다양한 생각과 방법을 배우며 소중한 경험을 쌓을 수 있었습니다.

## 따뜻한 학교 문화 : 함께 만들어가는 유치원

우리의 통합교육은 서로 존중하고 배려하는 따뜻한 유치원 문화에서 피어났습니다. 우리는 웃음이 끊이지 않는 즐거운 분위기, 서로를 향한 따뜻한 배려심, 그리고 함께하는 즐거움이 늘 가득한 행복한 유치원을 만들기 위해 노력했습니다. 특히 통합 선생님과의 원활한 소통과 적극적인 협력은 사랑스러운 영유아들의 행복한 성장을 위한 필수 조건입니다. 통합 선생님과의 끈끈한 라포(Rapport) 형성은 아이들뿐만 아니라 교사 간의 관계에서도 매우 중요합니다. 처음 만난 낯선 통합

선생님과의 어색함과 불편함을 슬기롭게 극복하기 위해, 유아특수교사로서의 저의 역할과 통합 선생님이 저에게 바라는 점을 명확히 이야기 나누고 조율하며 서로에게 맞춰가는 시간을 가졌습니다. 이러한 조율이 매년 쉽게만 이루어지진 않았습니다. 간혹 서로 맞춰가는 게 어려울 때는 서로의 상황과 어려움을 진심으로 이해하려 노력하며 교실 안에서뿐만 아니라 유치원 안에서 다양성 이해를 실천하기 위해 노력했습니다.

## 3. 영유아들의 성장 엔진을 풀가동하다!

통합교육은 단순히 특수교육과 일반교육을 나란히 운영하는 것이 아닌, 모든 아이들이 소외되지 않고 행복하게 성장할 수 있도록 따뜻하고 조화로운 환경을 함께 만들어가는 과정입니다.

이 과정 속에서 우리는 영유아들의 삶에 실제로 도움이 되는 방법을 찾기 위해 다양하게 시도를 했습니다. 때로는 새로운 방식으로 통합교육이 가진 가능성을 더 크게 펼쳐보고자 했습니다.

### 첫째, 학급 브랜드 활동 : 개성과 창의력을 꽃피우다

우리는 특수학급 친구들의 수용 및 표현 언어와 긍정적인 상호작용을 돕기 위해 언어와 관련된 활동을 다양하게 진행했습니다. 통합학급 친구들과 함께 다채로운 책 만들기 프로젝트를 진행하며, 꼬마 작가들의 문자에 대한 무한한 관심도를 높이고 풍부한 어휘력을 확장시키는 데 초점을 맞췄습니다. 4배 커지는 책 만들기, 좌우가 똑같은 책, 손으로 만질 수 있는 촉감 책, 생생한 음성을 들을 수 있는 음성책, 아이들이 작가가 된 아름다운 동시 책과 같은 다양한 종류와 방법의 책을 만들며 아이들은 책에 대한 즐거움을 마음껏 느끼고, 자신의 손으로 직접 만든 소중한 책이라는 잊을 수 없는 성취감을 경험했습니다. 이 프로젝트 활동은 특수학급 친구들에게도 언어 관련 기술뿐만 아니라 세상을 향한 자신감을 심어주며,

책에 대한 관심을 높이는 계기가 되었습니다.

이렇게 우리는 영유아들의 흥미와 적극적인 참여를 이끌어내는 자료와 교구를 제작하고 교육 현장에서 적극적으로 활용했습니다. 특히 특수교육대상유아의 발달 수준과 개별적 요구를 고려하여 맞춤형 교재를 개발하거나, 다양한 감각을 자극할 수 있는 활동으로 배움의 접근성을 높였습니다. 영유아들의 반짝이는 상상력과 무한한 창의력을 자극하는 활동을 통해 통합학급 아이들이 매일 즐겁게 놀이할 수 있도록 지원했습니다.

'모두사랑놀이' 활동에서 만든 다양한 종류의 책들

## 둘째, 특별한 교육적 요구를 가진 아이들을 진심으로 이해하고 지원하기

유민하 선생님과 함께하는 우리 반은 아침마다 밝은 인사와 따뜻한 목소리로 아이들을 맞이했습니다. 특별한 교육적 요구를 가진 아이들과의 관계에서 가장 중요한 출발점은 교사의 진심 어린 마음에서 비롯되는 따뜻한 라포라고 믿습니다. 다른 아이들과 마찬가지로, 교사와 친밀한 관계를 맺고 심리적 안정감을 느낄 때 비로소 주변을 탐색하고 놀이할 수 있는 마음의 여유가 저절로 생깁니다. 아침마다 아이들을 환한 미소로 맞이하고 따뜻한 목소리로 "좋은 아침이야", "오늘도 반가워" 같은 긍정적인 인사를 건네며 행복하게 웃어주는 선생님과 친밀한 라포 형성이 더욱 빠르게 이루어질 수 있습니다. 우리는 아이들을 향한 특별한 '지원' 그 자체도 매우 중요하지만, 그 전에 지원의 효과를 극대화할 수 있는 굳건한 라포 형성을 통해 따뜻한 관계를 만들어가기 위해 끊임없이 노력했습니다. 아침에 밝고 환하게 웃어주기, 따뜻하게 손 잡아주기, 부드럽게 스킨십하는 선생님이 있기에 아이들은 자신이 환영받고 존중받는 존재임을 느낄 수 있었고, 하루를 시작하는 든든한 힘이 되었을 것입니다.

또한 낯선 환경에서 혼자 외롭게 놀이를 하는 친구들이 있다면, 가까이에서 아이들이 좋아하는 장난감으로 평행 놀이를 하며 유아가 자연스럽게 저에게 관심을 가지도록 끌어내며 조금씩 다가갔습니다. 간단한 의사소통이 가능한 유아에게는, 아침에 무얼 먹었는지, 유치원에 오는 길에 어떤 재미있는 걸 보았는지 물어보고 저의 소소한 이야기도 나누며 자연스럽게 대화를 이어갔습니다. 특별한 교육적 요구가 있는 아이들에게 특별한 지원도 물론 필요하지만, 그 전에 따뜻한 관심과 진심 어린 사랑으로 다가가서 유아를 깊이 이해하고 세심하게 관찰하면서 영유아들의 흥미를 끄는 놀이를 자연스럽게 이어가도록 만들어주는 것 또한 가장 평범하면서도 어렵고, 어쩌면 가장 특별한 지원 방법이라고 생각합니다.

## 4. 영유아들의 꿈과 가능성이 무럭무럭 자라는 교실

교실은 아이들이 무한한 꿈을 키우고, 자신만의 특별한 재능을 발견하며, 친구들과 즐겁게 소통하고 함께 성장하는 특별한 공간입니다. 특히 통합교육 현장에서는 모든 아이들이 심리적으로 안전하다고 느끼고, 자신의 숨겨진 잠재력을 발휘할 수 있도록 따뜻하고 포용적인 환경을 만들어주는 것이 중요합니다.

### 놀이 중심의 교실 환경 : 영유아들의 흥미를 끌어내다

놀이 중심 교육과정의 도입은 교실 환경을 더욱 풍요롭고 다채로운 공간으로 만들어주었습니다. 특별한 감각적 요구를 가진 아이들을 위해 맞춤형 놀잇감을 준비하고, 생활 주제나 계절과 연결해 제시하며 영유아들의 호기심을 자극했습니다. 예를 들어, 둥둥 떠다니는 물체를 손끝으로 살짝 치는 걸 좋아하는 아이를 위해 생활 주제에 따라 길게 자른 비닐봉지, 꽃 스티로폼, 통통 튀는 탁구공 등을 놀이 매트에 마련했습니다. 이러한 감각자극을 줄 수 있는 재료들은 아이들에게 흥미를 불러일으켰고 자연스럽게 친구들과 소통하며 상호작용하는 기회를 만들어주었습니다.

### 효과적인 의사소통을 돕는 교실 환경

통합교육은 특수교육대상유아뿐만 아니라 통합 유아 모두가 함께 배우고 성장할 수 있는 환경입니다. 우리는 모든 아이들이 차별 없이 쉽게 접근할 수 있고 즐겁게 배울 수 있는 보편적 학습 설계(UDL : Universal Design for Learning)를 적용해 글자를 아는 아이, 아직 모르는 아이, 자유로운 소통이 어려운 아이 모두가 차별 없이 교실에서 편안하게 활동하고 소통할 수 있도록 배려하여 환경을 구성했습니다.

친구와 놀이 시작이나 놀이를 지속하는 데 어려움이 있는 유아에게 자연스러운 놀이 환경에서 교사가 긍정적인 표현을 시범 보이면, 표현이 어려운 유아는 교사의 말을 따라 하거나 자신의 표현이 정확히 전달되지 않더라도, 교사가 대신 전해주는 말을 들으며 그 친구의 의도를 이해하게 됩니다. 이를 통해 친구들도 의사소통이 어려운 유아의 마음을 이해하고 다가갈 수 있는 계기가 되기도 했습니다. 또 어떤 아이는 교사의 시범을 모방해 따뜻한 말을 건네기도 했습니다. 이러한 경험은 교실 안에서 긍정적인 피드백을 꼬리에 꼬리를 물고 이어지게 하며, 서로를 존중하고 배려하는 분위기를 자연스럽게 만들어주었습니다.

'조아'해 줘서 고마워.
따뜻한 통합학급 친구의 고백

또한 시각적 지원도 큰 도움이 되었습니다. 전환이 어려운 아이들이 다음 활동을 예측할 수 있도록 '먼저-다음 카드'를 활용하거나 복잡한 종이접기, 미술 활동에는 단계별 그림 카드를 제공했습니다.

### 균형 잡힌 활동과 감정 조절을 돕는 공간

25명의 만 5세 유아들이 함께하는 교실에서 가장 큰 고민은 안전하면서도 자유로운 놀이 공간을 확보하는 일이었습니다. 아이들이 책상과 교구장을 활용해 미끄럼틀을 만들어 놀이하자 교실이 좁아졌고, 우리는 복도 공간까지 확장해 활용해 보기로 했습니다. 다행히 유민하 선생님과 제가 놀이 시간에 함께 있으니 유아들이 복도에 나갔을 때 교실과 복도로 역할을 나누어 유아들의 놀이를 지원할 수 있었습니다. 그 결과 아이들은 더 넓은 공간에서 자유롭게 어울리면서도 서로 부딪히지 않고 안전하게 활동할 수 있었습니다.

또한 교실 안에는 편안하고 안정적인 분위기를 따로 마련해, 아이들이 언제든 마음을 가라앉히고 쉬어갈 수 있도록 했습니다. 우리가 특히 감정 조절에 어려움을 겪는 아이들을 위해 꾸며둔 휴식 공간은 학급의 모든 아이들에게 중요한 역할을 했습니다. 아이들은 부드러운 촉감 볼이나 팝잇 같은 교구를 만지며 스스로 마음을 진정시키고, 부정적인 감정을 긍정적으로 바꾸어 주는 경험을 쌓았습니다. 이 공간은 아이들이 부정적인 감정을 스스로 긍정적으로 인식하고, 스트레스를 해소하며 문제 상황을 스스로 해결할 힘을 기르는 치유의 장이 되어주었습니다.

## 5. 도적 한계 극복 : 공개수업 도전

한 학급을 맡고 있는 유치원 선생님과 달리 유아특수교사는 다양한 연령의 유아를 함께 지도하는 경우가 많습니다. 그래서 매년 공개수업 시기가 다가오면, 올해는 어떤 방식으로 수업을 운영해야 할지 늘 고민이었습니다. 특수학급 별도의 공개수업을 하게 되면 특수교육대상유아가 원적학급의 공개수업을 놓치게 되고,

반대로 모든 통합학급에서 협력 공개수업을 진행하면 유아특수교사는 여러 학급을 오가며 정신없이 수업을 감당해야 하는 부담을 안게 되는 현실이었습니다.

### 협력 공개수업의 긴박했던 순간

한 번은 두 학급에서 순차적으로 협력 공개수업을 진행해야 하는 상황이었습니다. 만 3세 반 수업을 마치자마자 곧바로 만 5세 반으로 이동해야 했는데, 첫 수업이 조금 늦어지면서 부모님들이 이미 기다리고 있는 교실로 황급히 올라가야 했습니다. 숨 돌릴 틈조차 없는 순간이었지만, 다행히 통합 선생님이 수업 시작 전 분위기를 안정적으로 이끌어주셨고, 평소 쌓아온 협력의 힘을 발휘하여 공개수업을 무사히 마칠 수 있었습니다. 긴박한 상황 속에서도 서로의 신뢰와 팀워크가 있었기에 가능한 일이었습니다.

부모님들이 저렇게 서서 저를 기다렸어요. 얼마나 땀이 났는지... 팀티칭(1)으로 시작해 많은 인원이라 평행교수(2, 3)로 나눠 진행한 학부모 공개수업

### 창의적 대안, 스테이션 활동

이듬해에는 통합 선생님들이 창의적인 대안을 제안하셨습니다. 유치원 전체 유아를 네 개 모둠으로 나누어 각 학급에서 스테이션 활동을 동시에 진행하는 방식이었습니다. 한 명의 교사가 같은 수업을 네 차례 연이어 진행하는 구조였는데, 이 방식은 유치원 학부모님들에게 큰 호응을 얻었고, 아이들에게도 잊을 수 없는 즐거운 경험을 선사했습니다. 그러나 동시에 교사들에게는 체력적, 정신적 부담이 컸고, '모두가 만족할 수 있는 방법은 무엇일까'라는 새로운 고민을 남기기도 했습니다.

## 예상치 못한 어려움 : 창의적인 해법으로 극복

통합교육 현장에서는 예상치 못한 어려움이 곳곳에서 찾아옵니다. 특히 저출산 시대에 접어들면서 유아 수가 급격히 줄어들어 학급 운영 자체가 어려워지는 경우가 많아졌습니다. 그러나 우리는 이러한 현실적인 제약을 새로운 해법을 찾아내며, 아이들에게 최적의 교육 환경을 제공하기 위해 끊임없이 노력했습니다.

전체 영유아 수가 줄어들면서 연령별로 안정적인 학급을 유지하기가 점차 더 어려워졌습니다. 이 문제를 해결하기 위해 우리는 연령 통합 프로그램인 '패밀리 데이'를 기획했습니다. 한 달에 한 번, 유치원 전체 유아가 한자리에 모여 다 함께 신나는 신체 활동을 하거나 형님 반에 초대받아 그 반의 특색 활동을 함께 즐기는 특별한 시간을 마련했습니다. 이 프로그램을 통해 아이들은 또래뿐 아니라 다른 연령의 친구들과 자연스럽게 어울리며 서로를 이해하고 협력하는 힘을 키울 수 있었습니다. 서로를 돌보고 배려하는 새로운 경험을 쌓으며 유치원 안에서 한 가족처럼 따뜻한 문화를 만들어갈 수 있었습니다.

## 티키타카의 힘 : 찰떡궁합 협력으로 만들어낸 성장

통합교육은 끊임없이 서로 소통하고 협력하며 멋진 합을 만들어가는 '티키타카'와 닮아 있습니다. 축구 경기에서 짧고 재빠른 패스가 이어져 짜릿한 득점을 만들어내듯, 교사 간의 작은 대화와 섬세한 노력이 하나하나 모여 영유아들의 눈부신 성장을 이끌어냅니다.

새학기, 우리는 몰입하는 놀이가 없고 자신의 선호조차 잘 표현하지 못하는 수동적인 모습의 은이를 만났습니다. 은이에게 유치원 놀이의 즐거움을 알려주기 위해, 통합 선생님과 고민했습니다. 평소 은이가 보풀을 뜯어 흩날리는 것을 좋아한다는 점을 발견하고, 계절별 주제와 연결된 놀잇감을 제공해 주었습니다. 봄에는 흩날리는 꽃잎처럼 아름다운 습자지, 여름에는 시원한 빗방울 소리를 내는 비닐, 가을에는 알록달록 예쁜 낙엽, 겨울에는 하얀 눈이 펑펑 내리는 듯한 스티로폼을 준비해 은이에게 다채로운 경험을 제공했습니다. 이 활동을 통해 은이는 점차 자신의 흥미를 적극적으로 표현하고, 원하는 것을 스스로 요구할 수 있는 아이로 변화했습니다. 이는 교사 간의 작은 대화와 세심한 협력이 차곡차곡 쌓여 만들어 낸 값진 결실이었으며 통합교육이 지닌 힘을 다시금 깊이 깨닫게 해주었습니다.

### 졸업식의 감동 : '우리'의 땀과 사랑으로 만들어낸 성장

지금 제가 근무하고 있는 유치원에서 저는 유아특수교사로서 많은 새로운 경험을 했습니다. 그중 하나가 바로 졸업식이었습니다. 이전까지는 만 5세 담임선생님과 만 5세 아이들이 졸업식의 주인공이기에, 특수교육대상유아가 졸업을 하더라도 저는 지원교사의 역할에 머물렀습니다. 그러나 이곳에 발령받아 첫해 만 5세 특수유아 한 명을 완전통합으로 지원하게 되었고, 자연스럽게 저는 통합학급의 아이들에게도 '우리 반 선생님'이 되었습니다.

그래서 졸업식에서는 통합 선생님과 제가 함께 유아들의 졸업을 준비하고 축하할 수 있었습니다. 이는 단지 특수학급의 유아 한 명의 졸업을 의미하는 것이 아니었습니다. 그동안 함께 울고 웃으며 하루하루를 쌓아온 통합학급 모든 친구들의 새로운 출발을 함께 응원하는 시간이었기에, 저에게는 더없이 감동적이고 뜻깊은 순간이었습니다.

이러한 감동은 결코 제 노력만으로 만들어진 것이 아니었습니다. 교실은 '나의 공간'이라 생각하면 누군가와 함께 사용하는 일이 쉽지 않다는 것을 알고 있습니다. 하지만 유민하 선생님은 배려와 존중의 관계로 교실을 함께 이끌어주셨고, 덕분에 저는 통합교육이 지닌 긍정적인 힘을 온전히 경험할 수 있었습니다. 그래서 저는 졸업식에서 교사 간의 협력과 신뢰 속에서 만들어진 소중한 교육의 결실을 깊이 느낄 수 있었습니다.

## 6. 우리의 손길이 닿으면, 유아들의 세상이 활짝 열린다

유치원 교실은 그 어떤 공간보다도 따뜻한 손길이 필요한 곳입니다. 아직 자신의 가능성을 다 알지 못하는 아이들에게 교사의 격려 한마디, 작은 손길 하나는 세상을 넓혀주는 계기가 됩니다. 아이들은 그 손길을 통해 자신이 존중받고 있다는 사실을 느끼고, 스스로도 할 수 있다는 자신감을 얻습니다. 통합교육 현장은 특히 더 그러합니다. 서로 다른 배경과 개성을 가진 아이들이 모여 하나의 울타리 안에서 생활할 때, 교사의 세심한 배려와 지지는 아이들이 차별 없이 함께 어울리며 자라도록 돕는 든든한 밑거름이 됩니다.

### 긍정적인 피드백과 지지적인 환경 조성

아이들은 자신이 존중받는다고 느낄 때, 비로소 자신감을 키우고 더 큰 도전에 나설 수 있습니다. 교사가 영유아들의 작은 시도와 독창적인 생각을 진심으로 격려하고 존중할 때, 교실은 아이들에게 안전하고 따뜻한 성장의 터전이 됩니다. 이러한 지지적인 환경 속에서 아이들은 자기 자신을 긍정적으로 바라보고, 친구의 다름 또한 자연스럽게 이해하며 함께 성장해 갈 수 있습니다. 이를 위해 우리는 다양한 활동을 통해 아이들이 자신의 자유로운 선택과 창의적인 표현을 마음껏 인정받을 수 있는 긍정적인 환경을 조성했습니다.

**마음껏 상상력을 펼치는 책 만들기 활동**

우리는 캔바를 활용해 유아들이 흥미를 느끼는 생활 주제와 관련된 그림을 자유롭게 선택하고, 선택한 장면에 자신의 개성이 담긴 이야기를 창의적으로 덧붙여나가는 활동을 통해 아이들이 자신만의 독특한 생각을 마음껏 표현할 수 있는 특별한 기회를 제공했습니다. 완성된 자신만의 소중한 책을 친구들과 함께 옹기종기 모여서 보거나 즐거운 아침 독서 시간에 활용하며, 아이들은 자신의 작품을 자랑스러워하고 자신감 넘치는 목소리로 책을 낭독하며 점차 자신감을 키워나갔습니다.

**다름 속에서 조화를 이루는 픽토그램 활동**

특수교육대상유아와 일반 아동이 함께 픽토그램을 창의적으로 만들고 교실에서 함께 사용하는 의미 있는 활동을 통해, 영유아들의 특수성보다는 개개인의 다양성을 강조했습니다. 이 활동은 보완·대체 의사소통을 사용하는 특수 아동뿐만 아니라 모든 아이들이 그림 카드를 재미있게 사용하며, 서로의 독특한 표현 방식을 자연스럽게 이해하고 진심으로 존중하는 데 크게 기여했습니다.

**AI와 함께 만들어가는 무한한 가능성의 세계**

플레이그라운드 AI를 활용해 우리 반 친구들의 톡톡 튀는 특별한 특성을 이야기하며 친구에 대해 관심을 가지고, 장점을 알아보는 활동을 진행했습니다. AI가 만들어주는 개성 넘치는 캐릭터를 창의적으로 만들어 아이들이 나와 다른 친구의 특별함을 진심으로 이해하고, 알아가는 데 긍정적인 도움을 주었습니다.

점프하는 걸 좋아하는 특수교육대상유아는 누구일까요?

## 자존감과 자신감의 성장 : 작은 성취감에서 시작

아이들이 처음부터 큰 목표를 이루는 것은 쉽지 않습니다. 그러나 아주 작은 성취라도 스스로 해냈다는 경험은 아이들에게 놀라운 힘이 됩니다. 사소해 보이는 선택을 존중받고, 작은 노력이 칭찬받는 순간, 아이들은 자신이 가치 있는 존재라는 확신을 얻게 됩니다. 이런 작은 성취의 경험이 쌓여 영유아들의 자존감을 단단하게 만들고, 더 큰 도전을 향해 나아가는 용기로 이어집니다.

## 스스로 선택하는 기쁨 : 선택권의 존중

자존감과 자신감은 아주 작은 성취 경험에서부터 싹틉니다. 그중에서도 가장 작은 성취는 바로 내가 무언가를 선택했을 때, 그리고 그 선택이 존중받을 때입니다. 특히 언어 표현이 아직 미숙한 유아들은 주변에서 선택권을 충분히 경험하지 못하는 경우가 많습니다. 그래서 우리는 아이들이 스스로 선택하고, 그 선택이 받아들여지는 경험을 통해 자존감과 자신감을 키울 수 있도록 환경을 마련했습니다. 예를 들어, 학급에서 배우는 노래를 그림으로 목록화하여 아침마다 아이가 원하는 노래를 직접 선택해 불러보거나, 율동이 담긴 노래판을 만들어 그림을 고른 뒤 친구들과 함께 즐겁게 노래하는 활동을 진행했습니다. 이 과정을 통해 아이들은 '내 선택이 존중받았다'는 긍정적인 경험을 쌓으며 점차 더 큰 자신감으로 나아갈 수 있었습니다.

### 사랑과 격려의 에너지 : 긍정적인 피드백

유아들의 노력을 진심으로 인정하고 칭찬하며 긍정적이고 따뜻한 분위기를 조성했습니다. 조금씩 달라지는 유아들의 발전을 통합 선생님과 나누며 아이가 작은 발걸음을 내디딜 때마다 우리는 진심을 다해 칭찬하고 따뜻하게 격려했습니다. 끼리끼리코끼리 음악에 맞춰 율동을 만들고 아이들의 모습과 연계해 우리 반 율동을 만들었습니다. 가을 발표회에서 끼리끼리코끼리 율동으로 무대에서 멋진 공연도 선보이며 자연스럽게 우리의 성취에 긍정적으로 피드백 받는 경험을 쌓아나갔습니다.

### 스스로 평가하고 칭찬하기 : 자기 평가

스스로 자신의 행동을 평가하고 진심으로 칭찬하는 과정은 아이들이 자신을 돌아보며 자연스럽게 자기조절능력을 기르는 데 큰 도움이 됩니다. 예를 들어, '노력 꽃 피우기' 활동에서 학급 친구들이 매일 자신의 노력을 직접 평가하고, 그 결과를 스티커로 표현했습니다. 이렇게 모인 작은 성취들이 노력 '꽃'으로 피어날 때 아이들은 자신의 노력이 존중받고 있음을 느낄 수 있었습니다. 더 나아가 평가에 대한 보상으로 친구들과 함께 캠핑놀이를 즐기고 떡볶이와 어묵 간식을 나누어 먹으며 스스로를 격려하는 특별한 경험을 했습니다. 또한 학기 말 '나 시상식'을 통해 스스로를 칭찬하고 다른 사람을 격려하는 소중한 시간을 보냈습니다. 이 즐거운 과정 속에서 아이들은 자기 평가와 자기 칭찬이 단순한 활동을 넘어, 자신을 긍정적으로 바라보고 성장할 수 있는 소중한 방법임을 배워갔습니다.

나에게 주는 상/ 스스로 칭찬한 내 모습을 친구들도 함께 축하해 줘요

**모두사랑놀이 : 나를 알고 존중하는 마음 키우기**

아이들이 서로를 존중하고 배려하는 마음을 기르기 위해서는 먼저 자신을 알고 존중하는 경험이 바탕이 되어야 합니다. '모두사랑놀이'는 바로 이러한 취지에서 시작되었습니다.

'모두사랑놀이' 시간을 통해 아이들은 자신의 마음을 이해하고 솔직하게 표현하는 연습을 했습니다. 이 경험을 통해 "나의 마음도 존중받을 수 있다"는 소중한 깨달음을 얻었습니다.

특히, '아나톨의 작은 냄비' 이야기를 함께 나누며 '나의 작은 냄비' 속에 무엇이 담겨 있는지 탐색하는 시간을 가졌습니다. 이 과정을 통해 아이들은 스스로를 사랑하는 마음을 키우고, 나아가 다른 친구들을 이해하는 따뜻한 힘을 길러 나갈 수 있었습니다.

**틀린 것은 없어, 느려도 괜찮아 달라도 괜찮아 : 긍정적인 마음을 나누는 친구 관계의 아름다운 변화**

모두사랑놀이의 또 다른 활동은 다양성을 이해하는 시간이었습니다. 이를 통해 서로의 이야기에 귀 기울이며, 다름을 자연스럽게 받아들이는 법을 배웠습니다. '달팽이 학교'라는 동시 책 속 "할아버지 교장 선생님이 가장 늦는다"라는 구절에서 아이들은 눈을 동그랗게 뜨며 놀라워했습니다. 하지만 곧 느림도 존중받을 수 있다는 메시지를 따뜻하게 받아들이며, 친구들의 다양한 모습 또한 긍정적으로 바라볼 수 있음을 깨달았습니다.

이렇듯 매 순간의 놀이와 활동은 아이들에게 단순한 즐거움을 넘어, "달라도 괜찮다"

라는 믿음과 긍정적인 마음을 나누는 귀중한 경험으로 이어졌습니다. 그 과정에서 아이들은 더욱 행복하고 즐거운 놀이를 만들어가며, 서로를 존중하는 아름다운 관계를 자연스럽게 키워나갈 수 있었습니다.

### 마음을 잇는 공감 능력의 놀라운 향상 : 책 만들기 프로젝트가 만들어낸 어린이 작가님들

우리는 1년 동안 모두사랑놀이 시간을 활용해 '책 만들기 프로젝트'를 운영했습니다. 이 과정에서 아이들은 서로 다른 주제와 표현, 때로는 다르게 느껴지는 감정을 자연스럽게 이해하며 공감하는 능력을 차곡차곡 배워갔습니다. 학년말이 되자 아이들은 스스로 주제를 정하고, 제목을 붙이며, 스토리를 만들고, 그림과 글을 채워 넣어 마침내 한 권의 책을 완성하게 되었습니다. 책 속에는 단순한 글과 그림을 넘어 친구의 마음을 이해하는 따뜻한 시선, 자연을 사랑하는 맑은 마음, 그리고 서로의 다름을 존중하는 공감 가득한 이야기들이 담겼습니다.
사실 이 프로젝트는 특수교육대상유아의 언어 표현을 돕기 위해 시작된 활동이었습니다. 그러나 결과적으로는 아이들 모두가 작은 '작가님'이 되어 자신만의 이야기를 표현하면서 동시에 친구의 이야기에 귀 기울이고 공감하는 소중한 경험을 할 수 있었습니다. 이 책은 단순한 결과물이 아니라, 서로의 마음을 이해하고 이어지는 과정에서 싹튼 따뜻한 성장이 고스란히 담긴 특별한 결실이었습니다.

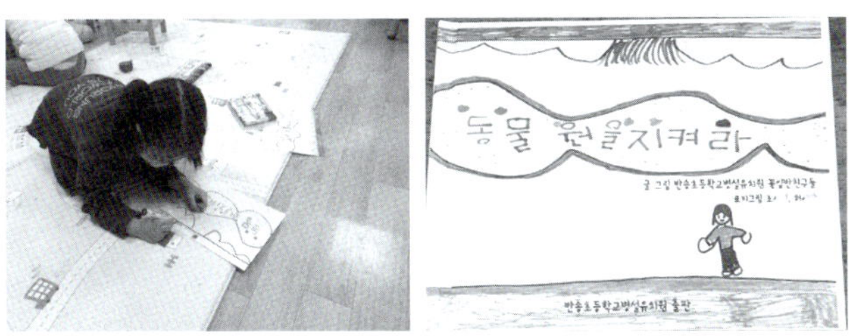


1년 책 프로젝트의 결실 : 통합학급 작가님들의 '동물원을 지켜라'

### 교육 공동체가 함께하는 수어 벽화 만들기

2학기 장애인식개선활동으로 우리는 교직원, 학부모, 아이들이 함께하는 특별한 프로젝트를 진행했습니다. 주제는 '다양한 방법으로 소통해요'입니다. 먼저 학부모님들께 수어 초대장을 보내고, 패들렛을 통해 간단한 수어 표현을 함께 나누었습니다. 유치원 친구들과는 수어가 가진 의미와 소통의 가치를 알아본 뒤, 각자 느낀 점을 그림으로 표현했습니다. 아이들의 작은 그림이 모이고, 교직원과 학부모의 참여, 통합

선생님들의 협력이 더해져 결국 하나의 큰 수어 벽화가 완성되었습니다. 비록 완벽하지는 않았지만, 서로 다른 손길과 마음이 모여 탄생한 벽화는 그 자체로 '협력'의 결과물이었습니다. 이 과정은 아이들에게 단순한 미술 활동을 넘어, 다양성을 존중하며 서로를 이해하고 배려하는 마음을 키우는 소중한 경험이 되었습니다. 또한 학부모님과 교직원이 함께 참여하면서 교육 공동체 전체가 '다름 속에서 함께 살아가는 힘'을 체험할 수 있었습니다.

다양한 방법으로 소통해요 초대장

교육 공동체가 만든 수어 벽화

### 서로에게 전하는 진심 : '우리'는 함께 성장한다

저의 파트너, 유민하 선생님과 2년 반 동안 이어온 협력의 여정은 저에게 그 무엇보다도 값진 시간이었습니다. 우리가 함께 만들어낸 통합의 기적, 그 중심에는 서로를 향한 진심 어린 마음과 존중이 있었습니다.

사실 그동안 저에게 통합교육은 '특수유아를 위한 것', 그리고 '통합학급에서 통합 선생님과 잘 맞춰 적응해 갈 수 있을까'라는 다소 소극적이고 막연한 고민 속에 머물러 있었습니다. 그러나 선생님과 통합학급을 운영하며 저는 통합교육의 진정한 의미가 바로 [서로, 함께, 모두]가 즐겁고 존중받는 교육이라는 것을 새롭게 깨닫게 되었습니다.

누군가와 호흡을 맞추며 한 해를 살아간다는 것은 결코 쉽지 않은 일입니다. 하물며 서로 다른 아이들과, 서로 다른 교사가 함께 어우러져 지내는 일은 더더욱 어렵습니다. 하지만 우리는 해냈습니다. 서로의 다름을 인정하고 존중하며, 각자의 강점을 살려 협력하는 과정 속에서, 아이들은 물론 저 자신도 성장하는 기쁨을 느낄 수 있었습니다. 그 교실에는 선생님의 따뜻한 배려와 존중, 그리고 아이들을 위해 세심하게 준비하신 노력이 늘 가득했습니다.

그런 교실에서 우리는 서로에게 단순히 '유아특수교사'와 '통합교사'가 아닌, 통합학급 아이들의 진정한 선생님이 되었습니다. 함께 수업을 고민하고 준비하며 만들어간 시간들은 우리 모두에게 즐겁고 따뜻한 추억이 되었습니다.

지금은 비록 서로 다른 유치원에 있지만, 그때 선생님께 배웠던 사려깊은 마음, 존중과 배려의 태도, 함께하는 즐거움은 여전히 제 마음속에 살아있습니다. 선생님은 저에게 단순한 동료가 아니라, 앞으로의 교직 여정을 함께 걸어가고 싶은 귀한 분이십니다. 선생님을 통해 저는 통합교육의 즐거움과 가치를 다시금 깨달았고, 교사로서 가져야 할 마음가짐과 태도에 대해 깊이 성찰할 수 있었습니다.

저 역시 선생님처럼 누군가에게 긍정적인 영향을 줄 수 있는 동료가 되기 위해 끊임없이 노력하겠습니다.

유치원에 있는 유아특수교사가 아닌, 유아교사로서 제 교직 생활에 소중한 터닝포인트를 만들어주신 유민하 선생님께 진심으로 감사와 존경의 마음을 전합니다.

앞으로 제가 걸어가는 교직의 길 위에서도 늘 선생님을 기억하며, 아이들에게 희망과 용기를 전하는 교사가 되겠습니다.

유민하 선생님, 제 짝꿍이 되어주셔서 진심으로 감사합니다.

# 제 4 장

# 이끌고! 밀어주고! 마주 잡은 두 손!

# 제4장
# 이끌고! 밀어주고! 마주 잡은 두 손!

## Section 1

임재영(경기도교육청 소속 유아교사)

*협력교수는 서로의 전문성을 엮어 아이들의 성장을 위한*
*가장 튼튼한 다리를 놓는 건축가이다.*

### 1. 낯선 만남이 운명적인 짝꿍으로 피어나다

저는 결혼이라는 새로운 시작을 통해 새로운 지역으로 설레는 이사를 하게 되면서, 새로운 희망과 기대로 가득 찬 새로운 유치원에 열정적으로 발령을 받게 되었습니다. 완전히 새로운 낯선 환경에 대한 걱정과 불안감이 컸지만, 첫 교사 회의에서 존경하는 유아특수교사님이 먼저 환한 미소로 저에게 밝게 인사하며 따뜻하게 다가와 주셨습니다. 그 벅찬 순간 저는 짝꿍 선생님의 따뜻한 인상과 친근한 미소에 깊은 감동을 받았고, 이 훌륭한 분과 함께 앞으로 1년 동안 한 학급을 이끌어 나가게 될 것이라는 긍정적인 기대감이 샘솟았습니다. 처음 만난 벅찬 순간부터 유아특수교사의 진심이 담긴 따뜻한 마음과 교육에 대한 뜨거운 열정은 저에게 더할 나위 없이 큰 신뢰를 심어주었고, 이 굳건한 신뢰는 이후의 헌신적인 협력과 놀라운 성장의 튼튼한 바탕이 되었습니다.

이 운명적인 결정적 계기는 우리가 업무 동료를 넘어 서로의 마음을 완벽하게 이해하는 진정한 '짝꿍'이 되는 아름다운 시작이었습니다.

우리는 설레는 학기가 시작되기 전에 일부러 사적인 만남을 조심스럽게 가졌습니다. 분위기 좋은 카페에서 따뜻한 차를 마시며 편안하게 이야기를 나누며, 서로가 추구하는 교육관과 빛나는 목표를 진솔하게 공유했습니다. 이 편안한 과정에서 우리는 서로의 빛나는 기대와 걱정을 솔직하게 털어놓으며, 공통의 관심사를 세심하게 찾아갔습니다. 우리의 마음을 하나로 묶는 공통된 목표는 "3세 유아반의 빛나는 통합교육을 통해 특수교육대상유아에 대한 그릇된 선입견을 말끔히 없애고, 모든 아이들이 서로를 존중하고 따뜻하게 배려하는 아름다운 분위기를 자연스럽게 조성하는 것"이었습니다.

우리는 통합교육을 통해 사랑스러운 아이들이 이 세상에는 저마다 독특한 개성을 가진 다양한 친구들이 함께 존재하며, 그 친구들 모두 똑같이 소중한 존재라는 것을 마음속 깊이 깨닫고 자연스럽게 배울 수 있도록 돕고 싶었습니다. 이를 위해 우리는 특수교육대상유아에 대한 그릇된 선입견을 완전히 없애고, 모든 아이들이 서로를 진심으로 이해하고 존중하는 긍정적인 분위기를 조성하기 위해 밤낮으로 끊임없이 노력했습니다. 예를 들어, '모두 사랑 놀이'라는 특별한 통합수업을 통해 아이들이 서로의 다름을 인정하고, 그 빛나는 다름을 존중하며 서로 협력하는 아름다운 방법을 스스로 깨우칠 수 있도록 헌신적으로 도왔습니다.

어색했던 우리의 첫 시작

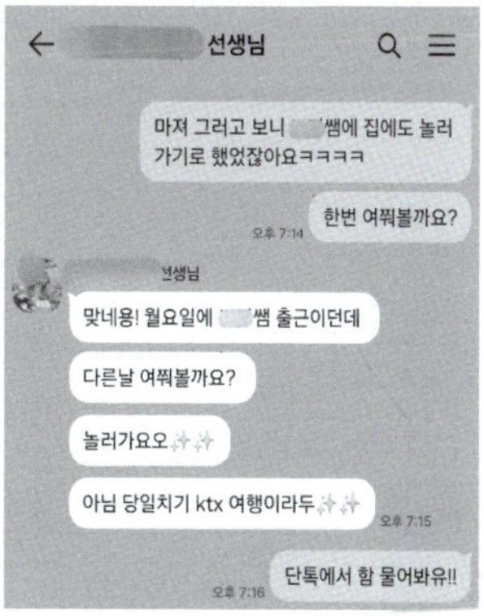


통합으로 끈끈해진 우리

## 2. 다름이라는 조각들이 모여 우리라는 작품을 완성하다

### 서로의 전문성을 빛나게 인식하고 가치 있게 활용하기

처음 팀을 구성했을 때, 우리는 서로의 뛰어난 전문성을 어떻게 조화롭게 인식하고 실제 교육 현장에서 가치 있게 활용할지에 대해 심도 있게 고민했습니다. 저는 3세 어린 연령을 담당해 본 교육 경험이 다소 부족했지만, 제 짝꿍인 특수선생님은 다양한 연령대의 통합수업을 훌륭하게 진행한 풍부한 교육 경험을 가지고 계셨습니다. 특수선생님의 뛰어난 전문성을 적극적으로 활용하기 위해 저는 특수선생님께 3세 수업의 방향과 훌륭한 수업 자료에 대해 자주 조심스럽게 질문했습니다. 특수선생님은 제가 간절히 바라던 수준 높은 수업 자료를 흔쾌히 공유해 주시고, 제가 직접 수업을 관찰하며 소중한 노하우를 배울 수 있는 특별한 기회를 흔쾌히 제공해 주셨습니다.

**가치 있는 수업 자료 공유 : 함께 성장하는 기쁨**

특수선생님은 수준 높은 다양한 수업 자료를 아낌없이 공유해 주셨고, 덕분에 저는 수업에 훌륭한 새로운 아이디어를 적극적으로 적용할 수 있었습니다. 예를 들어, 특수선생님의 빛나는 수업에서 사용한 흥미로운 시각적 자료를 제 수업에 적용하며, 아이들이 이전보다 훨씬 쉽고 재미있게 수업 내용을 이해할 수 있도록 도왔습니다.

**수업 관찰과 적극적인 적용 : 실력 향상의 발판**

특수선생님의 인상적인 수업을 흥미롭게 관찰하며 배운 귀한 점을 제 수업에 적극적으로 적용했습니다. 이를 통해 저는 수업의 질을 더욱 높일 수 있었고, 영유아들의 참여도가 눈에 띄게 높아지는 것을 직접 느낄 수 있었습니다.

### 강점을 살려 시너지 창출

우리는 각자 지닌 뛰어난 강점을 마음껏 살려 시너지를 창출하기 위해 끊임없이 노력했습니다. 저는 아이들에게 칭찬과 격려를 아끼지 않고 즐거운 분위기를 띄우는 데 특히 능숙했고, 특수선생님은 산만한 아이들이 차분하게 집중할 수 있도록 도와주는 데 탁월한 강점이 있었습니다. 이러한 서로의 강점을 십분 활용하여, 우리는 서로의 부족한 부분을 끈끈하게 보완하며 그 어떤 팀보다 훌륭한 시너지를 발휘하여 더욱 발전된 수준 높은 수업을 창의적으로 만들어갈 수 있었습니다.

**조화로운 악기 연주와 신나는 신체 활동**

특수선생님의 통합수업 시간에 저는 다양한 악기 연주나 즐거운 신체 활동에 적극적으로 참여하여 아이들이 더욱 활발하게 수업에 참여할 수 있도록 옆에서 헌신적으로 도왔습니다. 이러한 협력을 통해 아이들은 더욱 즐겁게 수업에 참여할 수 있었습니다.

**마음을 따뜻하게 적시는 감동적인 동화책 읽기**

제 수업에서 아이들에게 감동적인 동화책을 읽어줄 때 특수선생님은 차분하고 부드러운 목소리로 등장인물의 개성 넘치는 역할을 맛깔나게 연기하며 아이들이 더욱 몰입하여 동화를 감상할 수 있도록 열정적으로 도와주셨습니다. 이러한 노력 덕분에 아이들은 더욱 집중하여 동화를 감상하고 책이 주는 감동과 교훈을 마음속 깊이 새길 수 있었습니다.

'잠수함' 노래에 맞춰 신체 활동 통합교육

## 끈끈한 팀워크를 다지기 위한 초기 활동

끈끈한 팀워크를 다지기 위해 우리는 학기 초에 다양한 활동과 진솔한 대화를 꾸준히 나누었습니다. 수업을 시작하기 전에 서로의 수업 내용을 꼼꼼하게 공유하며, 어떤 도움을 서로 주고받을 수 있을지 진지하게 소통했습니다. 이를 통해 우리는 서로의 수업에 대한 깊은 이해를 바탕으로 빛나는 협력 시너지를 창출하여 더욱 질 높은 수주의 훌륭한 수업을 훌륭하게 만들어살 수 있었습니다.

**수업 사전 공유 : 성공적인 협력의 밑거름**

수업을 시작하기 전에 먼저 서로의 꼼꼼한 수업 계획을 공유하며, 어떤 부분에서 서로에게 도움을 줄 수 있을지 솔직하게 논의했습니다. 이를 통해 수업 중에 서로의 강점을 최대한 활용하여 긍정적인 시너지 효과를 극대화할 수 있었습니다.

**서로 돕고 배우는 협력 수업**

특수선생님과 저는 함께 수업을 진행하며, 서로의 강점을 마음껏 살려 아이들에게 더욱 풍성하고 다채로운 학습 경험을 체계적으로 제공했습니다. 예를 들어, 특수선생님은 차분하고 안정된 분위기 속에서 능숙하게 수업을 이끌어 주시고, 저는 영유아들의 흥미를 돋우는 재치 있는 유머와 활기찬 에너지로 즐거운 수업 분위기를 조성했습니다.

## 서로를 이해하고 신뢰를 쌓기 위한 특별한 방법

서로를 진심으로 이해하고 굳건한 신뢰를 쌓기 위해 우리는 몇 가지 특별한 방법을 적극적으로 사용했습니다. 서로의 빛나는 교육 철학과 교육 목표를 솔직하게 공유하며, 공통의 관심사를 함께 찾아갔습니다. 또한 서로의 뛰어난 강점을 진심으로 인정하고 존중하며, 발전을 위한 건설적인 피드백을 아낌없이 주고받는 따뜻한 과정에서 서로에 대한 깊은 신뢰를 굳건하게 쌓을 수 있었습니다.

**교육 철학 공유 : 긍정적 협력의 시작**

설레는 학기 초에 우리는 서로의 빛나는 교육 철학과 추구하는 교육 목표를 솔직하게 공유하며 공통의 관심사를 함께 찾아갔습니다. 이를 통해 우리는 서로의 빛나는 교육 방향을 정확하게 이해하고 굳건하게 협력할 수 있는 튼튼한 기반을 마련했습니다.

**서로를 성장시키는 건설적인 피드백**

수업 후에는 항상 서로의 훌륭한 점과 아쉬운 점에 대해 솔직하고 건설적인 피드백을 진심을 담아 주고받으며, 수업의 질을 더욱 높이기 위해 끊임없이 노력했습니다. 이를 통해 우리는 서로의 빛나는 강점을 마음껏 인정하고, 부족한 약점을 효과적으로 보완할 수 있었습니다.

## 3. 우리는 찐친 : 웃음꽃 피는 소통 비법

팀워크의 핵심은 서로를 향한 끊임없는 존중과 진심 어린 소통, 그리고 깊은 공감 능력이라고 굳게 믿습니다. 우리는 팀원 간의 원활한 의사소통을 위해 다양한 창의적인 전략과 흥미로운 방법을 적극적으로 사용하며, 이를 통해 그 어떤 팀보다 강력한 하나됨을 보여주는 결속력을 성공적으로 강화해 나갔습니다. 통합교육의 빛나는 성공은 서로 믿고 의지하는 끈끈한 팀워크와 마음을 나누는 따뜻한 소통에서 비롯되었습니다. 우리는 딱딱한 공식적인 회의 외에도 비공식적인 친목 모임, 편리한 SNS 활용, 그리고 끊임없이 이어지는 진솔한 대화를 통해 팀원 간의 끈끈한 유대감을 강화하고, 닥쳐오는 다양한 문제를 슬기롭게 해결해 나갔습니다. 특히 따뜻한 대화는 통합교육의 지속적인 발전을 이끄는 강력한 엔진이었습니다. 서로의 창의적인 아이디어와 빛나는 경험을 적극적으로 공유하며 더욱 발전된 교육 환경을 만들기 위해 쉼 없이 노력했습니다.

### 비공식적인 모임을 통한 아이디어 공유

팀워크를 획기적으로 강화하기 위해 우리는 정기적인 협의회와 자유로운 소통의 시간을 적극적으로 활용했습니다. 또한 '우리'만의 개성 넘치는 특별한 소통 방식을 창조적으로 만들어 팀원 간의 끈끈한 유대감을 더욱 돈독히 했습니다. 우리는 딱딱한 공식적인 회의 외에도 격의 없는 비공식적인 모임을 자주 가졌습니다. 맛집 탐방이나 분위기 좋은 카페에서의 편안한 수다와 같은 가벼운 자리에서도 때로는 진지하고 중요한 이야기가 오가곤 했습니다. 예를 들어, 하나의 빛나는 학급을 훌륭하게 이끌어가기 위한 창의적인 수업 설계, 아이들에게 저마다 필요한 맞춤형 개별 교육 전략, 특수교육대상유아에게 절실하게 필요한 실질적인 지원 방안 등에 대한 기발한 아이디어를 자유롭게 공유했습니다. 이러한 편안한 비공식적인 소통은 팀원 간의 굳건한 신뢰를 쌓고, 기발하고 창의적인 아이디어를 끊임없이 도출하는 데 긍정적인 영향을 미쳤습니다.

## 퇴근 후 회식과 자연 속 힐링 캠핑 : 일상 속에서 소통하기

우리는 퇴근 후 맛있는 음식을 함께 먹으며 정기적으로 회식을 가졌습니다. 맛있는 음식을 함께 나누며 딱딱한 업무 외의 개인적인 이야기를 자유롭게 나누는 소중한 시간은 팀원 간의 끈끈한 친밀감을 획기적으로 높이는 데 크게 기여했습니다. 또한 즐거운 방학에는 사적으로 시간을 맞춰 아름다운 자연 속으로 힐링 캠핑을 떠나기도 했습니다. 캠핑이라는 멋진 공통의 취미를 통해 우리는 더욱 가깝고 편안한 사이가 될 수 있었고, 아름다운 자연 속에서의 솔직한 대화는 딱딱한 업무에 대한 신선하고 창의적인 통찰을 제공하기도 했습니다. 이러한 비공식적인 모임은 팀원 간의 굳건한 신뢰를 쌓고, 끈끈한 팀워크를 획기적으로 강화하는 데 없어서는 안 될 중요한 역할을 했습니다.

끈끈한 팀워크를 만들어준 우리들의 비공식적 모임

## SNS를 활용한 지속적인 소통

우리는 편리한 SNS를 적극적으로 활용하여 팀원 간의 지속적인 소통을 생활화했습니다. 주기적으로 서로 연락하며 업무 외의 소소한 이야기를 나누고, 서로의 즐거운 일상을 공유함으로써 끈끈한 친밀감을 높였습니다. 특히 업무 중에 문득 떠오른 기발한 아이디어나 사랑스러운 영유아들의 놀라운 성장 모습을 SNS를 통해 실시간으로 공유하며, 즉각적으로 긍정적인 피드백을 주고받을 수 있었습니다. 이러한 디지털 소통 방식은 팀원 간의 끈끈한 연결을 더욱 강화하는 데 크게 기여했습니다.

## '우리'를 끈끈하게 움직인 강력한 힘은 바로 마음을 나누는 따뜻한 대화

통합교육의 빛나는 성공을 이끌었던 핵심 동력은 바로 긍정적인 소통을 이끌어내는 따뜻한 대화였습니다. 모든 인간관계가 진솔한 대화로 시작하듯, 통합교육 또한 서로 존중하는 끊임없는 대화를 통해 긍정적으로 발전할 수 있었습니다.

우리는 통합교육에 필요한 창의적인 아이디어를 끊임없이 자유롭게 공유했습니다. 특수교육대상유아의 예측 불가능한 문제행동이나 눈부신 성장 모습을 서로 솔직하게 이야기하며, 더욱 적절하고 효과적인 지도 방안을 함께 모색했습니다. 이러한 열정적인 대화는 아이들을 위한 질 높은 수준의 훌륭한 수업을 창의적으로 설계하는 데 필수적이었습니다. 서로의 풍부한 경험과 빛나는 지식을 공유함으로써 우리는 더욱 발전된 긍정적인 교육 환경을 성공적으로 만들 수 있었습니다.

특수교육대상유아와 통합반 학생 간의 다소 불편한 문제가 발생했을 때, 우리는 당황하지 않고 즉각적으로 대화를 시작했습니다. 문제의 근본적인 원인을 차분하게 파악하고, 팀원 간의 다양한 의견을 건설적으로 나누며 모두가 공감할 수 있는 합리적인 해결책을 모색했습니다. 이러한 꼼꼼한 대화는 문제를 신속하게 해결하고, 아이들에게 더욱 안전하고 쾌적한 교육 환경을 제공하는 데 크게 기여했습니다.

불편한 갈등이 발생했을 때, 우리는 먼저 서로의 힘든 입장을 세심하게 경청하고 진심으로 공감하는 데 집중했습니다. "왜 그런 생각을 하셨나요?", "어떤 부분에서 불편하셨나요?"와 같은 공감 어린 질문을 통해 상대방의 복잡한 감정과 빛나는 의견을 진심으로 이해하려 노력했습니다. 이를 통해 우리는 불편한 갈등의 근본적인 원인을 명확히 파악하고, 서로가 만족할 수 있는 이상적인 해결책을 모색할 수 있었습니다. 공감과 진솔한 대화는 복잡한 갈등을 평화적으로 해결하는 데 있어 가장 강력한 도구임을 다시 한번 깨달았습니다.

## 4. 교실, 영유아들의 가능성을 깨우는 특별한 공간 : 사랑과 상상력으로 디자인하다

교실은 단순히 딱딱한 학습이 이루어지는 제한적인 공간이 아닙니다. 그곳은 아이들이 무한한 꿈을 키우고, 자신만의 빛나는 재능을 발견하며, 소중한 친구들과 함께 즐겁게 소통하고 조화롭게 성장하는 마법 같은 장소입니다. 특히 통합교육 현장에서는 모든 아이들이 심리적으로 편안하고 안전하다고 느끼며, 자신의 숨겨진 잠재력을 마음껏 발휘할 수 있는 따뜻하고 포용적인 환경을 조성하는 것이 그 무엇보다 중요합니다. 우리는 영유아들의 고유한 발달 특성과 다양한 요구를 세심하게 고려하여 교실 환경을 창의적으로 설계하고, 그 안에서 아이들이 매일 행복하게 성장할 수 있도록 아낌없이 지원했습니다.

### 월별 주제에 따른 연계 수업

매월 주제를 정하고 통합교사와 유아특수교사가 함께 연계 수업을 진행하면서, 저는 아이들이 주제를 단순히 배우는 것을 넘어 몸과 마음으로 깊이 이해할 수 있도록 노력했습니다. 이 과정에서 아이들은 다양한 활동을 통해 자연스럽게 학습하며, 서로의 세계를 공유하고 이해하는 소중한 경험을 할 수 있었습니다. 이는 지식 전달이 아니라, 아이들이 세상을 탐구하고 자신을 표현하는 데 있어 중요한 발판이 되었습니다.

예를 들어, 7월 여름을 주제로 수박 수영장 놀이를 진행했을 때, 통합반에서는 수박 수영장에 관한 동화책을 함께 읽으며 상상력을 자극하고, 특수반에서는 수박 튜브와 수영장을 직접 구성하여 아이들이 물놀이의 즐거움을 몸으로 느낄 수 있도록 했습니다. 이렇게 두 반이 서로 다른 방식으로 같은 주제를 경험하면서, 아이들은 자연스럽게 서로의 세계를 이해하고 공감할 수 있었습니다. 특수반 아이들은 통합반 친구들이 읽는 동화책의 내용을 체험으로 연결하며, 통합반 아이들은 특수반 친구들이 체험하는 과정을 통해 새로운 감각을 배울 수 있었습니다.

또한 봄을 주제로 한 수업에서는 동물들이 겨울잠에서 깨어나는 과정을 노래와 신체 활동으로 표현했습니다. 특수반에서는 유아특수교사가 동물들의 움직임을 노래로 가르치고, 악기를 연주하며 아이들이 음악과 리듬을 통해 학습할 수 있도록 했습니다. 통합반에서는 제가 그 노래에 맞춰 신체 활동을 진행하며 아이들이 동물들의 움직임을 몸으로 표현할 수 있도록 했습니다. 이렇게 다양한 감각을 활용한 수업은 아이들이 주제를 더욱 생생하게 이해하고, 자신만의 방식으로 표현할 수 있는 기회를 제공했습니다.

봄 노래에 맞춰 악기연주와 신체 활동을 진행한 통합 연계 활동

### 특수교육대상영유아들의 흥미와 참여를 유발하는 자료와 교구 제작

저는 특수교육대상유아들의 흥미와 참여를 높이기 위해 단순히 기성 교구를 사용하는 대신 아이들과 함께 직접 교구를 만들었습니다. 교구 제작 과정 자체를 배움이자 놀이로 설계하여 유아들의 몰입과 성취감을 극대화하는 데 중점을 두었습니다.

#### 상어 터널 만들기

상어 터널 제작 과정에서는 아이들이 여름 놀이 중 상어 이야기를 즐겨 하던 점을 출발점으로 삼았습니다. 상어 관련 영상을 함께 보고 대화를 나눈 뒤, "교실에 커다란 상어가 있으면 어떨까요?"라고 제안하자 아이들은 곧바로 참여 의사를 보였습니다. 저는 백업 판, 벽돌 블록, 교구장과 같은 교실 자원을 활용해 상어 모형을 오리고 붙이는 과정을 안내하였고, 아이들은 각자 역할을 맡아 협동과 창의성을 발휘하며 상어 터널을 완성하였습니다. 제작 과정에서 저는 안전과 절차를 설명하고 필요한 도구 사용을 보조하며 아이들 스스로 문제를 해결하도록 격려하였습니다.

상어 터널 놀이

### 아쿠아리움 공간으로의 변화

이후 상어 터널 내부에 물고기들을 붙이며 놀이를 하던 중, 아이들 스스로 아쿠아리움으로 공간을 확장하자는 제안을 했습니다. 저는 영유아들의 제안을 존중하며 물고기, 불가사리, 가오리 등 다양한 해양생물을 함께 제작하고 배치하여 공간을 아쿠아리움으로 전환하였습니다. 그 결과 아이들은 해양생물에 대한 호기심을 자연스럽게 키웠고, 역할극과 탐구 중심의 창의적 놀이를 활발히 수행하였습니다.

특히 또래와 어울리는 놀이 속에서 특별한 교육적 요구가 있는 유아가 소외되지 않도록, 저는 놀이자(지원 교사)의 역할로 함께 참여하여 적절한 보조와 기회를 제공하였습니다. 아이들이 과제를 완수하거나 맡은 역할을 성공적으로 수행했을 때는 구체적이고 진심 어린 칭찬을 통해 긍정적 상호작용을 강화하였고, 이를 통해 사회성 발달과 자신감 향상을 도모하였습니다. 이러한 직접 제작 중심의 접근은 오감 자극을 넘어 영유아들의 자율성, 협력 능력, 문제해결력과 같은 핵심 역량을 길러주었습니다. 이러한 교구 제작과 환경 변화를 통해 유아 한 명 한 명의 참여를 이끌어 내고, 놀이 속에서 배움이 일어나도록 지원할 수 있었습니다.

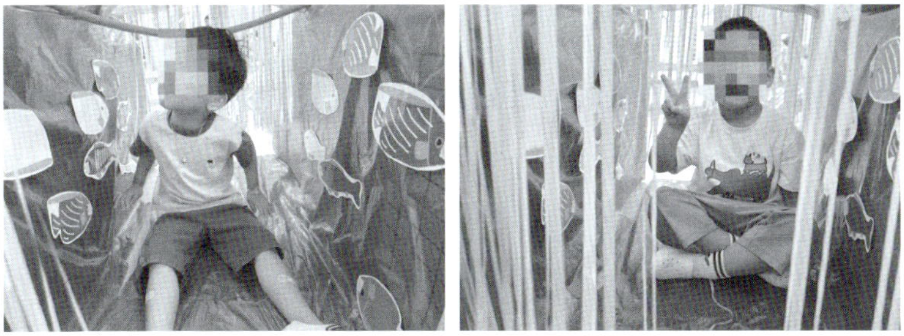

아쿠아리움 확장 놀이

## 5. 우리의 사랑과 인내가 빚어낸 변화의 마법

### '우리'는 긍정적인 변화를 이끌어낸다

저는 '우리'의 사랑과 인내가 영유아들의 변화를 가능하게 한다고 확신합니다. 문제행동을 마주할 때 저는 먼저 그 행동 뒤에 숨은 이유를 함께 찾아가려 합니다. 아이와 마주 앉아 왜 그런 선택을 했는지 귀 기울여 듣고, 그 감정을 있는 그대로 공감한 뒤, 왜 그 행동이 적절하지 않은지 차분히 설명합니다. 그러고 나서 대체할 수 있는 행동을 함께 제시하고, 스스로 생각할 시간을 주며 선택의 기회를 제공합니다.

특수교육대상유아를 지원할 때 저는 행동을 단편적으로 판단하지 않고 세심하게 관찰하여 정서와 흥미의 단서를 읽어내고자 노력합니다. 파트너 유아특수교사와의 협력은 저에게 긍정적 행동 지원(PBS)의 본질을 일깨워 주었습니다. 문제행동을 단순히 억누르는 대신, 아이가 바람직한 행동을 자연스럽게 선택하도록 환경을 재구성하고 적절한 지지를 마련하는 데 초점을 두었습니다. 예를 들어, 숫자에 강한 흥미를 보이는 유아에게는 숫자 중심 활동을 제공하여 교실에서의 몰입과 참여를 유도하였고, 이는 문제행동의 감소로 이어졌습니다.

일상 수업 중 아이들이 바닥에 눕거나 돌아다니는 행동을 보일 때 저는 이를 규칙 위반으로 보지 않았습니다. 흥미의 저하나 과부하의 신호로 해석하고 즉시 활동을 재구성하였습니다. 숫자 놀이, 숫자 장난감 등 관심을 자극할 수 있는 자료로 연결하거나, 피로를 호소하는 아이에게는 일과를 탄력적으로 조정하여 짧은 휴식 시간을 제공함으로써 참여를 회복하도록 지원하였습니다.

이처럼 저는 관찰과 공감, 환경적 조정과 팀의 협력을 통해 아이들이 스스로 긍정적 선택을 할 수 있는 조건을 만들어 주고자 합니다. 그 과정에서 사랑과 인내는 가장 강력한 교육적 도구임을 저는 매일 확인하고 있습니다.

특수교육대상유아의 흥미를 반영한 숫자 장난감 놀이

## 6. 다름을 넘어 하나 되는 기적

### 첫 만남 : 불편함과 거리감

저는 통합교육 현장에서 '다름'을 넘어 '하나'가 되는 기적을 목격하였습니다. 교직 2년 차, 제가 맡은 7세 통합반에는 두 명의 특수교육대상유아가 있었습니다. 한 아이는 의사소통이 어려워 말을 하지 못했고 발달이 또래보다 느린 상태였으며, 다른 한 아이는 가정보육 후 학교에 처음 적응하는 과정에 있었습니다. 그 아이는 수업 시간에 자주 누워 있거나 교실을 벗어나려 했고, 활동 중 노래를 부르는 등 또래와 다른 표현을 보였습니다.

처음에는 통합반의 또래들이 두 아이와의 상호작용에서 불편함과 거리감을 표현했습니다. 말을 하지 않는 아이에게는 어떻게 말을 걸어야 할지 몰라 자연스럽게 소통이 단절되었고, 다른 아이는 친구들이 만든 작품을 가위로 자르거나 미술 재료를 흘리는 등 예기치 않은 행동을 보여 학생들이 “싫어요”, “불편해요”라고 솔직히 말하였습니다. 저는 이러한 초기의 불편함을 문제로만 보지 않았습니다. 오히려 서로를 이해할 수 있는 출발점으로 삼아, 교실 구성원 모두가 안전하게 자신의 감정과 경계를 표현할 수 있도록 환경을 조성하고, 단계적 중재와 교육적 지도를 계획하였습니다.

**변화의 시작 : 역지사지 놀이와 공감의 시간**

저는 변화의 시작이 ‘역지사지 놀이’와 공감의 시간에서 비롯되었다고 믿습니다.

처음에는 특수교육대상유아가 교사의 질문에 답하지 않거나 교실을 돌아다니며 수업에 참여하지 않는 모습을 보였고, 다른 아이들은 “왜 ○○이는 그래요?”, “○○이는 장난꾸러기인가 봐.”라며 거리감을 표현하였습니다. 저는 유아특수교사와 함께 이 문제를 마주하며, 우리 반에 다양한 친구들이 함께 살아가고 있음을 아이들에게 알리고 그들의 마음을 상상해 보는 기회를 마련했습니다. 또한 그 유아의 관심사인 숫자 놀이와 자동차 놀이에 또래를 자연스럽게 참여시키며 상호작용을 유도했습니다.

아이들과 모여 불편했던 상황을 솔직히 나눈 뒤, 유아특수교사와 함께 어떤 방식으로 마음을 바꿀 수 있을지 고민한 끝에 ‘역지사지 놀이’를 실행했습니다. 아이들은 특수교육대상유아의 입장이 되어 미술 재료를 바닥에 쏟아보기도 하고, 작품을 가위로 오려보거나 말 대신 행동으로 표현해 보는 경험을 하였습니다. 그 과정에서 말하지 못할 때의 답답함과 동시에 충동적 행동에서 느끼는 재미를 직접 체험하며, 왜 그런 행동이 나왔는지 조금씩 이해하기 시작하였습니다.

**긍정적인 변화 : 도움과 배려의 시작**

저는 역지사지 활동과 공감의 시간이 가져온 변화를 눈앞에서 목격하였습니다.

이후 아이들은 자연스럽게 특수교육대상유아들에게 먼저 다가가 손을 잡아주고 도와주며 함께 놀려는 모습을 보이기 시작했습니다. 말을 하지 못하는 친구에게는 숫자 놀이로 소통을 시도하고, 미술 재료를 흘리던 친구와는 함께 작품을 만들어가며 돕는 광경을 종종 보았습니다. 아이들은 상대의 단점을 넘어 강점을 발견하고 칭찬하는 법을 배우기 시작했습니다.

그 결과 반 분위기는 눈에 띄게 달라졌습니다. “○○이는 숫자 세기를 잘해요.”, “○○야, 내가 도와줄게.” 같은 말들이 자연스럽게 오가고, 계단을 내려갈 때 손을 잡아주거나 장난감을 건네며 함께 놀자고 초대하는 모습이 늘어났습니다. 저는 이러한 변화가 특수교육대상유아에게 안정감과 소속감을 주고, 사회성과 자존감을 키우는 중요한 전환점이라고 확신합니다.

### 하나의 공동체로 성장

저는 통합반이 하나의 공동체로 성장하는 과정을 진심으로 기쁘게 지켜보았습니다.

영유아들의 태도가 점차 바뀌면서 특수교육대상유아들과의 관계도 눈에 띄게 긍정적으로 발전하였습니다. 이제 친구들은 먼저 다가가 도와주고 함께 놀이를 나누며, 상대의 강점을 자연스럽게 인정하는 모습을 보입니다. 이러한 상호작용 속에서 교실은 배려와 존중이 흐르는 공동체로 자리매김하였고, 특수교육대상유아들도 안정감을 얻어 유치원 생활을 더 즐겁게 경험하게 되었습니다. 특히 저는 그 변화가 자조 기술과 사회성의 성장으로 이어지는 것을 확인하였습니다. 처음에는 교사의 도움 없이는 하기 어려웠던 일들을, 유아들은 또래와의 관계 속에서 차근차근 시도하며 스스로 해내는 모습을 보였습니다. 필요할 때 교사에게 도움을 요청하는 법을 배우고, 친구들의 지지 속에서 자신감을 회복해 가는 모습은 통합교육이 지향하는 바를 잘 보여주었습니다.

## 7. 함께라서 더 빛나는 성장

저는 ‘함께라서 더 빛나는 성장’을 늘 교육의 핵심 가치로 삼아왔습니다. 특수교육대상유아의 학습 능력을 높이기 위해 저는 개별화된 지원, 협력 학습, 동료 교수

등 다양한 전략을 통합적으로 적용하였습니다. 아이들이 각자의 속도와 방식으로 배움에 접근할 수 있도록 돕는 한편, 통합반 또래와의 상호작용을 통해 사회성과 학습 능력이 동시에 신장되도록 지속적으로 지원하였습니다. 그 과정을 통해 통합교육의 의미를 다시금 확인하고 교사로서 깊은 보람을 느꼈습니다.

### 개별화된 지원 : 시각적 의사소통 도구 활용

말을 하지 못해 울거나 옹알이 식으로 소리만 내며 대화가 어려웠던 발달 지연 유아의 경우, 통합반 유아들과의 상호작용에서 거리감을 느끼곤 했습니다. 이를 해결하기 위해 우리는 시각적 의사소통 도구를 적극적으로 활용했습니다. 예를 들어, '엄마', '아빠', '강아지' 등 쉬운 낱말 카드를 놀이 시간에 제공하며, 아이가 카드를 선택해 자신의 의사를 표현할 수 있도록 도왔습니다. 이를 통해 아이는 언어적 표현이 어려운 상황에서도 시각적 단서를 통해 소통할 수 있었고, 점차 단어를 익혀 나갈 수 있었습니다.

유아특수교사와 협력하여 저는 그림 카드, 단어 카드, 마이크, 소리 나는 교구 등 다양한 언어 학습 도구를 제공하며 아이가 언어 놀이에 흥미를 느끼도록 유도하였습니다. 저는 아이의 반응을 세심히 관찰하며 성공 순간마다 즉시 칭찬하고 격려하였고, 그 결과 아이는 점차 단어를 익히고 간단한 문장을 구성하려는 시도를 보이기 시작하였습니다. 이러한 개별화된 지원은 아이의 자기표현 능력과 자신감을 동시에 높이는 중요한 기반이 되었습니다.

### 협력 학습 : 통합반 유아와의 상호작용 격려

저는 협력 학습이 통합교육의 핵심 동력임을 확신합니다. 통합반 유아들이 특수교육대상유아를 도와주는 활동을 설계하고 격려함으로써, 두 집단 모두가 학습과 사회성에서 동시에 성장하는 변화를 목격하였습니다.

구체적으로 이야기 나누기 시간에는 통합반 친구가 특수교육대상유아의 그림을 대신 발표하거나 단어 카드를 함께 골라 소리 내어 읽어주는 역할을 맡게 하였습니다. 이러한 동료 지지는 언어 표현이 어려운 유아가 또래의 도움을 받아 자연스럽게 참여할 수 있는 기회를 제공하였고, 도움을 주는 유아들은 배려와 책임감을 체득하게 되었습니다.

또한 의자 놀이, 공 전달, 몸 표현하기 등 협동 중심의 신체 놀이를 통해 함께 협력하는 즐거움을 경험하도록 하였습니다. 저는 수시로 특수교육대상유아의 장점을 구체적으로 칭찬하며 통합반의 인식을 긍정적으로 바꾸는 데 힘썼습니다. 역지사지 활동도 병행하여 또래들이 상대의 입장을 이해하고 자발적으로 도와주기 시작하도록 분위기를 조성하였습니다.

가정과의 긴밀한 연계도 중요한 역할을 했습니다. 학부모님들께 언어적 지원 방법을 안내하고 지속적으로 소통한 결과, 여름 방학 이후 옹알이만 하던 유아가 친구의 이름을 말하기 시작했고, 겨울방학 전에는 간단한 문장으로 의사표현을 하는 놀라운 진전을 보였습니다. 이처럼 저는 협력 학습과 가정-학교의 일관된 지원이 결합될 때 통합교육의 목표가 실질적인 성과로 이어진다고 믿습니다.

### 통합반 유아들의 인식 변화 : 역지사지 놀이

통합반 유아들의 인식 변화는 역지사지 놀이에서 시작되었습니다. 처음에는 "왜 말을 못해요?"라고 말하던 아이들이 직접 상대의 입장이 되어보고 공감하는 경험을 통해 자연스럽게 도와주기 시작했고, 제가 개입하지 않아도 자발적으로 상호작용하는 모습을 보였습니다. 이 과정에서 저는 깊은 감동을 느꼈습니다. 처음에는 "왜 말을 못해요? 이상해요."라고 말하던 유아들이 점차 도와주는 방법을 배우고, 제가 가르치지 않아도 스스로 특수교육대상유아를 도와주며 상호작용하는 모습을 보며 깊은 감동을 받았습니다. 이를 통해 통합반 유아들은 특수교육대상유아를 이해하고, 배려하며 함께 성장하는 법을 배울 수 있었습니다.

## 8. 우리의 마음이 하나로 모여 다름을 이해하는 성장

저는 모두가 서로를 이해하고 존중하는 따뜻한 학교 문화를 만들기 위해 작은 행사 하나에도 마음을 담았습니다. 특별한 날을 통해 유아들이 다름을 자연스럽게 받아들이고 함께 살아가는 태도를 배우도록 안내하였습니다.

### 장애인 이해의 날 : 인형극 관람 활동

우리는 장애인 이해의 날을 지정해 전체 유아를 대상으로 인형극 관람 활동을 진행했습니다. 장애인 이해의 날에는 전 유아를 대상으로 발달 수준에 맞춘 인형극을 준비하여 관람하였습니다. 인형극의 내용은 오해와 편견을 바로잡고, 장애를 가진 친구들을 놀리기보다 도와주고 존중해야 한다는 메시지를 중심으로 구성하였습니다. 저는 인형극 전후로 아이들과 이야기를 나누며 등장인물의 마음을 함께 들여다보고, 일상에서 어떤 배려를 할 수 있을지 구체적으로 제안하고 실습해 보도록 이끌었습니다. 그 결과 아이들은 장애를 가진 친구들을 바라보는 시선이 부드러워지고, 도움과 존중의 마음을 표현하는 법을 배우게 되었습니다.

### 세계 자폐인의 날 : 블루데이

세계 자폐인의 날에는 블루데이를 지정하여 아이들과 교실을 파란색으로 꾸미고, 파란 옷을 입고 모였습니다. 저는 자폐증이 무엇인지 유아 눈높이에 맞춰 설명하고, 자폐를 가진 친구들이 느낄 수 있는 감정과 환경적 특성을 함께 이야기하도록 구성했습니다. 활동 중에는 감각에 민감한 친구의 상황을 연기해 보거나, 소리·빛에 민감한 경우 어떻게 도와줄지 역할극으로 연습하며 공감 능력을 키웠습니다. 학부모님께도 행사 취지와 가정에서의 연계 방법을 안내하여 학교와 가정이 같은 메시지를 전달하도록 하였습니다.

이러한 행사들이 단회성 체험에 그치지 않도록 저는 수업 속에서 지속적으로 연결하였습니다. 인형극과 블루데이에서 나온 질문과 느낌을 다음 날 활동이나 이야기 나누기 시간에 다시 꺼내어 되짚으며, 유아들이 이해를 행동으로 옮기도록 도왔습니다. 그 결과 우리 반은 서로의 다름을 존중하고 도움을 주는 문화가 점차 자리 잡았고, 저는 교사로서 그 변화를 무척 기쁘게 지켜보았습니다.

세계 자폐인의 날 블루데이 캠페인

## 9. 다름 속에서 피어나는 존중

저는 통합교육을 꿈꾸는 모든 분께 진심을 담아 말씀드리고 싶습니다. 통합교육은 일부를 위한 교육이 아니라, 모든 아이가 서로를 이해하고 존중하며 함께 성장하는 교육입니다. 교사, 학부모, 교육 공동체 간의 신뢰와 소통 위에 우리는 다름 속에서 존중받는 공동체를 만들어갈 수 있습니다.

### 걱정은 자연스러운 과정입니다

통합교사로서 '내가 잘할 수 있을까?', '학부모 민원은 없을까?' 같은 걱정은 오히려 아이 한 명 한 명을 진심으로 생각하고 있다는 증거입니다. 저도 초기에 같은 걱정을 했습니다. 하지만 시행착오와 성찰을 통해 교육관이 성장했고, 넘어지고 부딪히며 더 단단해졌으며, 아이의 작은 변화에 진심으로 감동하는 자신을 만나게 되었습니다. 그러니 걱정하지 마십시오. 당신은 이미 잘하고 있고, 우리는 함께 성장할 것입니다.

### 교사 · 학부모 · 교육 공동체의 신뢰와 소통이 핵심입니다

특별한 교육적 요구를 가진 유아일수록 가정과 학교의 일관된 지지가 필수입니다. 저는 학부모와의 지속적 소통을 통해 아이의 특성과 변화를 공유하고, 가정과 학교가 같은 방향으로 아이를 지원하도록 협력해 왔습니다. 그 결과 아이들은 안정감을 얻고 보다 효과적으로 발달해 나갔습니다.

### 함께 만드는 통합교육 환경을 지향합니다

통합교육은 혼자서 버티는 일이 아닙니다. 현장의 교사들이 겪는 어려움은 인적 · 물적 지원의 부족에서 오기도 합니다. 저는 동료 교사, 유아특수교사, 전문가, 학부모가 함께 역할을 나누고 협력할 때 비로소 지속가능하고 따뜻한 통합교육 환경이 만들어진다고 믿습니다. 더 많은 자원과 협력이 모이면, 모든 아이들이 다름 속에서 존중받고 배울 수 있는 진정한 통합이 실현될 것입니다.

### 마지막으로, 미래의 통합교육 실천자들에게 전합니다

초심을 잃지 마시고, 작은 변화에 눈을 기울이며 아이들과 함께 걸어가십시오. 두려움이 찾아올 때면 제가 드리는 한마디를 기억해 주십시오. “걱정하지 마세요. 당신은 이미 잘하고 있습니다. 그리고 우리는 함께 성장할 것입니다.”

#### 서로에게 전하는 진심 : ‘우리’는 함께 성장한다

사랑하는 나의 파트너, 박수빈 선생님

함께 숨 쉬고 함께 성장하는 우리의 아름다운 동행에 깊은 감사를 드립니다. 같은 연령, 같은 연차로 만나 이토록 소중한 인연을 맺게 된 것은 제게 큰 행운입니다.

선생님은 제게 동료 이상의 존재입니다. 늘 편안한 친구처럼 저를 대해주시고 세심하게 챙겨주시는 따뜻함에 늘 감동받습니다. 무엇보다 놀라운 것은, 같은 나이임에도 불구하고 선생님에게서 끊임없이 배울 점을 발견하게 된다는 것입니다. 선생님의 열정과 헌신은 제게 큰 자극이 되었고, 교사로서의 수업 기술과 아이들을 지도하는 역량을 발전시키는 원동력이 되었습니다. 진심으로 감사드립니다.

특수선생님들께서 유치원 현장에서 종종 겪는 소외감에 대해 들을 때마다 마음이 아팠습니다. 하지만 선생님과 함께 통합반을 운영하면서, 선생님의 헌신적인 노고가 얼마나 중요한지, 그리고 통합교육이 아이들에게 얼마나 큰 긍정적인 영향을 미치는지 직접 경험하며 깊이 깨달았습니다. 선생님과 함께하는 통합교육 덕분에 우리 아이들이 사회의 소중한 구성원으로서 건강하게 성장하고 있다는 확신을 갖게 되었습니다. 영유아들의 밝은 미소와 긍정적인 변화는 모두 선생님의 땀과 노력의 결실입니다.

남은 학기 동안에도 지금처럼 서로 존중하고 협력하며, 우리 아이들이 더욱 멋진 4세로 성장할 수 있도록 최선을 다합시다! 선생님과 함께라면 어떤 어려움도 극복하고, 더욱 풍성하고 의미 있는 교육을 만들어갈 수 있다고 믿습니다.

저 또한 선생님께 긍정적인 영향을 드리고, 함께 성장하는 동반자가 될 수 있도록 끊임없이 노력하겠습니다.

아자아자! 파이팅!

# Section 2

박수빈(경기도교육청 소속 유아특수교사)

*협력교수는 통합교육의 심장이다.*

## 1. 우리는 그렇게 하나가 되었다

저는 유아특수교사로서 그날의 첫 만남을 아직도 선명하게 기억합니다. 저의 짝꿍 선생님께서 밝은 미소로 맞아 주실 때, 설렘과 함께 한 편의 기대가 제 마음에 스며들었습니다. 통합에 대한 풍부한 경험을 나눠 주시는 모습에서 올 한 해 아이들과 함께할 변화가 순조롭게 시작될 것이라는 희망을 품게 되었습니다. 그러나 동시에 현실적 고민도 저를 찾아왔습니다. 학부모님들께서 "왜 우리 아이가 특수교육대상유아와 함께 생활해야 하나요?"라고 묻는 순간, 저는 어떤 말로 안심을 드리고 신뢰를 쌓아야 할지 답을 찾기 위해 마음이 무거워졌습니다.

그러한 솔직한 불안과 기대를 짝꿍 선생님과 터놓고 나누면서 우리는 한 가지 원칙에 합의했습니다. "특수학급유아가 통합학급에서 동등한 친구로 존중받기 위해, 교사가 먼저 모범을 보자." 그 한 문장은 우리에게 방향을 제시해 주었습니다. 저는 유아특수교사의 역할을 단지 개별 중재자나 보조자가 아닌, 통합의 가치를 실천하는 교육적 동반자로 새롭게 정의하기로 결심했습니다.

우리는 서로의 경험과 교육적 관점을 공유하며, 각자의 강점을 어떻게 결합해 아이들에게 더 풍성한 배움의 장을 제공할지 구체적으로 논의했습니다. 짝꿍 선생님은 일상적 수업 속에서의 환경 조성과 또래 지도를, 저는 개별화된 지원과 감정・행동의 이해를 담당하기로 역할을 분명히 하였습니다. 그렇게 서로의 다름을 인정하고 존중하는 자세 속에서 우리는 공동의 비전을 그려 나가기 시작했습니다. 그 첫 만남은 협의의 자리를 넘어, 서로를 지지하는 '짝꿍'으로서의 출발이었습니다. 저는 그 순간부터 교사로서 그리고 동료로서 더욱 책임감을 가지게 되었고, 통합교육이 단지 제도가 아니라 교실 속에서 살아 숨 쉬는 관계의 변화임을 깊이 깨달았습니다.

## 2. 다름을 배움으로 승화시키는 우리의 특별한 능력

저의 짝꿍 선생님은 주제에 따른 놀이를 진행할 때 신체 놀이나 게임을 할 수 있는 활동을 함께 생각하며 특수교육대상유아도 즐겁게 참여하며 다른 유아와의 상호작용 경험, 자기조절력 경험 등 긍정적 경험이 이루어질 수 있도록 함께 고민하셨습니다. 통합학급의 '우리 동네' 수업과 연계하여 특수학급에서는 주유소 가게 놀이를 운영했고, 아이스크림 가게 놀이 시간에는 체육 도구를 활용한 신체 놀이를 통해 특수교육대상유아의 신체 조절 능력, 규칙 준수, 또래와의 상호작용 경험을 제공하였습니다. 이러한 연계 수업은 유아가 다양한 맥락에서 배움을 반복하고 확장하도록 돕는 중요한 장치였습니다. 저는 짝꿍 선생님께 영유아들의 흥미를 포착하고 놀이로 이어가는 섬세한 관찰력과 유연한 대처 방식에서 많은 것을 배웠습니다. 짝꿍 선생님은 유아의 작은 행동 하나에도 의미를 부여하며 흥미를 유지시키는 방법을 보여주셨고, 저는 그 과정을 통해 유아가 스스로 배움을 이끌어 내도록 돕는 실천을 익히게 되었습니다.

또한 짝꿍 선생님은 특수교육대상유아의 장점(숫자 세기, 글씨 쓰기, 바르게 앉아 있는 모습 등)을 전체 유아 앞에서 적극적으로 칭찬하시고, 역할 놀이에 자연스럽게 참여하도록 "○○이도 와서 해보자", "○○이한테도 줘보자"라고 유도해 주신 덕분에 특수교육대상유아는 소속감과 자신감을 얻었습니다. 팀워크를 굳히기 위해 저는 초기에 개별화교육계획(IEP) 목표에 따라 필요한 지원 사항을 일과 후 자주 공유하였습니다. 개별화 목표를 바탕으로 지원 방법을 자세하게 문서로 정리해 드리고, 제가 직접 놀이 시간 중 시범을 보이며 구체적 실행 방안을 제시하였습니다. 그 과정들이 귀찮게 느껴질 수도 있지만 제 말에 귀를 귀울여 주시고 직접 실천한 후 피드백도 주시는 짝꿍 선생님께 감사의 마음이 늘 샘솟았습니다. 예컨대, "선생님이 선택지 제공하라고 알려주셔서 이야기 나누기 시간에 두 가지 선택지를 제시하였더니 ○○이가 잘 선택할 수 있었네요"와 같이 구체적으로 인정하며 서로의 효능감을 높였습니다.

## 3. 마음을 잇는 우리의 언어, 덕분에!

저는 유아특수교사로서 팀워크의 힘을 누구보다 믿습니다. 공식 회의만으로는 풀리지 않는 일들이 있으니, 우리는 비공식적인 소규모의 대화를 자주 나누었습니다. 차분한 차 한 잔 사이, 교실 한켠에서 주고받는 짧은 대화들은 겉으로는 스몰토크 같아도 그 안에는 유아의 작은 변화, 오늘 수업에서 느낀 점, 내일 시도해 볼 아이디어가 오고 갔습니다. 저는 그런 순간들이야말로 서로의 생각을 자연스럽게 나누고 신뢰를 쌓는 기회였다고 확신합니다.

우리의 소통 방식은 형식에 얽매이지 않고 진심을 전하는 데 초점을 맞추었습니다. 저는 짝꿍 선생님께 '덕분에'라는 말을 자주 전했습니다. 짝꿍 선생님께서 보여주신 세심한 환경 조성 덕분에 ○○이가 참여할 수 있었고, 짝꿍 선생님께서는 제가 함께 준비한 활동 덕분에 수업 흐름이 더 부드러워졌다고 말씀하셨습니다. 이 간단한 인정과 감사의 표현은 물질적 보상보다 훨씬 큰 힘을 발휘하여 서로의 효능감을 높였고, 팀의 결속을 단단하게 만들었습니다.

유아특수교사로서 저는 무엇보다 '무엇을 우선적으로 가르칠 것인가'를 고민했습니다. 이를 위해 아이들을 세심히 관찰하고, 일상생활에서 가장 필요한 기술을 중심으로 기록하고 분석하였습니다. 치료센터나 상급학교에서 다루는 학습적 내용보다 유치원에서만 경험할 수 있는 사회적 상호작용에 우선순위를 두고 지원 계획을 세웠습니다. 아이들이 유치원 시절을 가장 행복하게 보낼 수 있도록 통합학급 교사와 관리자를 설득하여 충분한 통합 시간과 환경을 확보하려고 끊임없이 노력했습니다. 저는 매일의 작은 대화들과 '덕분에'라는 한마디가 모여 공동체 의식을 만들고, 그 공동체가 결국 유아들의 삶의 질을 바꾼다고 믿습니다.

저는 개별화교육계획(IEP)을 수립하고 실행하는 과정에서 팀워크의 힘이 얼마나 중요한지 현장에서 절감하였습니다. 단설유치원의 여건상 짝꿍 선생님께서 모든 과정에 매번 함께하기 어려운 현실을 고려하여, 저는 IEP 협의회를 1차와 2차로 나누어 운영하는 방식을 제안하고 주도하였습니다. 1차 협의회에서는 요구조사와 기초조사를 바탕으로 통합학급 교사와 제가 함께 관찰한 내용을 학부모님께 상세히 안내드리고, 그 결과를 통합교사와 관리자에게 공유하였습니다. 이 자리에서 부모님의 목소리를 직접 듣고 관찰 결과를 서로 대조하면서 유아의 현재 상태와 필요를 정확히 파악하도록 이끌었습니다.

이후 2차 협의회에서는 개별화교육지원팀이 한자리에 모여 1차 결과를 토대로 계획안을 검토하고, 수정하거나 보완할 부분이 있는지 함께 논의하였습니다. 저는 유아특수교사로서 학부모, 통합교사, 관리자 사이의 연결 고리 역할을 맡아 각자의 의견이 반영되도록 조정하고, 실현 가능한 지원 방안을 구체화하였습니다.

이 과정을 통해 저는 모든 구성원이 계획안에 대해 주인의식을 갖고 책임감을 느끼도록 돕고자 했습니다. 또한 짝꿍 선생님들께서 작은 성공을 경험할 때마다 구체적으로 인정하고 칭찬함으로써 팀의 효능감을 높였습니다. 결과적으로 협의 절차는 현실적 제약을 극복하고 협업의 질을 높이는 데 큰 역할을 했으며, 저는 이 경험이 통합교육의 지속가능성을 확보하는 데 중요한 전환점이라고 확신합니다.

## 4. 위기를 기회로 바꾼 소통과 협력의 힘

저는 통합교육 현장에서 예상치 못한 위기가 찾아올 때마다, 그것을 오히려 더 강한 팀워크와 소통을 통해 해결하는 계기로 삼아 왔습니다. 가장 큰 어려움은, 특수교육대상유아가 추가배치되어 1특수 3통합 체제로 전환되었을 때였습니다. 이 구조는 운영상의 불리함뿐 아니라, 유아 관찰 시간이나 교사 간 협의 시간의 부족, 그리고 사회복무요원의 지원 체계의 미흡으로 인해 너무나도 버거운 환경이었습니다.

초기에는 사회복무요원에게 지원 방법을 상세히 안내하고, 유아가 조금이라도 잘하는 모습을 보여줄 때마다 과장되게 칭찬하며 동기 부여를 하였지만, 큰 효과를 기대하기 어려웠습니다. 그래서 저는 2학기부터 특수 추가배치 교사를 새롭게 배치받아 특수교육대상유아의 개별화교육 목표 달성을 위해 실질적인 지원 체계를 마련하는 데 집중하였습니다. 먼저, 개별화교육 목표별로 교사와 보조 인력이 해야 할 역할을 꼼꼼히 정리하여 안내했고, 지원 과정에서 긍정적이거나 부정적인 사건 발생 시 즉각 피드백을 주고받으며 지도 일관성을 유지하려 하였습니다. 유아 관찰 정보를 SNS를 활용해 신속하게 공유하며 언제 어디서든 긴밀한 협력하에 개별 맞춤지도가 이루어지도록 하였고, 그 과정을 통해 자연스럽게 팀워크와 공동책임 의식을 강화하였습니다.

또한 자원 부족으로 어려움을 겪던 통합반 교사에게는 특수학급에서 사용하는 감각 놀이 자료인 아쿠아 매직과 다양한 피규어를 적극적으로 공유하며 자발적

놀이와 지원을 가능하게 하였습니다. 신체 놀이와 미술 활동을 위한 넓은 공간도 함께 사용하며 서로의 자원을 공유하는 협력 방안을 실천하였습니다. 이러한 과정에서 꼭 특수교육대상유아도 참여 가능할 수 있는 방안을 고민하여 놀이가 진행되도록 유도하였습니다. 가장 기억에 남는 것은, 유치원 교실 안에서 자신이 어떤 역할을 해야 할지 잘 모르고, 의욕이 없던 사회복무요원에게 어떻게 하면 적절히 역할을 수행할 수 있도록 격려할 수 있을까 고민하는 과정이었습니다. 우리는 함께 팀 회의를 통해, 칭찬을 좋아하는 사회복무요원이 조금이라도 역할을 잘 수행했을 때 격하게 칭찬을 하며 긍정적 행동을 이끌었고, 유아의 개별화교육 목표와 유아 지원 방안을 정기적으로 안내하며 지원의 질을 높였습니다. 그렇게 되면서, 저는 위기를 하나의 기회로 전환하는 힘이 바로 '우리의 협력과 소통'에 있다는 확신을 갖게 되었습니다. 이러한 경험을 바탕으로, 저는 앞으로도 어떠한 위기든 혼자서 속앓이 하기보다는 짝꿍 선생님과 함께 고민을 나누면 무엇이든 해결할 수 있다는 것을 느꼈습니다.

## 5. 우리의 긍정 마법이 아이의 내일을 밝힌다

저는 아이의 내일을 밝히는 힘은 바로 '우리의 긍정 마법'에 있다고 믿습니다. 문제행동을 보이는 유아를 대할 때, 저는 결코 그들을 '문제아'라고 낙인찍지 않고, '의사소통 능력에 어려움이 있는 아이'로 바라보았습니다. 이를 위해 먼저, 어떤 대체 기술을 가르쳐야 하는지 신중하게 고민하고, 적극적으로 지도하는 방식을 택하였습니다.

또한 또래 친구들이 문제행동이 있는 친구를 낙인찍지 않도록, 모두 앞에서 그 아이의 잘하는 점을 과장하여 칭찬하고, 존중하는 모습을 진심으로 보여주었습니다. 저는 "우린 친구야, 서로 존중해야 해"라는 말보다, 아이의 의견을 경청하고 따뜻하게 대하는 교사의 모습을 보여줌으로써, 또래 간의 신뢰와 배려가 자연스럽게 형성되도록 노력하였습니다. 특수교육대상유아의 의사소통과 자기조절능력 향상에 주목하며, 저는 긍정적인 행동 지원(PBS) 전략을 적극 활용하였습니다. 비록 시간이 제한된 현실 속에서도, 부담 없이 실천할 수 있는 차별 강화 전략을 주로 적용하였는데, 이 전략은 아이의 긍정적인 행동을 강화하고 부정적 행동을 자연스럽게 줄이는 데 큰 효과를 보였습니다.

이 모든 과정에서 저는 "우리의 작은 긍정이 아이의 내일을 밝혀준다"는 믿음을 품고, 아이들이 성장하는 모습을 한 순간도 놓치지 않으려 노력했습니다. 그렇게 아이의 작은 성공 하나하나가 쌓여, 그 아이의 행복과 자존감이 점차 커져가는 것을 볼 때마다, 저는 이 길이 바로 의미 있고 값진 길임을 다시금 확신하게 됩니다.

### 긍정적 행동 지원(PBS) 전략을 활용한 사례

저는 긍정적 행동 지원(PBS) 전략이 유아들의 행동 변화에 얼마나 강력한 힘을 발휘하는지 현장에서 생생히 경험하고 있습니다. 예를 들어, 착석 유지를 위해서 작은 노력이면 즉각 반응하여 강화하는 방식을 실천하였고, 이로써 유아들은 자연스럽게 앉아 있는 행동을 일반화할 수 있었습니다. 착석 유지를 지원하기 위해 조금이라도 잘 앉아 있으면 강화를 제공했습니다. 유아특수교사뿐만 아니라 통합교사도 강화를 제공함으로써 착석 유지가 일반화되었습니다.

또한 자기점검표와 행동계약서를 합친 약속판을 만들어 제공했습니다. '약속판'이라는 대체 행동 도구를 도입해 "장난감을 정리해요", "도움이 필요하면 울지 않고 이야기해요"라는 약속을 지키면 스티커와 원하는 강화물을 받을 수 있도록 하였습니다. 예를 들어, 장난감 정리를 안 하거나 도움이 필요할 때 울음을 보이는 유아를 위해 "장난감을 스스로 정리해요", "할 수 있는 일은 스스로 해요", "도움이 필요할 때 울지 않고 이야기해요" 등의 약속을 지키면 스티커를 모아 원하는 강화물을 받을 수 있도록 지원했습니다. 이러한 차별적 강화 전략은 유아들이 자신의 행동을 스스로 통제하는 능력을 키우는 데 실질적인 도움을 주었습니다.

행동계약서와 자기점검표

## 6. 우리는 멈추지 않는다 : 경계를 허물다

저는 통합교육의 효과를 극대화하기 위해 끊임없이 경계를 허물고 새로운 길을 개척하는 것을 목표로 삼아 왔습니다. 이를 위해 환경 구성, 교육 방법, 교재 개발 등 다양한 분야에서 혁신적인 시도를 실천하였고, 영유아들의 흥미와 참여를 유도하며 교육의 질을 높이고자 노력하였습니다.

### 특수학급의 역할 재정의 : 역통합과 안정 공간 제공

먼저, 특수학급의 역할을 새롭게 재정의했습니다. 기존의 원적학급과 분리되어 다른 교육과정을 운영하는 공간이 아닌, 역통합을 위한 교실과 1:1 교수가 필요한 유아, 그리고 특수교육대상유아가 언제든 안전하게 머무를 수 있는 '안정 공간'으로 재구성하였습니다. 이러한 구조는 특수학급이 단순히 분리된 공간이 아니라, 통합학급과의 연계성을 강화하면서도, 아이들이 필요할 때 안정을 찾는 휴식처 역할까지 수행하도록 하였습니다.

또한 매달 진행하는 놀이주제에 맞춰 역통합 활동을 적극 도입하였습니다. 유아특수교사와 통합교사는 협력하여, 특수교육대상유아가 자연스럽게 또래와 어울리고, 흥미를 유발하는 게임이나 신체 활동에 참여할 수 있도록 했습니다. 이 과정에서 유아들은 자신감을 갖고 서로의 다름을 존중하며, 자연스럽게 교류하는 모습을 보여주었습니다.

안정 공간 역시 중요한 역할을 맡았습니다. 해먹과 트렘펄린 등을 배치하여, 유아가 각성조절로 인한 불안감이나 스트레스를 느낄 때 언제든 안정을 찾을 수 있도록 배려하였습니다. 이 공간은 휴식처를 넘어서, 유아들이 마음껏 자신을 표현하고 회복하는 귀중한 공간으로 자리 잡고 있습니다. 저는 이러한 혁신적 시도들이 영유아들의 성장에 얼마나 큰 영향을 미치는지 경험하며, 멈추지 않는 변화와 도전이 바로 통합교육의 진정한 힘임을 다시 한번 느끼고 있습니다.

역통합교육

## 장애공감교육 : 이해와 배려의 문화 조성

저는 장애공감교육이 지식 전달을 넘어, 아이들이 서로를 깊이 이해하고 존중하는 문화를 만들어가는 중요한 기반이라고 생각합니다. 통합학급 아이들이 특수교육대상유아의 어려움을 진심으로 이해하고, 자연스럽게 배려하는 마음을 키울 수 있도록 다양한 활동과 이야기를 통해 교육을 실천하였습니다. 특히, 학기 초에는 제가 직접 통합학급 아이들에게 특수학급 유아들이 말을 하지 못하거나 줄을 잘 서지 못하는 이유에 대해 설명하는 시간을 가졌습니다. "사람마다 뇌가 다르게 생겨서 우리는 모두 할 수 있는 것과 없는 것이 다르다"는 점을 아이들이 쉽게 이해할 수 있도록 이야기하며, 아이들도 자연스럽게 '다름'을 받아들이는 태도를 형성할 수 있었습니다.

이 과정에서 "줄 서자"고 친절하게 알려주기, 말을 하지 못하는 친구에게 인사하기, 친절하게 말 걸기 등 친구를 위해 우리가 할 수 있는 구체적인 행동들을 알려주었으며, 작은 행동 하나하나가 영유아들의 변화와 배려를 만들어 내는 힘임을 일깨워 주었습니다. 이러한 경험은 아이들 스스로 특수교육대상유아에게 도움과 배려를 실천하는 방법을 익히게 하였을 뿐만 아니라, 반 전체의 분위기를 따뜻하고 포용적인 공동체로 만들어가는 데 큰 역할을 했습니다. 저는 앞으로도 아이들이 자연스럽게 서로를 이해하고, 배려하는 마음을 키워갈 수 있도록, '이해와 배려'라는 가치를 교실 안팎에서 실천하는 것이 가장 중요하다고 믿습니다.

장애공감을 위한 다양성 이해 교육

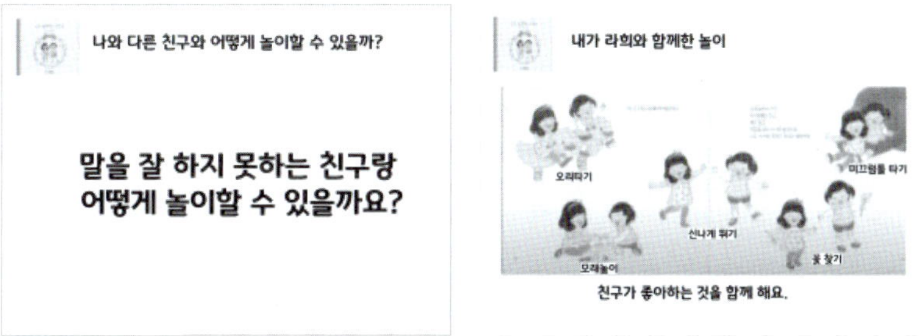


장애공감을 위한 다양성 이해 교육

## 팀티칭으로 함께하는 학부모 공개수업

우리는 학부모 공개수업을 협력교수로 진행하여 우리의 긍정적인 시너지를 학부모님께 직접 보여드리기로 했습니다. '반짝 반짝 상상 모터쇼' 놀이 활동을 함께 계획하고, 특수교육대상유아도 흥미를 갖고 참여할 수 있도록 좋아하는 숫자 스티커, 숫자노래 등 다양한 요소를 제공하였습니다. 유아특수교사는 교통기관 신체놀이와 게임을 담당하고 통합교사는 교통기관 이야기 나누기, 교통기관 미술 놀이를 주로 진행하며 놀이 수업을 이끌었습니다. 함께 수업을 계획하고 진행하다 보니 소외되는 유아 없이 어떻게 이끌어갈 것인가 진지하게 고민하고 해결해 가는 과정을 거치며 탄탄한 놀이 활동으로 성장해 나갔습니다. 학부모 공개수업의 날 모터쇼 도입과 평가는 짝꿍 선생님이 진행하고, 자동차 소개와 인터뷰 전개는 유아특수교사인 제가 역할을 분담하여 진행하였습니다. 통합교사와 유아특수교사가 학급에서 어떤 존재인지 알릴 수 있는 아주 좋은 기회에 함께 협력하는 통합교육 현장을 생생하게 보여주자 통합학급에 대한 학부모님의 신뢰가 높아짐을 느낄 수 있었습니다. 학기 초 통합학급이라는 것에 불안감을 드러냈던 학부모님들께서 학부모 만족도 조사에 '매우 만족'을 표하고 긍정적인 평가를 남겨주시는 쾌거를 이룰 수 있었습니다. 이처럼 팀티칭으로 학부모 공개수업을 준비하자 학부모님의 신뢰를 얻을 뿐만 아니라 두 명의 아이디어가 합쳐지고, 두 명의 넓은 시야가 힘을 모아 더욱 유아의 흥미를 반영한 유아 주도의 놀이 활동을 진행할 수 있었습니다. 팀티칭으로 진행된 학부모 공개수업을 마치고 우리는 더 가까워졌고 끈끈한 협력의 힘을 느낄 수 있었습니다.

## 7. 우리의 섬세한 맞춤처방

저는 유아마다 가지고 있는 특별한 욕구와 필요를 세심하게 관찰하여, 그에 맞는 맞춤형 지원을 실천하는 것이 유아들의 성장과 발전에 가장 큰 기여를 한다고 믿습니다. 이를 위해 저는 유아 개개인의 성향과 발달 수준에 따라 다양한 방법을 적용하며, 작은 변화에서도 큰 성과를 이끌어 내고자 노력하고 있습니다. 그리고 유아특수교사 혼자만이 아닌 통합교사인 저의 짝꿍 선생님들도 맞춤처방을 함께 실천하며 특수교육대상유아의 긍정적인 변화를 이끌어 내고 있습니다.

### 소리 자극을 좋아하는 유아

소리 자극을 좋아하는 아이에게는 좋아하는 음악이나 캐릭터를 활용하여 수업의 흥미를 높였고, 이를 통해 참여도를 자연스럽게 끌어올렸습니다. 예를 들어, 좋아하는 노래를 배경음악으로 사용하거나, 캐릭터가 등장하는 교구로 학습에 대한 관심을 유도하여, 아이가 적극적으로 수업에 참여할 수 있도록 도왔습니다. 짝꿍 선생님께서는 음악을 좋아하는 유아를 위해 그림을 그리면 음악으로 바꿔주는 프로그램을 활용하여 유아의 흥미와 참여를 이끌어 주셨습니다.

### 주의집중이 어려운 유아

주의집중이 어렵던 아이에게는 시각적 지원을 적극 도입하였습니다. 활동 단계를 그림이나 아이콘으로 안내하는 '시각적 단계 안내'를 통해, 아이가 무엇을 해야 하는지 명확히 알게 하였고, 그 결과 주의집중 시간이 늘어나면서 활동 참여도 크게 향상되었습니다. 이 방법은 수업 지원을 넘어, 일상생활에서도 단계별 규칙과 절차를 자연스럽게 따라가도록 하는 능력 향상에 큰 도움이 되었습니다. 짝꿍 선생님께도 이 방법을 안내해 드렸더니 유아의 주의집중을 위해 시각적 자료를 적극 활용하였고, 이야기 나누기 중간중간 유아의 이름을 호명하며 주의를 환기하며 특수교육대상유아의 참여를 이끌어 주셨습니다.

### 말 대신 그림으로 : PECS가 이끈 유아 의사소통의 기적

발화와 상징 이해가 어려운 유아를 위해서는 PECS(그림 교환 의사소통 시스템)를 활용하여, 자신의 요구를 그림으로 표현할 수 있도록 도왔습니다. 유아는 원하는 장난감이나 활동을 그림 카드로 선택하면서 자신의 의사를 좀 더 명확히 전달할 수 있게 되었고, 그로 인해 또래와의 상호작용도 훨씬 풍부하고 만족스럽게 이루어졌습니다. 짝꿍 선생님께서도 PECS를 활용하여 특수교육대상유아와 함께 이야기 나누는 모습을 통합반 아이들에게 보여주며 그림 카드로 소통하는 방법에 대해 자연스럽게 인지할 수 있도록 하였습니다.

PECS(그림 교환 의사소통 시스템)

## 자기조절력 향상 1 : 자기점검표와 행동계약서

자기조절력 향상을 위해서는 '자기점검표와 행동계약서'를 결합한 약속판을 제작하여 활용하였습니다. '스스로 장난감 정리하기', '할 수 있는 일은 혼자 하기', '불편한 상황에서는 '하지 마!'라고 말하기'와 같은 구체적 행동 목표를 정하고, 이를 지킬 때마다 스티커를 모아 강화물을 받을 수 있게 하여, 유아들이 책임감과 자율성을 자연스럽게 키울 수 있도록 하였습니다.

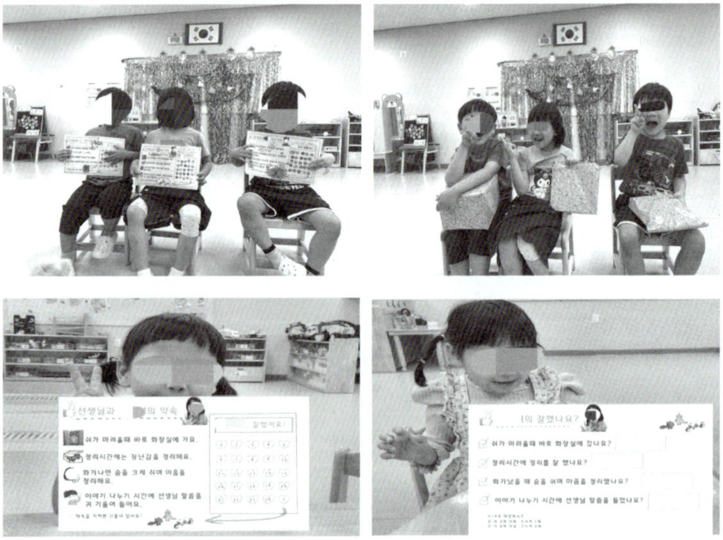

행동계약서와 자기 점검표

### 자기조절력 향상 2 : 상황이야기 교구

소리를 지르는 행동이 문제였던 유아를 위해 '상황이야기 교구'를 제작하여, 소리를 지르면 타인에게 미치는 영향을 시각적으로 보여주고, 행동의 결과를 이해할 수 있도록 하였습니다. 유아가 자신의 행동으로 타인에게 미치는 영향을 알게 되면서 점차 행동이 개선되었고, 더 건강한 상호작용을 할 수 있는 길이 열렸습니다. 저는 이렇게 아이 개개인의 성향에 맞춘 맞춤형 지원이 영유아들의 긍정적인 변화와 행복한 성장을 이끄는 가장 강력한 힘임을 믿습니다.

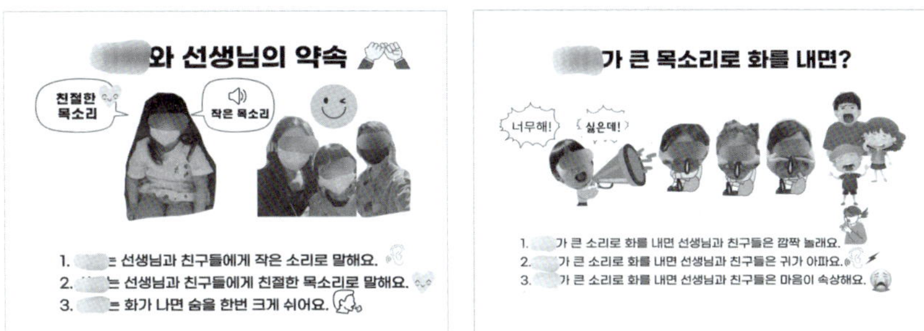


상황이야기 교구를 활용한 유아의 소리 지르는 활동 중재 사례

## 8. 사랑으로 일군 변화 : 다름을 넘어 함께 성장

### 첫째, 사회적 상호작용의 눈부신 향상

저는 사랑과 인내를 바탕으로 한 섬세한 지도와 꾸준한 노력이 유아들의 변화를 이끌어낸다는 신념을 가지고 있습니다. 특히, 처음에는 표현이 어렵고, 도전 행동까지 보이던 아이들이었지만, 저는 긍정의 힘과 지속적인 지원으로 그들이 점차 사회적 상호작용 능력을 길러가는 모습을 목격하게 되었습니다.

자유 놀이 시간 동안에도 특별한 의도를 가지고, 다양한 모방 훈련과 언어 촉진 활동을 꾸준히 제공하였습니다. 아이들이 자신의 욕구를 적절히 표현하지 못할 때, 교사가 먼저 따뜻하고 적극적인 지원을 통해, 아이들이 차츰 자신이 원하는 것을 말로 전달하는 것이 가능하다는 것을 경험하게 했습니다. 그 결과, 유아들은 점점 자신의 목소리를 내기 시작했고, 의미 있는 또래와의 상호작용이 자연스럽게 이루어졌으며, 도전 행동도 인내와 배려로 점차 줄어들었습니다. 이 모든 변화는 행동 수정이 아니라, 영유아들의 내면에 깊은 신뢰와 안전감을 심어줌으로써 가능해졌습니다.

### 둘째, 마음에서 우러나오는 자연스러운 장애 이해 교육

저는 장애 이해 교육이 단순히 형식적인 활동이나 일회성 워크숍에 그치는 것이 아니라, 매일의 일과 속에서 자연스럽게 이루어져야 진정한 의미가 있다고 믿습니다. 그래서 저는 유아특수교사로서, 특수교육대상유아와 깊이 있고 진심 어린 상호작용을 하는 모습을 보여주는 것에 큰 중점을 두었습니다.

매 순간 유아와 눈 맞춤 하며 따뜻한 대화를 나누고, 그 유아를 존중하는 태도를 몸소 실천하는 것 자체가 가장 생생한 교육이 되었습니다. 함께하는 놀이 속에서도 아이들과의 웃음과 배려가 오가며, '장애'라는 단어 대신 '개인의 다양한 특성'을 받아들이는 자연스러운 문화가 만들어졌습니다. 이런 경험은 아이들이 장애를 '두려움'이나 '이상한 것'이 아니라, 한 인간의 특성과 차이를 자연스럽게 이해하는 계기를 마련했고, 따뜻한 배려와 존중의 마음을 키우는 데 매우 중요한 역할을 했습니다.

### 셋째, 스스로 해내는 기쁨, 자조 기술의 괄목할 만한 향상

저는 유아들이 스스로 해내는 기쁨을 느끼도록 하는 것이 그들의 자존감과 독립성을 키우는 가장 중요한 길임을 확신합니다. 그래서 저는 특수학급에서 별도로 기술을 가르치는 것보다는, 원적학급에서 일상생활 속에서 꼭 필요한 자조 기술을 자연스럽게 체득할 수 있는 기회를 최대한 많이 제공하고자 힘썼습니다. 예를 들면, 가방 정리, 외투 정리, 양치질과 같은 기본적인 생활습관들을 또래를 모방하며 익히도록 유도하였고, 그 모습들을 제가 세심하게 지원하며 끊임없이 보여줌으로써 아이들이 자연스럽게 배울 수 있도록 하였습니다. 이 과정에서 아이들은 자신이 작은 일들을 성취하는 것에서 큰 기쁨을 느끼게 되었고, 자립심이 차츰 자라나는 모습을 직접 목격하였습니다.

또한 이러한 자연스러운 지원과 행동들이 통합학급의 또래들에게도 큰 영향을 주었습니다. 아이들이 특수교육대상유아에게 다가가는 방식을 관찰하고 따라 하며, '모두가 존중받는 친구'로서의 태도를 자연스럽게 배우고 실천하는 모습이 무척 인상적이었습니다.

### 넷째, 통합학급 유아들이 특수교육대상유아를 자연스럽게 도와주며 성장

저는 통합학급 내에서 유아들이 자연스럽게 서로를 도우며 성장하는 모습을 목격하는 것은 매우 소중한 경험임을 믿습니다. 특히 학기 초에 무발화 유아인 토실이(가명)에 대한 이해를 높이기 위해 "모든 사람은 할 수 있는 것과 할 수 없는 것이 다르고, 좋아하는 것과 싫어하는 것도 다르다"는 기본 원칙을 아이들에게 설명하고, 구체적인 도움 방법을 함께 배웠습니다.

저는 아이들에게 토실이가 의사소통에 어려움을 겪을 때 인사하기, 말을 걸기, 놀잇감 공유하기, 기다려주기 등 서로 배려하는 행동들이 자연스럽게 이루어질 수 있음을 알려주었습니다. 그러던 어느 날, 한 번은 제가 잠시 화장실에 간 사이 무발화 유아인 토실이가 울음으로 감정을 표출했을 때, 통합반 아이들이 제가 안내한 방법대로 좋아하는 노래를 부르거나, 장난감을 함께 나누며 진정시켜 주는 모습을 보았습니다. 이러한 경험은 유아들이 서로를 이해하고 배려하는 태도가 자연스러운 일과 속에서 배울 수 있는 것임을 깨닫게 해주었습니다. 이 모든 경험을 통해, 저는 사회적 약자를 대하는 올바른 행동도 유치원이라는 일상적인 공간에서 자연스럽게 배우고 실천할 수 있다는 믿음을 갖게 되었습니다.

### 다섯째, 학부모의 불안을 해소하고 신뢰를 얻은 경험

저는 유아특수교사로서, 학부모님들의 불안을 해소하고 신뢰를 구축하는 것이 통합교육의 성공을 좌우하는 중요한 역할임을 깊이 깨달았습니다. 학기 초, 한 학부모님께서 특수교육대상유아의 폭력성, 이상 행동에 대한 걱정을 표하며 민원을 제기하셨을 때, 저는 정직하고 차분하게 말씀드렸습니다.

"모든 유아는 폭력성을 내포하고 있을 수 있지만, 우리 아이는 아직 그런 행동을 보인 적이 없으며, 그런 행동을 보이더라도 일시적일 뿐일 것입니다. 통합학급 교사와 유아특수교사가 함께 지도하며, 모든 아이들이 포용할 수 있는 학급을 만들어 가겠습니다"라고 말하며 안심시켰습니다. 저는 그저 말만 하는 것이 아니라, 실제로 유아와 함께 공동 놀이를 하며 유아특수교사를 긍정적으로 받아들이는 모습을 자연스럽게 유도하였고, 유아와 교사가 교감을 쌓는 과정에 맞추어 학부모님과도 협력하였습니다.

유아특수교사와 함께하는 놀이와 활동, 그리고 매력적인 놀잇감을 배치하는 일상적 지원들이, 자연스럽게 통합반 유아들이 특수교육대상유아를 긍정적으로 인식하는 데 큰 역할을 했습니다. 결국, 통합학급에 불안함을 내비치셨던 학부모님의 유아는 통합학급에 더 편안하게 적응했고, 학부모님께서도 "○○이가 선생님을 너무 좋아해요."라며 웃으며 말씀하시는 모습을 보며, 제가 노력한 결과가 하나씩 결실을 맺고 있음을 진심으로 느꼈습니다. 이 경험을 통해 또 한 번 깨달은 것은, 특수교육대상유아가 통합학급 내에서 긍정적 존재로 받아들여지기 위해서는 무엇보다 먼저, 유아특수교사가 긍정적이고 따뜻한 존재로 인식되어야 한다는 점입니다. 특별한 전략보다도, 함께 놀이하며 자연스럽게 도움을 주고받는 과정, 그리고 매력적인 놀잇감으로 아이들이 즐겁게 참여할 수 있도록 하는 일들이, 학부모님과 유아 모두의 신뢰를 얻는 가장 효과적이고 강력한 방법임을 깨달았습니다.

## 9. 우리는 굴하지 않는다 : 장벽을 희망으로 바꾸는 우리의 연대

특수교육 현장은 수많은 제도적 한계와 어려움이 있다는 사실을 정말 깊이 공감합니다. 유아특수교사 부족, 사회복무요원의 지원 한계, 일반 방과후 지원 부족, 그리고 통합교육 관련 매뉴얼 부재 등은 우리 모두가 해결해야 할 긴급한 과제입니다. 하지만 저는 결코 굴하지 않으며, 이러한 벽을 희망과 연대로 이겨내겠다는 굳은 의지를 가지고 있습니다. 우선, 저는 통합교사들과의 비공식적이고 인간적인 소통을 강화하는 데 힘썼습니다. 일상 속 자연스러운 대화와 협력을 통해 서로의 노력을 이해하고, 지원 체계의 개선 방안을 함께 모색하였죠. 그뿐만 아니라, 특수 추가배치 교사를 적극 활용하여, 아이들이 보다 안정적이고 풍부한 교육지원을 받을 수 있도록 노력하였습니다.

또한 우리 모두의 목소리를 모아 교육부와 정책 담당자들에게 제도적 개선을 꾸준히 요구하는 활동도 병행하고 있습니다. 작은 목소리 하나하나가 모여 큰 변화를 만들어낼 수 있다고 믿으며, 불가능해 보여도 포기하지 않고 계속해서 이 길을 걸어가고 있습니다.

### 서로에게 전하는 진심 : '우리'는 함께 성장한다

존경하는 임재영 선생님께

선생님께 진심으로 감사드립니다. 선생님과 함께 완전통합교육을 실천하며, 그 의미와 가치를 더욱 깊이 깨닫게 되었습니다.

완전통합은 단순히 한 교실에서 함께하는 것을 넘어, 모든 아이들이 서로를 존중하고 배우며 성장하는 특별한 경험입니다. 이 여정에서 통합교사와 유아특수교사의 긴밀한 협력은 성공의 핵심입니다. 선생님께서는 매일 특수교육대상유아에게 끊임없는 관심과 사랑을 쏟으시며, 통합학급의 모든 아이들이 함께 배우고 성장할 수 있도록 헌신적으로 노력하셨습니다. 때로는 예상치 못한 어려움에 직면하고, 학부모님들의 다양한 의견에 귀 기울여야 하는 순간도 있었지만, 선생님과 함께였기에 그 모든 난관을 슬기롭게 헤쳐나갈 수 있었습니다. "선생님과 함께라서 가능했습니다."라는 말은 결코 과장이 아닙니다. 선생님의 열정과 긍정적인 에너지는 저에게 큰 힘이 되었고, 더욱 적극적으로 통합교육에 참여할 수 있도록 이끌어 주셨습니다.

돌이켜보면, 선생님과 함께 영유아들의 작은 변화 하나하나에 함께 기뻐하고, 어려움을 함께 고민하며 해결해 나가는 과정 자체가 큰 배움이었습니다. 선생님의 섬세한 관찰력과 아이들을 향한 진심 어린 마음은 저에게 깊은 감동을 주었습니다.

앞으로도 우리는 훌륭한 팀워크를 바탕으로 모든 유아를 위한 교육과정을 함께 만들어나가기를 소망합니다. 우리의 끊임없는 협력과 굳건한 믿음은 교육적 성과를 넘어, 아이들이 더욱 밝고 희망찬 미래를 꿈꿀 수 있도록 돕는 든든한 기반이 될 것입니다. '우리'는 동료를 넘어, 영유아들의 빛나는 미래를 함께 만들어가는 소중한 파트너입니다.

"앞으로도 우리 아이들과 함께해 주세요. 우리는 함께 성장할 것입니다."

이것이 제 마음속 깊은 곳에서 우러나오는 진심입니다. 다시 한번, 존경과 감사의 마음을 담아 선생님께 인사를 드립니다. 함께 성장하는 기쁨을 누릴 수 있도록 이끌어 주셔서 진심으로 감사합니다.

# 제 5 장

# 대박 콤비 : 모두가 주인공인 우리 교실

# 제5장
# 대박 콤비 : 모두가 주인공인 우리 교실

## Section 1

강솔(대전죽동초등학교병설유치원 유아교사)

*협력교수는 조각보와 같다.*
*혼자면 천조각일뿐이지만, 함께 모이면 하나의 예술작품이 된다.*

### 1. 어서 와, 통합반은 처음이지?

저는 유아교사로서, 특수선생님과 처음 만난 그 순간이 아직도 제 마음속에 선명하게 남아 있습니다. 그날은 제가 처음으로 통합교실을 운영하면서, 함께 이 길을 걷게 된 소중한 첫 만남이었기 때문입니다. 그 순간은 기대와 우려가 교차하는 순간이기도 하였고, 동시에 새로운 시작에 대한 설렘이 가득했습니다. 특수선생님께서는 통합교육과 특수교육의 깊은 지혜와 경험을 갖춘 분이셨습니다. 그분과 함께라면 어떤 어려움도 극복할 수 있을 것이라는 믿음이 자연스럽게 생겼습니다. 저는 임용 첫날부터 통합학급을 운영하며, 통합거점 유치원 사업까지 함께하게 되었고, 그 과정에서 선생님과의 대화는 자연스럽게 흘렀고 그 과정은 매우 흥미로웠으며 따뜻했습니다. 우리는 언제나 "재밌겠다!", "이거 할까?"라는 말로 시작해서, 경계 없이 아이들과 함께 놀이하고 학급을 꾸려갔습니다.

특수선생님은 제가 '개떡같이 말해도 찰떡같이' 알아주시고, 통찰력과 이해심이 깊으셔서 저의 상황을 배려해 주시며, 우리 두 사람이 하나의 팀으로 협력하는 모습은 마치 하나의 비전과도 같았습니다. 아이들이 서로를 자연스럽게 받아들이고 함께 성장하는 환경을 만들기 위해, 우리는 서로의 생각을 공유하며 공동의 목표를 설계하였고, 그 과정은 업무를 넘어 진정한 '짝꿍' 같은 신뢰와 의지의 관계로 자리 잡았습니다. 그렇게 쌓아온 협력과 이해는, 우리가 영유아들의 행복과 성장을 위해 얼마나 뜨겁게 노력했는지 보여주는 가장 큰 증거이며, 또 다른 의미의 행복입니다. 그 첫 만남이 우리에게 가르쳐준 소중한 교훈은, 바로 서로를 이해하고 존중하는 마음이야말로 통합교육의 진정한 힘임을 일깨워 준 것입니다.

## 2. 꽃이 더 아름다워지는 방법 : 미처 몰랐던 우리의 조화

저는 통합교육이 성공적으로 이루어지기 위해서는 무엇보다도 특수교육대상 유아에 대한 깊은 이해와 배려가 선행되어야 한다는 것을 절실히 깨달았습니다. 초임 시절, 저는 아직 장애에 대해 많은 지식이 부족했고, 어떻게 이해하고 지원해야 할지 막막했었습니다. 그러던 중 만난 분이 바로 저의 짝꿍인 특수선생님이셨습니다. 그 선생님께서는 제 열정을 언제나 따뜻하게 받아주시며, 제가 하고 싶어 하는 수업들을 모두 수용해 주셨고, 무엇보다도 수준별 제시와 유아의 특성을 세심히 배려하는 방법을 많이 가르쳐주셨습니다. 제가 작은 동화 읽기 발표회에서 뮤지컬처럼 아이들이 한 명씩 대사를 하는 활동을 계획했을 때, 선생님께서는 기꺼이 작곡까지 도와주셨고, 그 과정에서 많은 도움을 주셨습니다. 제가 들판에서 꽃을 꺾어 왔다면, 선생님은 그 꽃을 예쁘게 다듬고 포장하여 아이들이 더욱 특별하게 느낄 수 있게 만들어 주셨죠.

이처럼 저는 선생님이 바로 그 '꽃과 포장지' 같은 존재라고 비유하고 싶습니다. 모종의 아이들이 가진 소중한 잠재력을 꽃처럼 피우도록 돕고, 그 아름다운 모습을 세상에 내놓는 포장지 역할, 바로 그 역할을 선생님이 해주셨습니다. 그 덕분에 우리는 서로의 역할을 이해하며, 함께 성장하는 길을 걸을 수 있었습니다. 이 여정에서 저는 유아특수교사의 역할이 단지 지원이 아니라, 하나의 아름다운 조화를 이루는 조각과 같다는 사실을 깊이 깨달았습니다. 온전한 통합이 이루어지고, 아이들이 온 마음으로 성장할 수 있도록, 앞으로도 우리 모두가 좋아하는 꽃처럼 따뜻한 조화를 이루어 가야겠습니다.

## 교육 철학의 조화 : '우리'만의 색깔을 만들어가다

저는 '우리'라는 공동체를 만드는 데 가장 중요한 것이 바로 '솔직함'과 '유연성'이라고 믿고 있습니다. 통합학급을 구성하고 수업을 준비하는 과정에서, 저도 모르게 일반 아이들 중심의 수업 수준에 맞추려 하는 경향이 있었다는 것을 인정하게 되었습니다. 그럴 때마다 특수선생님께서 조심스럽고 솔직하게 특수영유아들의 수준과 특성을 말씀해 주셨던 그 순간이 떠오릅니다. 만약 선생님께서 솔직히 말씀을 믿지 못하고 덜어내셨다면, 저는 아이들을 제대로 이해하지 못한 채 그들의 필요를 놓쳤을지도 모른다는 생각이 듭니다. 반대로 저 역시 미숙한 부분을 인정하지 않고 수업을 수정하는 데 있어 유연하게 대처하지 못했다면, 아이들에게 불편과 실망이 될 수도 있었을 거라 생각합니다.

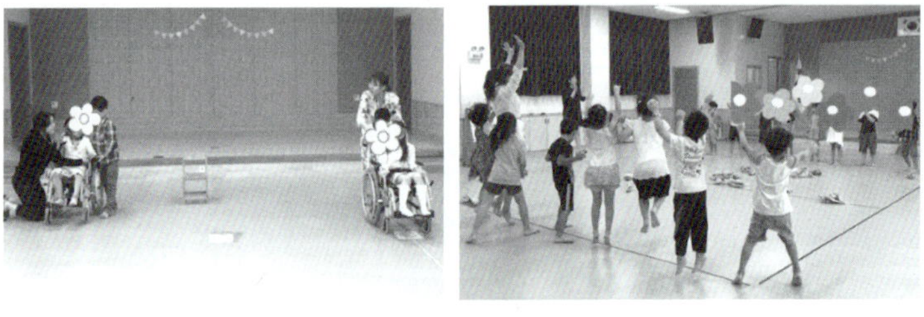

언제나 늘, 둘이 함께 이끈 수업

그렇기에 저는 '솔직함'으로 서로 이야기 나누고, '유연한 태도'로 수업을 조정하는 노력을 계속해야 한다고 믿습니다. 우리의 교육 철학은 각 아이의 다름을 존중하고 그에 맞는 맞춤형 지원을 하며, 결국 '우리'만의 독특한 색깔을 만들어가는 것에 있다고 생각합니다. 그래서 앞으로도 저는 선생님과의 진솔한 소통을 바탕으로, 아이들을 위한 가장 따뜻하고 적합한 수업을 만들어가기 위해 끊임없이 노력하겠습니다. 이 과정은 단순히 한 교실의 일이 아니라, 우리 모두가 함께 만들어 가는 '우리'만의 교육 문화이고, 진정한 '조화'라고 믿습니다.

## 3. 우리 함께라서 괜찮아

저는 통합교실이 단순히 공간적 배치의 문제가 아니라, 서로의 전문성을 인정하고 지속적인 소통과 협력을 통해 만들어지는 공동의 힘이라는 것을 깊이 깨달았습니다. 특히 유아특수교사로서 담임선생님들과 신뢰를 쌓고, 구체적인 전략을 함께 설계하며 실행할 때, 아이들이 점차 안정감을 찾고 적극적으로 참여할 수 있는 환경이 만들어진다는 것을 여러 차례 경험하였습니다. 우리 모두는 예상치 못한 어려움에 직면했을 때, 솔직하게 이야기하고 빠른 피드백을 주고받는 것이 얼마나 소중한지 알게 되었습니다. 작은 실험을 통해 얻은 데이터와 정보를 서로 공유하고, 그에 따른 수정과 재시도를 반복하는 과정은, 우리에게는 큰 자산이 되었습니다. 이를 통해 교사 간의 벽이 허물어지고, 아이들 역시 더욱 안정적이고 포용적인 공간에서 성장할 수 있었던 것이지요.

### 무엇이든 말해줘!

저는 통합학급 현장에서 특수선생님과의 긴밀한 협력과 효과적인 소통이 영유아들의 성장과 배려를 위해 얼마나 중요한지 절실히 느끼고 있습니다. 우리는 정기적인 회의를 반드시 실천함으로써, 놀이와 수업 내용을 함께 검토하고, 유아의 반응과 필요 지원에 대해 깊이 논의하며 신뢰를 쌓아 왔습니다.

그뿐만 아니라 형식에 얽매이지 않고 교무실에서 짧게 하는 이야기나 카카오톡으로 실시간으로 주고받는 소통을 적극 활용하며, 작은 변화와 긴급상황에 즉각 대응할 수 있는 체계를 마련하였습니다. 이렇듯 일상 속 자연스러운 대화와 정보의 공유는 우리를 하나로 묶는 끈이 되었습니다. 특히 전문적 학습공동체(PLC) 시간에는 사례 분석과 개입 전략을 함께 만들어가며, 우리 모두의 아이디어와 경험이 반영된 수업이 만들어졌습니다. 특수선생님께서는 제가 계획한 놀이 계획의 큰 틀을 듣고, 이를 특수유아가 역통합으로 참여할 수 있도록 확장하는 수업을 제안하기도 하셨습니니다. 예를 들어, 교실을 두 개로 운영하는 장점을 살려 소그룹 활동을 구성하거나, 놀이의 난이도를 조절하여 참여의 문턱을 낮추는 방식으로 수업을 공동 설계하며, 그 결과 어린아이들이 더 안정되고 즐겁게 배움에 참여하는 모습을 볼 수 있었습니다. 이러한 반복적이고 열린 소통은 신뢰를 쌓아주었고, 결국 아이들에게 더 안전하고 의미 있는 학습환경을 만들어주는 데 큰 역할을 해주셨습니다.

## 우리 관계를 다지는 방법 : 자주 그리고 깊이

가장 중요한 비법은 바로 '자주' 소통하는 습관입니다. 아무리 바쁘더라도, 교무실에서 잠깐이라도 서로의 생각과 아이들 이야기, 수업 노하우를 마음껏 나누며 신뢰를 쌓았습니다. 또한 다른 기관에 있을 때도 카카오톡이나 전문적 학습공동체 활동을 통해 수시로 연락하며, '우리'라는 마음으로 언제나 곁에 있다는 느낌을 갖게 했습니다. 퇴근 후 또는 방학 때라도 한 번씩은 꼭 만나 관계를 유지하고 오랜만에 만나면 그동안 어떤 수업을 해왔는지 이야기 보따리를 풀기도 하였습니다.

생각나면 언제나 수시로 카톡하는 우리

특히 특별히 어려운 점이 생겼을 때는 옆에 있지 않은 유아특수교사께도 굳이 연락을 드리며 도움을 요청했고, 그 과정에서 '자주' 소통하는 것의 힘을 다시 실감하였습니다. 서로의 도움과 공감이 쌓이고, '이 사람은 언제든 도움을 주는 든든한 존재'라는 인식이 자연스럽게 자리 잡았던 것 같습니다. 이처럼 우리가 꾸준히 소통하는 것은 정보 교환을 넘어, 하나의 공동체와 진심으로 연결된 끈이 되어줍니다. 다른 원이나 기관 교사들과의 교육 공동체 참여도, 서로 끊임없이 소통하고 공유하는 기회를 만들어 내어 단절되지 않는 든든한 '우리'의 힘을 키워가는 소중한 계기였습니다.

공적인 힐링연수와 사적인 힐링연수 여행

## 예상치 못한 어려움을 솔직하게 '같이' 해결하기

저는 현장은 언제나 수립했던 계획과 달리 흘러갈 때가 많다는 것을 깊이 공감하고 있습니다. 어느 해, 제 반에는 특수교육대상유아 세 명이 함께 배치되었는데, 그중 한 아이는 1학기 내내 거의 매일 울며 적응에 어려움을 겪었습니다. 처음에는 제가 느끼기에 담임선생님들조차 통합학급에 대한 부담과 두려움을 갖고 계셨음이 느껴졌고, 그 시기를 겪으며 저 역시 많은 어려움과 고민에 휩싸였던 기억이 있습니다.

이럴 때 저는 솔직하게 어려움을 공유하였고 특수선생님께서는 함께 시도할 수 있는 구체적인 방안을 제안하였습니다. 이이가 선호하는 활동, 안성감을 주는 자극(예 특정 장난감, 규칙적 감각 활동), 그리고 행동 수정 기법(시각적 일정, 간단한 보상 시스템, 짧은 휴식 시간)을 상세히 알려주셨고, 실제 수업에서 바로 적용할 수 있도록 함께 연습하였습니다. 또한 저는 교실 운영에 유연성을 보다 신경 쓰고, 우리는 역할을 나누어 관찰기록을 모으고, 그 기반 위에서 개별화된 지원 계획을 계속 수정해 나갔습니다. 이 경험을 통해, 우리는 '우리 함께'라는 마음가짐이야말로 예상치 못한 어려움 속에서도 가장 든든한 힘임을 다시 한번 깨달았습니다. 어떤 문제가 발생하더라도, 서로의 고민을 솔직하게 공유하고 '같이' 하면 반드시 길은 열리고, 아이들이 더 건강하고 행복하게 적응할 수 있다는 자신감이 생겼습니다.

### 창의적 자원 활용과 현실적 제약 극복

저는 항상 시간, 인력, 물리적 공간과 같은 현실적 제약에 따른 어려움이 존재함을 깊이 인식하고 있습니다. 그러한 제약 속에서도, 작은 변화들이 모여 큰 효과를 만들어 낼 수 있다고 믿으며, 적극적으로 실천해 왔습니다. 예를 들어, 교실 배치를 변경하여 아이들의 자극에 대한 반응과 집중도를 조절하였고, 간단하면서도 효과적인 시각 자료(픽토그램, 행동카드)를 만들어 유아의 예측 가능성과 안정감을 높이기 위해 노력하였습니다. 또 놀이 도구는 소수만 준비하되, 순환 시스템을 도입하여 흥미를 지속시키고, 짧고 빈번한 개입을 통해 아이의 불안을 줄이면서 안정된 상태에서 학습과 놀이를 이어갈 수 있도록 하였습니다. 이와 함께 부모님과의 정기적인 소통을 통해 가정에서도 일관된 지원을 부탁드리고, 가정과 학교 간의 정보를 적극 공유하여 유아의 전반적인 성장과 적응을 도모하였습니다. 이러한 작은 노력들이 쌓여, 아이가 보다 안정적이고 자신감 있게 성장할 수 있는 토대가 되었다고 확신합니다.

## 4. 서로의 세상을 배우다 : 기다림, 공감, 그리고 배려

### 평등을 바탕으로 한 진심 어린 배려

저는 통합교육을 통해 가장 중요하다고 느낀 가치는 바로 '평등'과 '진심 어린 배려'라고 믿고 있습니다. 아이들이 서로의 '다름'을 이해하고 존중하는 모습을 기대하며, 이 과정에서 '무조건적'이 아닌 '진실된 배려'를 가르치고자 노력하였습니다.

우선, 아이들에게 '겉모습뿐 아니라 마음과 생각의 크기, 모양도 다르다'는 점을 알려주며, 다양한 세상을 열린 마음으로 받아들이도록 독려하였습니다. 그리고 특수 아이가 잘못했을 때는 꼭 사과하는 연습을 시키고, 일반 아이들이 '모른다'는 이유로 친구의 권리와 기회를 차단하지 않도록 지도하였습니다. 이러한 교육적 가치관 덕분에, 아이들은 자연스럽게 서로를 평등한 친구로 인식하게 되었고, 관계에서도 평등한 태도를 갖게 되었습니다.

한 번은 특수 아이가 장난감을 정리하지 않고 손에 꼭 쥐고 앉아 있었던 일이 있었는데, 그때 아이들이 "재는 왜 정리 안 해요? 계속 가지고 놀면서 왜 안 돼요?"라고 질문했습니다. 저는 영유아들의 질문과 상황을 차분히 설명하며, 아이들과 함께 '어디까지 배려할 수 있을지', '친구의 특성을 이해하고 배려하는 범위'를 자연스럽게 이야기하는 시간을 가졌습니다. 이 과정은 아이들이 '서로를 이해하고 배려하는 되돌림'이 얼마나 깊고 소중한 기본 교육인지 새삼 느끼게 해준 소중한 경험이었습니다. 이처럼 저는 통합교실에서 서로의 차이를 인정하고 평등하게 대하는 모습을 함께 공유하며, 개별화교육에서도 사회성이나 단체생활에 관한 책임과 배려를 자연스럽게 적용할 수 있도록 계속 지도해 나가고 있습니다.

### 서로의 강점을 찾아주는 사회성 발달의 긍정적인 변화 사례

저는 영유아들의 사회성 향상은 작은 순간의 이해와 배려에서 비롯된다고 확신하며, 그 변화의 소중함을 매일 목격하고 있습니다. 한 번은 특수 아이가 자극 추구를 위해 놀이실로 나가 콩콩이 타기를 좋아하는 모습을 보였을 때, 처음에는 아이들이 이해하지 못했습니다. 그러나 저는 인내와 따뜻한 관심으로 그 아이와 이야기를 나누고, 그 행동에 담긴 의미를 함께 탐구하는 시간을 가졌습니다.

1학기 말, '모두에게 배웠어' 동화를 읽고 아이들과 함께 '우리가 서로에게 배운 것'에 대해 이야기 나누었습니다. 그 특수 아이에게서부터 우리가 한 학기 동안 무엇을 배웠는지 물어보자 "○○이는 콩콩이 타면서 점프를 높이 해요."라고 자연스럽게 이야기했습니다. 이 순간, 아이들은 처음에는 특별한 행동을 이해하지 못했지만, 그 모습 속에서 친구의 장점과 강점을 발견하고, 그것에 대해 말해주는 긍정적인 모습으로 변화하기 시작했습니다.

이 작은 발견은 사회성 발달에 있어서 매우 중요한 전환점이었습니다. 아이들이 자신의 것뿐 아니라 친구의 강점도 인정하고 관심을 가져주는 태도를 자연스럽게 보여주었기 때문입니다. "○○이도 잘하는 게 있어!"라고 말하며 함께 관심을 가지는 모습은, 학생들 모두가 서로를 이해하고 배려하며 함께 성장하는 긍정적인 변화를 보여주는 귀중한 사례였습니다.

### 학습 능력 향상을 위한 개별화된 지원

학습 능력 향상을 위해 아이별 맞춤 지원이 얼마나 중요한지 깊이 체감하고 있습니다. 특히 대그룹 활동을 하면서 다양한 수준과 표현 방식을 자연스럽게 파악하게 되는데, 이때 아이들이 누가 잘하는지, 누가 어려움을 겪는지 쉽게 느끼게 됩니다.

우리 반에 있는 특수 아동이 미술 활동 중 가위질이 서툴러서 아이들이 "선생님, ○○이는 그림을 다 잘라버렸어요."라고 이야기하였을 때, 특수선생님께서는 즉각적으로 그 아이를 위해 전용 가위를 준비하셨습니다. 이 지원은 개별화교육의 일환이기도 했고, 아이들이 각각의 발달 수준에 맞춰 조금 더 연습할 수 있는 환경을 마련하는 데 큰 도움이 되었습니다. 처음에는 아이들이 "걔는 왜 저렇게 못 자르지?"라는 시선으로 볼 수도 있었겠지만, 그 가위를 함께 사용하며 자연스럽게 서로 배려하는 모습이 자리 잡게 되었습니다. 이처럼 개별화된 지원과 더불어 협력 학습, 동료 교수와 같은 다양한 학습 전략을 병행하는 것이 영유아들의 학습 능력을 크게 향상시켰습니다.

## 온라인 음악회를 통한 자존감 향상

저는 영유아들의 자존감과 자신감을 키우는 것이 무엇보다도 중요하다고 생각합니다. 그래서 지난 가을, 온라인으로 진행한 가을 음악회를 기획하였고, 당시 규모가 크지 않은 병설 학급 특성상 아쉬움이 있어, 함께하길 열망하는 전문적 학습 공동체 팀원들과도 적극적으로 연계하여 더 큰 무대와 성취감을 만들어보자는 마음을 가졌습니다.

온라인으로 진행한 가을 음악회

모든 분들이 긍정적으로 생각해 주시고, 참여하겠다는 따뜻한 마음을 보여주셔서, 저 역시 자신감을 가지고 음악회를 준비할 수 있었습니다. 특히, 대전에서 운영 중인 소규모 거점 유치원 사업과 연계되어, 선생님들께서도 열린 마음으로 참여해 주셨고, 각자의 교실에서 zoom 회의를 통해 서로 인사하며, 준비한 노래와 율동을 보여주는 과정을 통해, 아이들은 자신이 만든 공연이 전혀 먼 곳이 아닌 또 다른 세상임을 느낄 수 있었습니다. 아이들이 다른 유치원 친구들을 온라인으로 만나고 함께 무대를 꾸미는 순간, 새롭고 특별한 추억을 만들었으며, 이 과정에서 교장 선생님께서도 관심을 가지고 아이들을 응원해 주셨습니다. 그 모습이 마치 저를 위한 응원처럼 느껴졌고, 아이들과 함께하는 일에 대한 자부심과 자존감이 더욱 높아졌습니다.

이번 경험은 우리가 함께 응원할 때 아이들이 얼마나 큰 힘을 얻고 자신의 가치를 깨닫게 되는지 보여준 소중한 시간이었습니다. 작은 지원과 끈기 있는 노력이 아이들의 배움과 관계 형성에 얼마나 중요한 변화를 가져오는지 다시 한번 깨닫는 계기가 되었습니다. 또한 교사로서 유아 한 명 한 명의 특성과 흥미를 세심하게 살피는 것의 중요성을 깊이 느낄 수 있었습니다.

### 눈빛만 봐도 알 수 있잖아! : 서로를 이해하는 과정을 통한 자신감 향상

아이들 하나하나의 마음을 이해하는 것이 영유아들의 자신감과 사회성을 키우는 가장 중요한 기반임을 깊이 깨닫고 있습니다. 한 아이가 처음 우리 반에 왔을 때, 발음이 부정확하다는 이유로 아이들이 "선생님, ○○이는 뭐라는 거예요?"라고 물어보던 모습이 떠오릅니다. 저 역시 그 의도를 정확히 파악하지 못해 늘 특수선생님과 함께 아이의 행동과 표정을 읽으며 의사소통의 단서를 찾으려 애썼던 시간이 있었습니다.

그러던 어느 날, 아이들과의 교감 속에서, 저는 눈빛과 언어가 얼마나 강력한 소통의 도구인지 새삼 느끼게 되었습니다. 한 번은 친구들이 의자에 모두 앉아 놀고 있는데, ○○이가 "으으으~~" 하고 조용히 다가오자, 아이 중 한 명이 "너도 여기서 놀고 싶다고?"라고 되물었습니다. 그때 ○○이가 고개를 끄덕이자, 자연스럽게 의자를 가져다주는 모습을 목격했어요. 그 순간, 우리는 서로 단어가 아닌 눈빛과 행동, 그리고 상황에서 의도를 파악하는 방법을 배운 것입니다.

이제는, 처음엔 답답하게만 느껴졌던 서로에 대한 오해와 이해의 벽이 점차 바뀌기 시작했습니다. 저는 "선생님도 못 알아들었는데 어떻게 ○○이 말을 알아들었어?" 하고 묻자, 아이는 "선생님은 선생님이잖아요! ○○이 말 왜 못 알아들어요?"라고 답했고, 또 다른 아이는 "저는 다 알아들어요! 같이 놀면 알 수 있어요."라고 말하며 자신감을 키우는 모습까지 보여주었습니다. 이 경험은 서로를 이해하는 과정을 통해 아이들이 자신감과 사회적 능력을 키워가는 소중한 계기임을 다시금 깨닫게 해주었습니다.

## 통합반 교실에서 함께 맞춰가는 시간

저에게는 한 아이가 특히 선명한 기억으로 남아 있습니다. 그 아이는 처음 교실에 왔을 때 자리 잡기조차 힘들어했고, 끊임없이 소리를 질러서 다른 아이들과의 수업 진행조차 어려웠습니다. 그 시간들은 정말 힘든 순간이었으며, 아이와 함께 우리가 어떻게 지원하면 좋을지 깊이 고민하게 만드는 계기가 되었습니다. 그때 저는 특수선생님께 어려움에 대해 솔직히 말씀드렸고, 선생님께서는 미안해하시면서도, "아이가 조금씩 착석을 해나가야 한다"며 함께 방법을 찾아보자고 격려해 주셨습니다. 이후 아이가 너무 힘들어할 때는 특수선생님께서 아이와 잠시 교실을 나가 주의를 환기시켜 주시며 자연스럽게 감정을 다스리도록 도와주셨고, 차츰 시간을 늘려가는 방식으로 지원하셨습니다.

저는 아이와 함께 좋아하는 놀잇감을 손에 쥐여주면서 조금씩 변화하는 모습을 지켜보았습니다. 또한 기다리기 힘들어하는 아이의 특성을 파악하여, 먼저 기회를 주는 등의 배려를 실천하였고, 그 결과 아이는 소리를 지르는 모습이 사라지고, 안정적으로 일상 공간에서 지내는 모습을 보여줄 수 있었습니다. 이 모든 과정은 교직원 모두가 서로 협력하여 다양한 방법을 찾으며 노력했기에 가능했던 일입니다. 그 기억은 지금도 제 마음속 깊이 새겨져 있습니다.

우리 반에는 종이비행기를 특히 좋아하는 특수교육대상유아가 있었습니다. 이 아이가 매일 종이비행기를 접어 날리면 다른 유아들도 자연스럽게 놀이에 동참하곤 했습니다. 처음에는 함께 놀던 아이들의 관심이 줄어들기도 했지만, 제가 종이비행기가 통과할 수 있는 '구멍'을 만들어주자 아이들은 다시 흥미를 갖고 놀이에 몰입하기 시작했습니다. 이러한 작은 지원은 아이들의 재참여를 이끌어냈고, 교사와 유아들 간의 신뢰와 애정을 쌓는 데 중요한 역할을 했습니다. 이 경험들을 통해 저는 작은 지원과 끈기 있는 노력이 지닌 놀라운 힘을 다시금 확인할 수 있었습니다.

## 5. 특수교육대상유아, 어디 있죠?

통합교육이 가지고 오는 가장 큰 보람은 바로 우리 모두가 함께 만들어낸 따뜻한 기억이라고 믿습니다. 한 번은 통합거점 유치원에서 공개수업을 진행하던 때가 특히 가슴 깊이 와닿았습니다. 그때 제가 "뭐 말하는지 알지?"라고 묻자, 특수선생님께서 "어" 하고 척척 답하는 모습이 참 인상적이었습니다. 서로 눈빛만 봐도 통하는 그런 진정한 협력 덕분에, 준비 과정이 복잡하고 긴 동극 활동도 망설임 없이 선택할 수 있었고, 무엇보다 영유아들의 강점을 온전히 보여줄 수 있는 시간이 되었습니다.

그 아이는 손으로 연필을 흔들며 감각을 추구하다가, 동극의 '동극 알리미' 역할을 담당하여 종을 흔들며 시작 신호를 알리기도 했습니다. 또 말을 잘하고 키가 컸던 아이는 할아버지 역할을 맡아 능청스러운 연기를 선보였습니다. 배경도 고사리 손으로 정성껏 만들어 아이들 손길이 고스란히 담긴 작품들이 하나하나 무대를 채웠습니다. 이 모든 작품과 영상들은, 혼자였다면 너무나도 부담스럽고 버거웠을 긴 과정이었지만 '우리'가 함께였기 때문에 즐겁게 만들어내고, 함께 누리며 성장하는 경험이었습니다.

그 수업은 어느새 다른 기관에서도 이야깃거리로 나오게 되었고, 그때 수업을 참관했던 선생님이 "선생님이셨어요? 저 진짜 특수교육대상유아가 누군지 한참 찾았잖아요!"라고 말해줄 때, 그 감동은 아직도 선명하게 제 마음속에 남아 있습니다. 제 앨범에는 그때 우리가 함께 만든 동영상이 소중히 저장되어 있고, 그 아이가 지금은 어엿한 중학생이 되어 특수선생님과 꾸준히 연락하며 지내는 모습을 들으니, 저도 모르게 가슴이 뭉클해집니다. '그때 우리가 참 재밌었지'라고 속으로 다시금 웃으며, 그 순간의 감동과 기억이 생생하게 떠오릅니다. 그때의 경험은 저에게 통합교육이 무엇보다 힘이 되고, 영유아들의 잠재력을 끌어내는 가장 아름다운 길임을 일깨워 주는 소중한 순간입니다.

### "좋은 건 나만 알 수 없지" : 함께 나누는 기쁨

'좋은 것은 나만 알지 말고 함께 나누자'는 마음가짐이 얼마나 소중하고 힘이 되는지 깊이 공감하며 살아가고 있습니다. 저는 누구나 특별한 발견이나 아이들과의 소중한 순간을 경험했을 때, 그것을 자연스럽게 주변과 공유하고 싶어 하는 마음이 크다고 생각합니다. 그래서 제가 발견한 재미있는 놀이를 다른 반 아이들과 선생님께 제안하면, 대부분의 선생님께서도 긍정적으로 호응해 주시며, 자연스럽게 놀이가 확장되고 더욱 풍성해지는 모습을 보았습니다.

이런 경험은 같은 원 안뿐만 아니라 다른 유치원 선생님들과도 전문적 학습공동체를 운영하며, 사진이나 사례를 나누거나 새롭고 유익한 정보를 서로 공유하는 과정에서 더욱 깊어졌습니다. 서로의 노하우와 아이디어를 나누는 것은, 저에게 큰 만족감과 자존감을 심어주었으며, 함께하는 기쁨이 얼마나 가치 있는 것인지를 새삼 느끼게 하는 계기가 되었습니다. 이렇게 저마다의 작은 기쁨과 노력이 자연스럽게 퍼지고 확장되어, 아이들이 더 다양한 경험과 배움을 할 수 있는 교실을 만들어가는 과정을 바라보며, 저는 앞으로도 '좋은 것은 나만 알지 말고, 모두와 함께 나눠야 한다'는 마음으로 하나하나 최선을 다하겠다 마음 먹습니다.

## 6. 하나의 촛불에서 시작되는 희망 : 우리 함께라면

### '우리'는 끊임없이 배우고 성장한다

존경하는 동료 선생님들, 급변하는 교육 환경 속에서 교사의 역량 강화와 지속적인 성장은 필수적입니다. 특히 통합교육 현장에서는 다양한 요구를 가진 아이들을 효과적으로 지원하기 위해 교사 스스로 끊임없이 배우고 성장해야 합니다. 저는 교사의 역량 강화와 지속적인 성장 지원을 위해 이론도 물론 중요하지만, 다양한 통합교육의 실제 사례 나눔이 활발하게 이루어지기를 바랍니다. 얼마 전에 서울의 모 초등학교 일반 학급 선생님께서 통합학급을 운영한 내용이 영화까지 된 사례를 연수로 듣게 되었습니다. 선생님 또한 학교에서 통합학급을 운영하는 데 많은 어려움과 문제도 많았지만, 그 아이를 대하는 마음이 진심이었기에 특수 아동은 물론 반 아이들에게 긍정적인 변화를 이끌 수 있었습니다.

이러한 다양한 통합교육 사례 나눔은 교사들에게 실질적인 도움을 줄 뿐만 아니라, 서로의 어려움을 공감하고 격려하는 따뜻한 교육 공동체를 만드는 데에도 기여할 수 있습니다. 앞으로도 교사들이 통합교육에 대한 전문성을 높이고, 긍정적인 마음으로 아이들을 지원할 수 있도록 다양한 연수와 프로그램이 지속적으로 개발되고 제공되기를 바랍니다. 이러한 긍정적인 사례를 듣고 보니 저도 특수 아이를 바라보는 시선을 다시금 생각하게 되었고, 장애 특성에 대해 깊이 배우고자 하는 마음도 생기게 되었습니다. 통합하다 보면 생기는 문제들도 각기 다양하기도 하지만 비슷한 점들도 있기에 함께 공유하다 보면 선생님들의 생각 변화도 이끌어 내고, 집단 지성도 형성될 수 있을 거라 생각합니다.

통합교육 또한 역시 '교육 공동체'가 있어야 합니다. 유아특수교사－일반교사와의 협력, 일반 유아－특수교육대상유아 사이에서의 관계, 학부모와의 열린 마음 등 함께해야 통합교육의 퍼즐을 맞춰나갈 수 있을 거라 생각합니다.

## god가 부릅니다 - 촛불하나

god 노래 중에서 '촛불하나'라는 노래 모두 아시죠? [아무것도 없다고 믿었던 내 주위엔 또 다른 초 하나가 놓여져 있었기에 불을 밝히니 촛불이 두 개가 되고 그 불빛으로 다른 초를 또 찾고 세 개가 되고 네 개가 되고 어둠은 사라져가고]라는 가사가 있습니다. 노래 속 가사처럼 교사로서 '내가 무엇을 바꿀 수 있을까?' 하는 무력감이 찾아올 수도 있습니다. 하지만 작은 촛불 하나가 어둠을 몰아내듯이 나의 작은 실천과 노력, 교육 공동체 간의 소통과 협력이 모이면 비로소 교육은 진정한 빛을 발할 수 있을 것입니다. 그 속에서 우리 아이들에게는 더 넓은 세상과 더 깊은 관계의 가치를 선물할 수 있을 거라 확신합니다.

아이와 교사 모두에게 얼마나 중요한지 보여준 소중한 교훈이었습니다.

반 아이가 괜찮다며 적어준 쪽지가 위로 된 날

## 서로에게 전하는 진심 : '우리'는 함께 성장한다

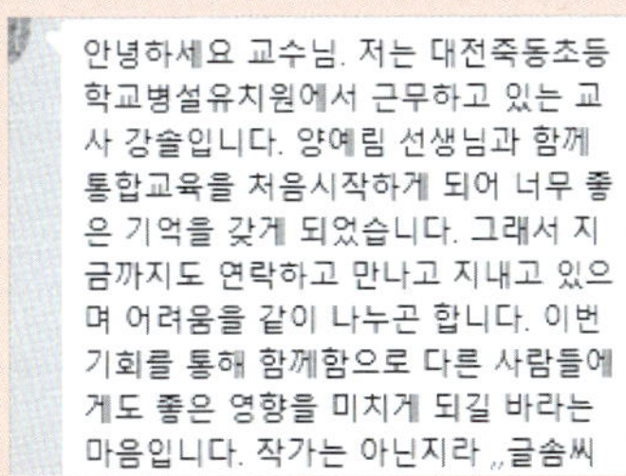

안녕하세요 교수님. 저는 대전죽동초등학교병설유치원에서 근무하고 있는 교사 강솔입니다. 양예림 선생님과 함께 통합교육을 처음시작하게 되어 너무 좋은 기억을 갖게 되었습니다. 그래서 지금까지도 연락하고 만나고 지내고 있으며 어려움을 같이 나누곤 합니다. 이번 기회를 통해 함께함으로 다른 사람들에게도 좋은 영향을 미치게 되길 바라는 마음입니다. 작가는 아닌지라 ,,글솜씨

사랑하는 양예림 선생님께

"선생님 덕분에"라는 말로 제 마음을 전하고 싶습니다. 이 짧은 문장 안에 담긴 저의 진심이 선생님께 온전히 전해지기를 바랍니다.

양예림 선생님을 만나 뵙지 못했다면, 저는 결코 통합교육의 진정한 의미를 깨닫지 못했을 것입니다. 선생님께서는 제게 동료 이상의 존재이셨습니다. 선생님 덕분에 특수교육에 대한 깊은 관심을 갖게 되었고, 통합학급만이 선사할 수 있는 특별한 즐거움을 경험할 수 있었습니다. 선생님과 함께하면서 아이들을 향한 진심을 배우고, 현장에서 통합학급을 운영하며 특수선생님의 역할에 대한 긍정적인 가치관을 정립할 수 있었습니다. 선생님은 제게 통합교육의 '본보기'와 같은 분이셨습니다.

돌이켜보면, 저는 교사로 임용되자마자 선생님과 4년이라는 소중한 시간을 한 기관에서 함께 보냈습니다. 이제 교사로서 연차가 쌓이고 다양한 사례와 현장을 접하면서 통합교육이 결코 쉽지 않다는 것을 알게 되었습니다. 교사 간의 협력과 소통이 원활하지 않은 현장도 많다는 것을 깨달으며, 통합의 본질적인 의미를 잊고 하루하루를 기계적으로 보낼 수도 있겠다는 생각에 아찔해지기도 했습니다.

양예림 선생님, 이 모든 깨달음은 사실 선생님의 헌신적인 '노력' 덕분이란 걸 알았습니다. 선생님의 끊임없는 노력과 긍정적인 에너지 덕분에 저의 마음도 열릴 수 있었고, 큰 배움과 올바른 인식을 통해 첫 통합교육에 대한 가치관을 정립할 수 있었습니다. 선생님께서는 저의 통합교육의 첫 단추를 아주 예쁘고 특별한 단추로 올바르게 끼워 주셨습니다. 이제는 너무 예쁜 단추만 바라보게 되니 깨진 단추는 제 마음에 차지 않는 상황이 올 때도 있습니다. 하지만 선생님께서 알려주신 지혜와 노력으로 저 또한 긍정적인 영향을 미치려고 노력하고 있습니다.

이제는 선생님의 노고에 진심으로 감사하고 존경하는 마음을 담아 다시 한번 "선생님 덕분에"라고 말하고 싶습니다. 앞으로도 선생님과 함께 배우고 성장하며, 아이들이 더 나은 세상을 만들어 나갈 수 있도록 끊임없이 노력하겠습니다. 선생님께서 제게 보여주신 따뜻한 마음과 헌신적인 노력을 기억하며, 저 또한 아이들에게 긍정적인 영향을 줄 수 있는 교사가 되겠습니다.

존경하는 양예림 선생님, 진심으로 감사드립니다. 이멤버 리멤버.

# Section 2

양예림(대전 가양유치원 유아특수교사)

*협력교수는 낯선 통합교육의 바다에서 서로의 교육관을 공유하며,*
*모든 아이가 존중받는 항해를 이끄는 나침반이다.*

## 1. 1년 차 통합교사, 2년 차 유아특수교사 : 서로에게 스며들다

유아특수교사 2년 차였던 저는, 처음 만난 통합교사와의 기억을 아직도 선명하게 간직하고 있습니다. 첫인상은 강한 에너지와 밝은 이미지, 생기발랄하게 통통 튀는 모습이었지요. 그 순수한 에너지가 "이렇게까지 아이들을 순수하게 바라볼 수 있구나"라는 감탄을 자아냈습니다. 선생님의 유머러스한 면모는 교실을 더욱 즐겁게 만들었고, 아이들과의 상호작용에도 활력을 불어넣었습니다. 저 역시 '이 선생님과 함께라면 아이들도, 우리도 더 좋은 방향으로 나아갈 수 있겠다'는 기대를 품게 되었습니다.

시간이 흐르며 저는 선생님의 태도와 행동 속에서 '편견 없이 아이들을 있는 그대로 바라보는 시선'을 보게 되었고, 제 마음속 벽이 조금씩 허물어지기 시작했습니다. 선생님은 특수교육대상유아의 도전 행동을 포함해 어떤 모습이라도 존중해 주었고, 모든 아이를 '우리 반 아이들'로 인식하며 따뜻하게 이름을 불러 주었습니다. 책임감 있게 아이들을 대하는 모습 덕분에 저 역시 마음을 활짝 열 수 있었습니다.

특히 1학기 개별화교육협의회에서 학부모님과 함께 목표를 세우던 순간이 기억에 남습니다. '한 반을 잘 이끌어 가자'는 공통된 마음으로, 아이들 한 명 한 명에게 적합한 지원 방안을 함께 고민했습니다. 그때 통합교사가 보여준 적극성은 놀라울 정도였고, 일반 교사의 시선에서 아이들에게 꼭 필요한 목표를 제안해 주었습니다. 구체적인 목표 설정도 중요하지만, 그 무엇보다 '함께 한 반을 이끌어 간다'는 마음이 큰 힘이 되었습니다.

선생님의 용기 있는 제안 덕분에, 아프리카 속담 "한 아이를 키우려면 온 마을이 필요하다"는 말처럼, 학부모·통합교사·유아특수교사·관리자가 모두 한마음이 되는 경험을 할 수 있었습니다. 이 모든 과정은 결국 제가 믿는 가장 큰 힘이 '진심을 나누고 함께 노력하는 것'임을 일깨워 주었습니다.

### 처음 팀을 구성했을 때의 역할과 책임에 대한 기대

처음 개별화교육지원팀을 꾸렸을 때, 통합교사 선생님께 가장 크게 기대한 역할은 우리 아이들을 '동등하게' 대하고, 활동에 적극적으로 참여시켜 주는 것이었습니다. 당시 특수교육대상유아들의 장애 정도가 심하지 않았고, 한 명은 지체장애, 또 다른 한 명은 자폐 성향을 가진 똑똑한 아이였기 때문입니다. 저는 통합교사에게 특별히 개별적인 지원을 부탁하기보다는, 아이들이 자연스럽게 적응하고 친구들과 함께 어울리며 배울 수 있도록 학급 분위기를 형성해 달라고 요청했습니다. 특히 '동등하게'라는 관점을 신중히 부탁했던 기억이 납니다. '똑같이' 대하는 것이 얼마나 어려운 일인지 알기에 혹시 부담을 드린 것은 아닐까 걱정도 되었지만, 저의 기대에 부응해 주신 선생님은 특수교육대상유아에게 '동등한 기회'를 제공해 주었고, 특별한 배려가 필요할 때는 반드시 아이에게 먼저 의견을 묻고 지원해 주셨습니다.

3월 한 달 동안 저는 유아특수교사로서 제 색깔을 드러내기보다는 담임교사의 수업을 전폭적으로 지원하며, 아이들이 원적학급에 편안히 적응할 수 있도록 묵묵히 최선을 다했습니다. 동시에 선생님의 학급 운영 방식을 자연스럽게 받아들이고, 수업 방식에 대해 의견을 나누며 작은 것부터 하나씩 실천에 옮겼습니다. "선생님이 바쁘실 때, 제가 아이들의 사랑의 대화장 점검을 도와드려도 될까요?"와 같은 작은 일부터 동의를 구했고, 선생님께서는 흔쾌히 제안을 받아주셨습니다.

우리 두 교사는 "너는 이것, 나는 저것!"처럼 역할을 딱 잘라 분리하기보다 상황에 맞게 융통성 있게 역할을 나눴습니다. 진정한 '투 담임'처럼요. 사실 큰 어려움이 있을 것이라 예상했지만, 우리에게는 큰 걸림돌이 없었습니다. 그 이유는 서로의 역할을 명확히 이해하고, 각자의 강점을 존중하며 협력했기 때문입니다. 되돌아보면, 가장 중요한 성공 비결은 바로 '서로를 존중하는 마음을 가지고 각자의 역할을 자유롭게 넘나드는 것'이었습니다. 그 덕분에 정해진 틀을 넘어 아이들에게 최상의 지원을 제공할 수 있었고, 그 과정에서 우리 모두가 성장할 수 있었습니다.

선생님과 저는 서로의 강점을 잘 이해하고 각자의 역할을 충실히 수행했습니다. 그러다 보니 자연스럽게 서로의 마음에 스며들 수 있었던 것 같습니다. 역할을 충실히 하기 위해 무엇보다 중요한 것은 '소통'이었습니다. 우리는 카카오톡, 메신저, 교무실에서의 짧은 대화 등 다양한 방식으로 수시로 의견을 나누었고, 이런 작은 대화들이 모여 신뢰를 쌓아갔습니다. 서로 원하는 바와 생각을 솔직히 주고받으며 건강한 관계를 형성할 수 있었지요.

물론 의견 차이가 없었던 것은 아닙니다. 지금도 대화를 나누다 보면 서로 다른 생각을 가질 때가 있습니다. 그러나 생각의 차이를 나누는 과정이 불편하지는 않았습니다. 과거를 돌아보면, 우리 관계는 각자의 생각을 당당하게 이야기할 수 있었고, 서로의 다름을 존중하며 받아들일 수 있었던 '건강한 팀워크'였다고 생각합니다.

저는 유아특수교사로서, '건강한 팀워크'가 곧 유아들의 행복한 교육 환경을 만들어가는 핵심이라고 믿습니다. 처음 통합교육협의회를 열었을 때, 어떤 내용을 공유하면 좋을지 고민하다가 '1학기 개별화교육계획'과 '전국의 통합교육거점 유치원 운영 사례'를 준비해 선생님들과 논의했습니다. 저 역시 통합교육에 아직 미숙했기에, 잘 운영된 사례들을 함께 살펴보며 우리가 실천할 수 있는 부분을 이야기했습니다. 선생님들마다 도전해 보고 싶은 분야가 다양했고 이러한 사례들이 있다는 것을 긍정적으로 받아들여주셔서 감사했던 기억이 납니다. 또한 이 협의회를 통해 통합교사 선생님들과 특수교육대상유아의 특성과 행동, 그리고 어려움에 대해 함께 이해하고 고민하는 과정을 거칠 수 있어 매우 의미 있었습니다. 우리는 이 자리를 통해 각자의 역할과 책임을 명확히 하고, 각자의 아이들에게 어떤 협력교수와 지원이 효과적일지 함께 모색하면서 서로에 대한 신뢰와 책임감이 깊어졌습니다.

통합교육협의회

## 2. "내가 '야!' 하면 '예!' 해주는 선생님" : 찰떡궁합 팀워크의 비결

선생님과 함께한 2018년에 새로 발령받은 유치원의 교사 4명이 1년 차 신규였고 2년 차인 저까지 모두 5명이 신규 교사들이었기 때문에 모두가 서툴렀고, 어려움이 많았습니다. 그렇지만 아이들을 사랑하는 마음 하나는 최고였고 우리가 실천하고자 하는 교육에 대해 열정을 가지고 있었습니다. 이와 같은 공통점이 자연스럽게 서로를 의지하게 만들었던 것 같고, 부족한 서로에게 도움을 제공하고 어려움 일이 있을 땐 함께 공감해 줄 수 있는 기반이 되었습니다.

이와 더불어, 우리는 놀랍게도 사는 곳도 모두 비슷해서 퇴근길에 함께 가거나 마주치는 일이 자연스럽게 친밀한 인연으로 이어졌고, 금방 친해질 수 있었습니다. 나이도 비슷해서 어색함 없이 이야기를 나누고, 서로의 집에 놀러 가거나, 함께 맛집을 찾거나 쇼핑을 하며 친밀감을 쌓아갔습니다. 이러한 작은 일상과 경험들이 쌓여, 우리는 "내가 '야!' 하면 '예!' 해주는" 찰떡궁합 팀워크가 되었고, 아이들과 함께 성장하는 길에서 큰 힘이 되었습니다.

또한 우리는 좋은 연수가 있으면 빠짐없이 찾아가 듣고 배우며 성장하고자 하는 마음가짐도 서로 닮아 있었습니다. 언니를 포함한 동료 교사들과 함께 연수를 들으러 서울에 갔다가, 그 기회에 여행까지 곁들이며 즐거운 시간을 보낸 기억은 지금도 소중히 남아 있습니다. "좋은 사람들과 배우면서 행복하다니, 이보다 더 좋을 순 없다!"라는 마음이 절로 들었던 순간이었습니다.

2018년도 협력교수 연수를 다녀온 후, 나의 인스타그램의 기록
선생님과 함께 간 서울 연수
말하지 않아도 드레스코드까지 맞아버리는 우리!

## 서로의 신뢰와 협력

저는 서로의 신뢰와 협력이 얼마나 소중한 가치인지 깊이 느끼고 있습니다. 그 중에서도 제게 가장 큰 힘이 되었던 것은 바로 '공감'의 힘이었습니다. 선생님께서 늘 말씀하시던 "통합하니까 너무 좋다. 그래도 서로 의지할 수 있고, 이 정신없는 교실에서 마음 편히 화장실도 갈 수 있고, 수업도 공유하며 부담을 나누니까 더 행복하다."라는 말 속에는 우리가 함께 만들어낸 따뜻한 교실의 모습이 고스란히 담겨 있다고 생각합니다.

또한 선생님께서 "어떤 수업을 하고 싶어?", "이런 거 어때? 같이 해볼까?" 하고 자주 물어주시며 제 의견을 적극적으로 존중해 주셨기에, 저는 '이분은 나를 협력자로 인정해 주시는구나'라는 확신을 가질 수 있었습니다. 그 확신 덕분에 저 역시 더욱 적극적인 마음으로 우리 반을 위해 힘쓸 수 있었고, 결국 우리 모두가 유아들의 미래를 함께 만들어가는 파트너라는 깊은 깨달음을 얻게 되었습니다.

## 3. ENFP와 ENFJ의 만남 : 이거 어때? 이거 해볼까?

### 서로의 전문성을 이해하고 존중하게 된 과정

저는 교육 현장에서, 선생님과 지내는 4년을 통해 서로의 성격과 전문성을 이해하고 존중하는 것이 얼마나 중요한지 깊이 깨달을 수 있었습니다. 특히 통합선생님과의 만남은, 서로 다른 성향과 강점을 가진 사람들이 협력할 때 얼마나 큰 시너지가 발휘되는지를 보여준 소중한 경험이었습니다.

우리는 단순한 동료를 넘어 친한 언니와 동생처럼 가까운 관계였기에, 자연스럽게 서로의 다름을 인정하며 각자의 장점을 살리는 방법을 누구보다 잘 알 수 있었습니다. 이 믿음을 바탕으로 서로의 전문 영역을 침범하지 않으려 조심하면서도, 늘 진심으로 "이거 어때?"라는 제안과 대화를 주고받을 수 있었습니다.

저는 ENFJ 유형이고, 선생님은 ENFP로서 공통점도 많지만 차이점도 분명했습니다. 통합수업을 구상할 때, 선생님께서는 ENFP 특유의 창의력과 풍부한 아이디어를 아낌없이 제시해 주셨고, 저는 그 의견들을 정리하며 "이 방향은 어떨까요?"라고 제안하는 방식으로 함께 조율해 갔습니다. 이렇게 서로의 생각을 나누고 맞춰가는 과정은 단순한 수업 준비를 넘어, 서로를 깊이 이해하고 신뢰하는 소통의 시간이었으며, 그 결과 우리 반 아이들에게 긍정적인 영향을 줄 수 있었습니다.

이 경험을 통해 저는 '서로 다른 성격이 모여 만들어내는 조화'와 '진심과 존중이 이끄는 협력'이 얼마나 큰 힘을 발휘하는지를 다시금 실감했습니다. 앞으로도 다양한 성향과 강점을 가진 동료들과 함께, 더 멋진 교육의 길을 만들어가고 싶습니다.

## 각자의 강점을 활용하여 시너지를 창출한 경험 : 짝꿍 2년 차가 되니 더 찰떡 궁합이잖아?

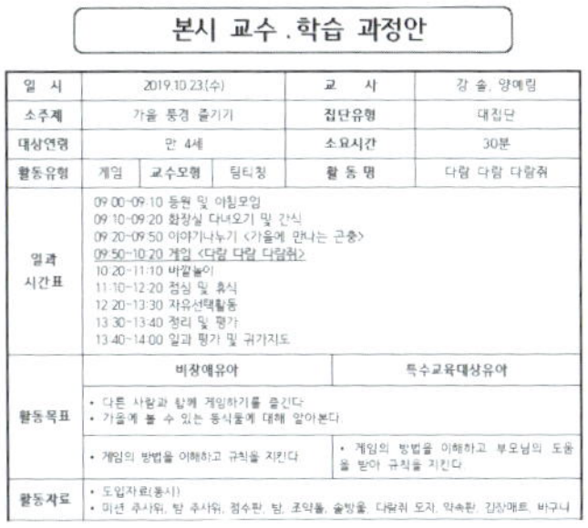

본시 교수 . 학습 과정안

| 일 시 | 2019.10.23.(수) | | | 교 사 | 강 솔, 양예림 |
|---|---|---|---|---|---|
| 소주제 | 가을 풍경 즐기기 | | | 집단유형 | 대집단 |
| 대상연령 | 만 4세 | | | 소요시간 | 30분 |
| 활동유형 | 게임 | 교수모형 | 팀티칭 | 활 동 명 | 다람 다람 다람쥐 |
| 일과 시간표 | 09:00~09:10 등원 및 아침모임<br>09:10~09:20 화장실 다녀오기 및 간식<br>09:20~09:50 이야기나누기 <가을에 만나는 곤충><br>09:50~10:20 게임 <다람 다람 다람쥐><br>10:20~11:10 바깥놀이<br>11:10~12:20 점심 및 휴식<br>12:20~13:30 자유선택활동<br>13:30~13:40 정리 및 평가<br>13:40~14:00 일과 평가 및 귀가지도 | | | | |
| 활동목표 | 비장애유아 | | | 특수교육대상유아 | |
| | • 다른 사람과 함께 게임하기를 즐긴다<br>• 가을에 볼 수 있는 동식물에 대해 알아본다 | | | | |
| | • 게임의 방법을 이해하고 규칙을 지킨다 | | | • 게임의 방법을 이해하고 부모님의 도움을 받아 규칙을 지킨다 | |
| 활동자료 | • 도입자료(동시)<br>• 미션 주사위, 팀 주사위, 점수판, 팀, 조약돌, 솔방울, 다람쥐 모자, 약속판, 김장매트, 바구니 | | | | |

저는 수업을 준비하는 과정이 서로를 이해하고 협력하는 데 얼마나 큰 힘이 되는지 깊이 체감하고 있습니다. 또한 함께한 시간이 쌓이면서 1년 차 때보다 훨씬 능숙하게 협력할 수 있게 되었습니다.

특히 2년 차에 함께한 학부모 공개수업은 우리 반의 협력과 신뢰를 더욱 견고하게 만들어준 소중한 경험이었습니다. 당시 관리자분들도 신선하게 느끼셨던 '팀티칭으로 학부모님께 공개하는 수업'이라는 아이디어는, 사실 저와 선생님이 1년 차 때 교육청 사업으로 '동극' 협력수업을 진행했던 경험이 있었기에 자연스럽고 긍정적으로 받아들여졌던 것 같습니다.

그때의 학부모 공개수업 주제는 '게임'이었으며, 아이들 모두는 학부모님과 함께 참여를 하고, 저와 선생님은 나란히 앉아 MC 역할처럼 수업을 진행했습니다. '두 교사가 앞에 나와 수업을 한다고?'라며 놀라실 수 있지만, 우리는 과감하게 이 방법을 선택했습니다. '편게임'이라는 수업 특성상 아이들을 두 팀으로 나누고, 게임 시 누군가 시범을 보일 때 동선을 줄이며, 각자의 팀을 응원하는 것이 더 재미있겠다는 확신이 있었기 때문입니다. 이 과정에서 저는 '도입'을 담당했고, 선생님은 '게임 시범'을 보여주며, 자연스럽게 역할을 나누어 한 팀으로서의 조화를 이루어냈습니다.

수업을 구상할 때부터 우리는 서로의 강점을 인정하며 역할을 분담했습니다. 예를 들어, ○○팀의 리더는 제가, □□팀의 리더는 선생님이 맡는 방식이었지요.

수업안 작성, 연습, 진행 과정에서도 서로의 역량이 더 배가될 수 있도록 배려하고 양보하는 자세를 유지했습니다. 그 결과 아이들은 즐겁게 참여했고, 부모님께서도 긍정적으로 반응해 주셨습니다. 이렇게 만들어낸 수업은 단순한 하나의 경험이 아니라, 진정한 '우리'의 성공이라는 자부심으로 깊이 남아 있습니다.

이 경험을 통해 저는 '함께하는 것'이 얼마나 강력한 힘을 발휘하는지를 다시금 깨달았습니다. 앞으로도 서로를 존중하고 협력하는 자세로, 영유아들의 무한한 잠재력을 이끌어내는 수업을 계속 만들어가고자 합니다.

## 통합교육을 시작하면서 가장 먼저 시도했던 것

| 반 이름 | | 하늘반(만 5세) 류OO | | 시기 | 10월 3주 | |
|---|---|---|---|---|---|---|
| 생활 주제 | | 세계 여러 나라 | | 주제 | 세계 여러 나라의 문화 유산 | |
| 수정된 목표 | | • 세계 여러 나라의 문화유산에 관심을 갖는다.<br>• 세계 여러 나라의 문화유산을 감상하고 즐긴다.<br>• 함께하는 세계 여러 나라의 교류에 관심을 갖는다. | | | | |
| IEP 목표 | | - '월-금' 까지의 글자를 보고 교사가 호명하는 글자를 5회 중 3회 이상 찾을 수 있다.<br>- 교사가 불러주는 십의 자리 숫자를 듣고 5회 중 3회 이상 스스로 쓸 수 있다. | | | | |
| 기본생활습관 | | /;' 숲속의 동 · 식물을 사랑하기 | | | | |
| 활동 \ 날짜(요일) | | 10/15(월) | 10/16(화) | 10/17(수) | 10/18(목) | 10/19(금) |
| 소주제 | | 세계 여러 나라의 문화 유산 | | | 함께하는 세계 | |
| 자유선택활동 | 쌓기 | 세계여러 나라의 멋진 건축물 | | | | |
| | 역할 | 세계의 소식을 알려드립니다(다) | | | | |
| | 언어 | 노벨 평화상 | | | | |
| | 수조작 | 어느 나라에서 만들었을까요(다) | | | | |
| | 과학 | 세계 속 신기한 장소(다) | | | | |
| | 미술 | 세계에는 어떤 탑이 있을까요? | | | | |
| | 음률 | '아시아 동요' 에 맞추어 전통춤 추기 | | | | |
| 대·소집단활동 | 이야기나누기 | 세상에서 제일 | 세계 여러 나라의 아름다운 자연경관 | 여러 나라의 축제를 구경해요(다) | 현장체험학습<br><br>(새싹과학교실) | ☺ 세계 여러 나라의 멸종 동물[안] |
| | 동화동시·동극 | | | ☺ 동극)<br>황금 거위 | | 동화)<br>공정무역 |
| | 음악 | ☺ 새노래)<br>아시아 동요 여행 | | | | |
| | 신체·게임 | | 게임)<br>철인 3종 경기 | | <br>지진대피훈련 | |
| | 미술과학·요리 | 미술)<br>폐품으로 세계 건축물 만들기 | | | | |
| | 바깥놀이 | 모래 사막 만들기[안] | | | | |
| 교과전담(금요일) | | 우크라이나 민화 [다문화] / 말 탄 양반 꺼떡 [전래놀이] / 모두가 안전해요(폭력신변안전)[안전] | | | | |

통합교육을 시작하면서 가장 먼저 시도했던 것이 바로 '주안 함께 쓰기'였습니다. 그 시기는 2019년 개정 누리과정이 적용되기 전이었기에, 이미 정해진 주제에

따라 선생님께서 미리 수업을 계획하셨고, 그 후 저는 제 생각을 보태어 함께 수업을 만들어가는 과정을 거쳤습니다. 저는 제 수업 계획에 '스마일' 표시를 넣고, 학부모님께도 제가 직접 수업을 진행하는 모습을 안내하며, 투명하고 따뜻한 소통을 시작했습니다.

이 작은 시도는 서로의 강점을 인정하고 존중하는 마음을 키우는 계기가 되었고, 함께 노력하는 힘을 느끼게 해주었습니다. 특히, 이와 같은 진정한 통합교육을 통해 저는 '하늘반 친구들이 함께 소통하는 즐거움'을 실감했고, 제가 주교사의 자리에 나와 있을 때도 통합교사 선생님께서 든든한 지원자가 되어주었기에 마음껏 저의 수업을 펼칠 수 있었습니다. 제가 그 어떠한 수업을 할 때도 통합교사 선생님께서는 저의 자리를 대신해 특수교육대상유아들을 지원해 주는 역할을 묵묵히 해주셨습니다. 이 과정에서 우리 두 교사는 서로의 역할을 자연스럽게 넘나들 수 있는 좋은 기회를 경험할 수 있었고, 아이들도 두 교사의 지속적인 노력을 바라보며 다른 점이 있는 친구들도 '나와 똑같이 소중한 친구'라는 인식을 자연스럽게 형성할 수 있기를 기대했습니다.

그 결과, 실제로 특수교육대상 친구들과 함께한 시간들은 저에게도 매우 값지고 특별한 기억으로 남아 있습니다. 실제로, 선생님과 함께 운영했던 하늘반의 특수교육대상 친구와 아직도 연락하고 만나기도 하는데, 그때의 기억이 너무나 소중했다고 합니다. 중학생 1학년이 된 지금도 7살 때의 친구 이름을 외우고 있고, 소소한 에피소드도 기억하고 있는 모습이 인상 깊었습니다. 모습은, 아이들이 사회적, 정서적으로 성장하며 자신감과 소속감을 갖게 되었음을 보여주는 가장 따뜻한 증거입니다.

저는 통합교육이 단순히 교실의 형태를 넘어, '서로 다른 사람을 이해하고 존중하는 마음'을 키우는 중요한 과정임을 다시 한번 느끼고 있습니다. 이러한 경험은 아이들 마음속에 긍정적인 자산이 되어, 앞으로의 삶에서도 자신과 다름을 인정하며 화합하는 큰 힘이 될 것이라 확신합니다. 교사들부터 시작해 파트너 교사와 아이들까지, '다름'을 인정하고 함께하는 이 공동체의 소중함은 저에게 매우 뜻깊은 가르침이었습니다.

## 4. 누가 유아특수교사인가요? : 경계를 허문 완벽한 협력

| 단계 및 시간 | 활 동 내 용 | 협력교수 내 용 | 자료(·) 및 유의점(※) |
|---|---|---|---|
| 도입 (5분) | ◎ 가을의 추수에 대해 회상하기<br>• 가을에 들을 수 있는 소리를 회상한다.<br>- 가을에 추수할 때 어떤 소리들이 있었니?<br>- 지금 들은 소리는 어떤 소리일까?<br>- 무엇을 할 때 사용하는 물건이었지?<br><br>• 동화의 내용을 회상하며 이야기를 나눈다.<br>- 동화 속에서 등장하는 인물을 알아본다.<br>- 거지 노인을 도와주었던 농사꾼은 무엇을 받았었지?<br>- 요술 맷돌에서 무엇이 나왔었니?<br>- 욕심쟁이 영감은 요술 맷돌을 어떻게 했었지? | 통) 수업의 흐름에 맞게 동영상 자료를 재생한다.<br><br>통) 특수교육대상유아가 바르게 앉아 도입부분에 집중할 수 있도록 언어적으로 촉진한다 | • 가을에 들을 수 있는 소리 음원 (벼타작 소리, 맷돌)<br><br>•동화 '요술맷돌' 테이블 동화 자료<br><br>※동화의 내용과 대사를 잘 기억할 수 있도록 유아들과 함께 각색한 대본으로 동화를 들려준다 |

"두 분 중 누가 유아특수교사인가요?"라는 질문이 어느새 자연스럽게 떠오를 만큼, 우리가 함께 만들어낸 협력의 힘이 얼마나 강력한지 새삼 느끼고 있습니다. 특히, 통합거점 유치원에서 진행한 <요술맷돌> 동극 수업은, 그 어느 때보다도 기억에 남는 사례입니다. 이 수업을 위해 수많은 준비와 노력을 기울였고, 관리자와 동료 선생님들의 편견을 깨기 위해 수업 연습과 협력 방식을 다변화하며 끊임없이 도전했습니다.

우리는 미술, 동극, 오디션 등 다양한 수업 방식에서 각각 효과적인 협력교수 방식을 찾기 위해 시행착오를 겪었고, 결국 '이 방식이 우리에게 딱 맞는다'라는 결론에 이르렀습니다. 여러 번의 시도를 하다 보니 미술은 스테이션 교수, 오디션은 교수-지원 형태, 동극은 팀티칭이 우리에게 잘 맞는 협력교수 형태라는 것을 깨닫게 되었습니다.

'활발하고 감정을 잘 표현하고 통통 튀는 하늘반 아이를 중심으로 어떤 수업을 할까?' 고민하던 중 동극이 제격이라는 생각이 들었습니다. 선생님과 함께 공개수업을 준비하면서, 어떤 수업을 어떻게 이끌지에 대해 수차례 만담하듯 토론하고, 함께 연습하며 역할을 나누었습니다. 그 과정은 아이들을 특별히 구별하는 것이 아니라 모두를 동등한 기준으로 세웠으며, 두 교사 서로의 강점을 살리는 데 초점이 맞춰졌음을 보여줍니다.

그렇게 함께 준비한 동극은 배경 제작, 역할 선정, 영상 제작, 소품 준비, 연습까지 모든 과정을 함께하며 영유아들의 잠재력과 참여 의지를 자연스럽게 끌어냈습니다. 두 교사는 오디션도 특수교육대상유아라고 배려해 주거나 하지 않고 동등한 기준으로 주인공을 선별했습니다. 특수교육대상유아 중 한 아이는 엄마와 누나와 함께 밤새 연습한 "살려주세요! 살려주세요"라며 간절한 대사를 뽐내어 친구들의 선택을 받아 주인공 역할을 맡았고, 또 다른 아이는 부족했지만 적극성과 열정으로 오디션에 여러 번 도전하는 모습을 보였습니다. 계속적으로 친구들의 선택을 받지 못했지만, 포기하지 않았던 그 친구의 진실된 동기에 얼마나 큰 감동을 받았는지… 결국, 그 친구는 '동극 알리미' 역할을 하게 되었고 발표회 당일 "동극을 시작하겠습니다"라는 말을 멋지게 해냈습니다.

우리 두 사람이 공개하게 된 동극은 영유아들의 진정한 동기를 이끌어 냈으며, 동극이라는 긴 과정도 두 교사가 함께라서 즐겁게, 더욱 풍부하게 영유아들의 마음을 자극할 수 있었습니다. 공개수업 당일, 많은 선생님들이 우리를 보러 와 주셨고, 우리 두 교사와 하늘반의 동극을 끝까지 몰입하며 봐주시던 모습과, 마지막 평가회 때 흘러내렸던 행복한 눈물은, 저에게 더 큰 의미입니다.

가장 인상 깊었던 말은, "누가 유아특수교사이고 누가 통합교사인지 알 수 없을 만큼 두 분의 역할과 호흡이 조화롭다"라는 평가였습니다. 그 말처럼, 두 사람이 서로를 이해하고 배려하는 마음이 있었기 때문에, 어느 쪽도 치우치지 않고 자연스럽게 아이들을 이끌어 갈 수 있었던 것이라고 자부합니다. 이 경험을 통해, 저는 협력하는 즐거움과 영유아들의 자발적인 참여가 얼마나 힘이 되는지 새삼 깨달았습니다.

## 5. 야채 탈수기가 '맷돌'로 변신하는 마법 놀이터

저는 선생님과 함께한 시간을 통해 유아들의 요구와 특성에 맞는 교실 환경을 만드는 것이 얼마나 중요한지 깊이 깨달았습니다. 특히, 통합반과 특수반 각각의 매력을 살리면서도, 아이들이 안전하고 즐겁게 활동할 수 있는 공간을 구축하는 일은 큰 책임이자 기쁨이었습니다. 그중에서도 특히 기억에 남는 것은, 매번 아이들이 무엇을 원하는지 즉석에서 만들어주는 선생님의 센스와 열정이었습니다. 저는 그 과정을 자연스럽게 배우며, 교실 내 놀잇감 배치와 공간 활용의 중요성을 몸소 익히게 되었습니다. 예를 들어, 아이들이 움직이기 쉽고 안전하게 놀 수 있도록 이동 경로를 넓히고, 모든 물건들이 영유아들의 손이 닿는 위치에 배치하는 세심한 배려를 실천하였습니다.

또한 교실 전체의 색감, 소재, 분위기를 밝고 따뜻하게 꾸며 아이들이 편안함과 안정감을 느낄 수 있도록 했습니다. 이러한 환경 조성은 아이들이 자유롭게 뛰놀면서도 안전하게 활동할 수 있는 확실한 기반이 되었으며, 유아들의 행복한 웃음은 저에게 가장 큰 보람이 되었습니다.

### 유아들의 흥미와 참여를 유발하는 자료와 교구는 실제와 가장 비슷하게!

유아들의 흥미와 참여를 유발하는 자료와 교구를 제작하는 데 있어서 가장 중요한 원칙은 "실제와 가장 닮아 있어야 한다"는 점이라고 믿습니다. 특히 특수교육대상유아에게 있어 더더욱 현실감과 직관성을 갖춘 교구는 놀이와 학습의 몰입도를 높이고, 이해를 돕는 핵심 열쇠임을 체득하고 있습니다.

예를 들어, <요술맷돌> 동극 수업을 준비하면서, 교구 제작에 많은 고민을 하였습니다. 저와 선생님은 어떻게 하면 교실에서 맷돌을 실감 나게 만들 수 있을지 머리를 맞대고 논의했고, 결국 야채 탈수기를 떠올려 보게 되었습니다. 선생님께서 "이거면 아이들이 진짜 맷돌 같다고 느끼겠네요!"라고 하셨던 기억이 아직도 선명합니다. 우리는 그날, 휴지심을 손잡이에 끼우고 클레이로 단단히 붙여 맷돌의 밑부분을 만들어 아이들에게 제공하였고, 아이들은 그 교구를 통해 놀면서 '실제와 비슷하다'는 감각을 함께 느끼며 몰입하는 모습을 보여주었습니다.

이 경험을 통해, 저는 교실 공간과 자료가 단순히 물리적 환경을 넘어서 영유아들의 성장과 발달에 얼마나 큰 영향을 미치는지 깨닫게 되었습니다. 영유아들의 요구와 흥미를 세심히 반영한 교구와 공간 구성이 영유아들의 자연스러운 참여와 학습 의욕을 높여 주는 가장 강력한 동기부여임을 체감한 순간이었습니다.

## 6. "저 친구는 왜 저럴까?"에서 "우리는 친구"로

### 통합교육을 통해 유아들의 사회성 변화

저는 통합교육이 유아들의 사회성을 자연스럽게 키워가는 과정임을 몸소 느끼고 있습니다. 처음 하늘반이 함께 모였을 때, 한 친구는 착석하는 것에 어려움이 있어 자주 "집에 간다"고 말하며 교실을 박차고 나갔고, 또 다른 한 친구는 편마비로 인해 행동에 어려움이 있었습니다. 그때 아이들은 이 두 친구를 대놓고 싫어하거나 무시하지는 않았지만, 처음에는 약간의 어색함과 "저 친구는 왜 저럴까?"라는 시선을 보내던 것도 사실입니다.

그러나 두 교사가 '우리 모두는 하나의 친구이고, 존중받아야 할 존재'라는 공감과 인식을 바탕으로, 서로를 바라보며 함께 반을 이끌기 시작했습니다. 그 모습을 관찰하는 아이들은 자연스럽게, "우리 친구는 결석하면 찾으러 다니기도 하고, 진짜 친구처럼 서로를 챙기기 시작했다."라는 말로, 점차 '이 친구들도 바로 우리와 같은 친구'라는 인식을 갖기 시작했습니다. 특수교육대상유아들도 친구들의 이름을 외우고 부르기 시작했고, 먼저 손을 잡거나 도움을 요청하여 건강한 우정과 배려의 손길이 점차 확산되었습니다. 이처럼 '우리 친구'라는 마음의 태도 속에서 아이들은 자연스럽게 이해와 배려, 그리고 진정한 친구 관계를 쌓아가며 사회적 관계 형성의 기초를 다지고 있습니다. 이 경험은 '같은 마음', '공평한 인식'이 얼마나 강력한 힘인지를 저에게 다시금 일깨워 주었습니다.

### 자존감과 자신감은 변화

유아들의 자존감과 자신감은 곧 아이들이 자기 자신의 가치와 가능성을 믿는 마음에서 비롯됩니다. 특히, 통합교육은 이 마음을 자연스럽게 키워주는 가장 훌륭한 길임을 다시 한번 느끼게 됩니다. 우리가 아이를 '동등하게 대하는 것', 그리고 아이가 자신의 의견을 자유롭게 말하고, 친구들이 기다려주며 함께 어울릴 때, 그 속에 아이의 자존감과 자신감이 활짝 피어나기 시작합니다.

예를 들어, 하늘반에 특수교육대상유아가 왔을 때, 그 아이는 '발표할 기회'와 '의견 표명', '친구들과 기다리고 배려하는 경험'을 쌓으며, 자연스럽게 자기 자신을 믿기 시작했습니다. 저는 그 과정에서 아이가 너무 어려워할 때마다 "할 수 있어요!"라고 용기를 주고, 개별 지원을 통해 조금씩 기술을 익히게 도왔습니다. 하나하나의 작은 성공 경험이 쌓이면서, 아이는 자신감 있게 또래들과 어울리며 자신의 속도대로 성장하는 기쁨을 알게 되었습니다. 이처럼 통합교육은 '다름'을 인정하고 존중하는 최고의 기회입니다. 세상에는 나와 다른 사람과 함께 살아갈 수밖에 없으며, 아이들이 어릴 때부터 '이것이 나의 특별함이고, 너의 소중함이다'라는 것을 배우는 것이 평생의 성장 밑거름이 된다고 확신합니다. 나와 다름을 받아들이고, 이해하며, 배려하는 아이는 자라서 더욱 따뜻한 인성과 배려심, 그리고 공감 능력을 갖춘 성인으로 성장할 것임을 믿습니다.

## 7. 먼저 손 내밀어 보세요 : 작은 용기의 가치

통합교육에 대한 두려움과 걱정을 누구보다도 잘 이해하며, 그 마음을 간절히 공감하고 있습니다. 저 역시 매년 새로운 파트너와 함께 일할 때마다 기대와 걱정이 교차했었어요. 그러나 제가 경험한 바로는, 처음에는 어색하고 두려워하더라도 함께하려는 마음이 있다면, 그 길은 분명히 더 값지고 행복한 성취로 이어진다는 것을 확신합니다. 너무 겁먹지 말고, 먼저 작은 용기를 내어 도전해 보시길 추천드리고 싶어요. 뭐든지 완벽하려고 하지 않아도 괜찮습니다. 중요한 것은, 서로가 각자의 속도와 역량을 존중하며 함께 성장하는 것입니다. 바로 여기에 통합교육의 진정한 의미가 있다고 생각합니다. 저는 개인적으로 완전한 통합보다는, 아이의 특성, 교사의 성향, 학부모의 요구를 면밀히 고려하여 가장 조화롭게 균형을 이루는 것이야말로 가장 이상적인 통합교육이라는 믿음을 가지고 있습니다.

또한 훌륭한 팀워크를 구축하는 데 있어서 가장 중요한 것은 '솔직함'이라고 생각합니다. 어려움이 있을 때, 혹은 기쁜 일이 있을 때, 그 감정을 솔직하게 표현하는 것이 진정한 소통이며, 연대의 시작입니다. 말로도 좋고, 편지나 메신저 같은 글로도 괜찮습니다. 일을 어렵게 여기거나 부담이 될 때도, 자신의 감정과 요구를 당당히 드러내는 것, 그것이 결국 함께 성장하는 힘입니다. 왜냐하면 통합교사도 우리의 입장을 알지 못할 때가 있고, 아이들에 대해 충분히 이해하지 못할 수도 있기 때문입니다. 그러니 내가 먼저 솔직하게 말하는 용기, 작은 용기를 내어보시길 강력히 추천드립니다. 이미 그 작은 용기가 우리 영유아들의 밝은 미래와 더 따뜻한 함께 하기의 시작이 될 수 있음을 저는 믿어 의심치 않습니다. 함께 도전하며 더 나은 내일을 만들어 갑시다.

### 서로에게 전하는 진심: '우리'는 함께 성장한다

사랑하는 강솔 선생님께

이 글을 쓰는 지금, 선생님과 함께했던 통합교육의 순간들이 파노라마처럼 눈앞에 펼쳐집니다. 그 시간들은 제 교직 생활뿐 아니라 인생 전체를 통틀어 가장 빛나고 소중한 추억으로 남아 있습니다. 단순히 '좋았다'는 말로는 부족할 만큼, 제 마음 깊은 곳에 오래도록 간직될 특별한 선물입니다.

처음 선생님을 만났을 때, 저는 통합교육에 대한 막연한 두려움과 걱정을 품고 있었습니다. 그러나 선생님의 환한 미소와 긍정적인 에너지, 아이들을 향한 따뜻한 사랑은 제 마음의 불안을 단번에 녹여주었습니다. 유아특수교사로서 자신감도 부족하고 모든 것이 어렵고 두려웠던 저에게 선생님은 늘 열린 마음으로 제 이야기에 귀 기울여 주시고, 부족한 제 자리를 따스하게 채워주셨어요.

덕분에 저는 유아특수교사로서 제 위상을 정립하고, 한 걸음 더 성장할 수 있었습니다. 또한 그 과정을 통해 모든 아이들을 위해 더 나은 교육을 꿈꾸고 실천할 용기를 가질 수 있었습니다.

선생님과 함께했던 교실은 마치 아름다운 오케스트라 같았습니다. 서로 다른 악기들이 조화를 이루어 하나의 음악을 만들어내듯, 장애 유아와 비장애 유아가 각자의 개성을 존중받으며 함께 성장하는 모습은 그 자체로 감동이었습니다. 선생님께서 아이 한 명, 한 명을 동등하게 바라보며 그들의 목소리가 고르게 울려 퍼질 수 있도록 이끌어 주셨기에, 특수교육대상유아들도 '함께하는 즐거움'을 진정으로 느낄 수 있었습니다. 저 또한 그 즐거움 속에서 '통합교육'의 참된 매력에 깊이 빠져들었습니다.

선생님은 저의 멘토이자, 친구이자, 늘 든든한 동반자였습니다. 함께 웃고 울며, 함께 고민하고 문제를 풀어가던 시간들은 제 마음에 깊이 새겨져 있습니다. 선생님을 통해 배운 '훌륭한 교사'의 모습, '진정한 팀워크'의 의미, 그리고 '함께하는 삶'의 가치는 제가 평생 간직할 소중한 배움입니다.

선생님의 선한 영향력은 저에게도 스며들어 지금도 '통합교육'의 매력에서 헤어나오지 못하고 있답니다. 앞으로도 함께 만들어가는 이 기쁨을 널리 알리고 싶어요. 좋은 것을 함께하고 좋은 것을 공유하는 나눔의 가치도 실천하는 아낌없는 나무 같은 교사가 되도록 노력할게요.

강솔 선생님, 선생님과 함께한 통합교육의 시간은 제 인생 최고의 순간이었습니다.

저의 열정을 존중해 주고, 꿈을 펼칠 수 있도록 늘 격려해 주신 선생님께 진심으로 감사드립니다.

앞으로도 펼쳐실 선생님의 꽃길을 진심으로 응원하며, 우리가 함께 만들어갈 더 아름다운 내일을 기대합니다. 그 어떤 순간에도 저는 선생님의 곁에서 마음을 다해 응원하고 싶습니다.

교육 현장에 어려움이 많지만, 아직 세상은 충분히 따뜻하고, 진심은 어디에서든 통하니까요.

우리, 함께 살아가며 끝까지 아름다운 길을 만들어가 보아요.

사랑과 감사의 마음을 담아, 양예림 드림

# 제 6 장

# 듣고, 말하고, 함께 뛰다

# 제6장
# 듣고, 말하고, 함께 뛰다

## Section 1

김연재(강원 속초 유치원 유아교사)

*'소통'으로 '우리'가 되다.*

### 1. 처음이라 설레고, 함께라 든든한

통합학급을 지윤 선생님과 함께 운영하게 된다는 소식을 들은 순간, 저는 왠지 모를 든든함을 느꼈습니다. 아마도 한 해 동안 함께할 든든한 동료라는 예감 때문이었을까요? 통합학급 운영은 처음이라 걱정도 앞섰지만, 지윤 선생님을 만나고 '함께'라는 이유 하나만으로 걱정은 눈 녹듯 사라졌던 것 같습니다. 지윤 선생님과는 첫 만남이었지만 마치 오래 알고 지낸 사이처럼 금세 아이들 이야기를 나누며 가까워졌던 것 같습니다. 제가 첫 만남부터 지윤 선생님을 많이 의지하게 되어 죄송한 마음도 있지만, 지윤 선생님과 함께하는 일 년이 어떻게 펼쳐질지 궁금함과 설렘으로 가득 찼습니다.

## 무슨 이야기를 그렇게 나눌까? : 원감 선생님도 궁금했던 소통비법

성공적인 통합교육을 이끌었던 핵심 동력은 단연 '소통'이었습니다. 우리는 매일 마주 앉아 아이들의 작은 변화부터 수업 내용에 대한 고민까지, 서로의 생각과 감정을 솔직하게 공유하며 더 나은 교육을 만들기 위해 끊임없이 노력했습니다.

### 매일 마주 앉아 나누는 이야기

우리는 팀워크를 다지기 위해 초기에 서로의 교육 철학과 가치관을 공유하는 시간을 가졌습니다. 각자의 경험과 지식을 나누며, 통합교육에 대한 기대와 우려를 솔직하게 이야기했습니다. 수업이 끝나면 지윤 선생님과 함께 통합 시간과 특수학급에서 있었던 일들에 대해 이야기를 나누었습니다. 때로는 짧게, 때로는 길게 마주 앉아 영유아들의 작은 행동 변화부터 수업 내용에 대한 고민까지 솔직하게 공유했습니다. 이러한 대화는 우리가 서로를 이해하고, 아이들을 더 깊이 있게 지원할 수 있는 기반이 되었습니다.

우리는 주로 비공식적인 대화를 통해 많은 이야기를 나누었습니다. 수업이 끝나고 교무실에 내려오면 제가 지윤 선생님 자리로 가거나, 지윤 선생님께서 제 자리로 오셔서 오늘 하루 어땠는지, 아이들이 일과 중 어떤 어려움을 경험했는지, 이에 따라 추가로 지원할 부분은 없는지에 대해 자연스럽게 이야기를 나누곤 했습니다. 영유아들의 작은 변화부터 학급 운영에 대한 고민까지, 우리는 격의 없이 서로의 생각을 공유하며 마음을 나누는 시간을 가졌습니다.

이러한 비공식적인 대화는 정보 교환을 넘어, 서로를 이해하고 신뢰를 쌓는 데 중요한 역할을 했습니다. 매일매일 오가는 대화 속에서 통합학급 협력교수 방법도 논의하고, 수업 피드백도 주고받았습니다. 예를 들어, "오늘 수업에서 아이들이 특히 어려워하는 부분이 있었는데, 다음 시간에는 이렇게 지도해 보면 어떨까요?"와 같이 구체적인 피드백을 통해 수업의 질을 끊임없이 향상시키려고 노력했습니다. 원감 선생님께서도 교무실에서 우리가 거의 매일, 웃음 가득한 이야기를 나누는 모습을 보시곤 '무슨 이야기를 그렇게 나눌까?' 하며 궁금해하셨다고 하시더군요. 이는 우리가 얼마나 밀접하게 소통하며 협력하고 있는지를 보여주는 증거였습니다.

힘든 일이 있을 때는 서로에게 위로와 격려를 아끼지 않았고, 좋은 일이 있을 때는 함께 기뻐하며 축하해 주었습니다. 이는 업무 관계를 넘어, 진정한 동료로서의 유대감을 형성하는 데 중요한 역할을 했습니다. 또한 서로의 개인적인 관심사를 공유하며 더욱 가까워졌습니다. 매일 수업 후에 지윤 선생님과 나누는 아이들의 이야기, 수업 이야기, 그리고 서로에 대한 진솔한 이야기를 통해 유치원 생활이 한층 더 즐거움으로 가득했습니다. 가끔은 수업 후에 지윤 선생님께 들려드릴 오늘 우리 아이들의 재미있는 에피소드로 지윤 선생님과의 대화 시간을 기다리기도 했습니다. 이러한 소소한 순간들은 진정한 '우리'를 만들어주었고, 서로를 더 깊이 이해하는 데 큰 도움이 되었습니다.

그리고 우리는 서로가 오늘 하루 찍었던 영유아들의 일과 사진을 공유하며 이야기를 나누었습니다. 사진을 통해 일과 중 서로가 보지 못했던 아이들의 모습을 공유하고, 지도 방법을 고민하며 많은 소통의 기회를 가졌습니다. 사진은 아이들의 감정과 행동을 더욱 생생하게 이해하고, 효과적인 지원 방안을 모색하는 데 유용한 도구였습니다. 제가 그 날 세심하게 살펴보지 못한 아이들의 놀이 속 배움도 지윤 선생님의 사진을 보며 알아볼 수 있었고, 또 지윤 선생님이 찍어주신 사진에 담긴 아이들의 순간순간의 감정과 생각을 알아볼 수 있어 의미 있었습니다. 또한 사진은 우리의 노력을 기록하고, 성과를 공유하는 데도 큰 역할을 했습니다. 이를 통해 우리는 아이들의 성장을 더욱 체계적으로 지원할 수 있었습니다.

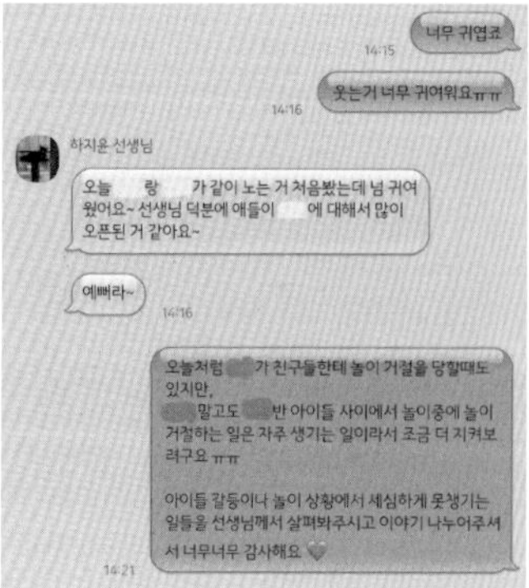


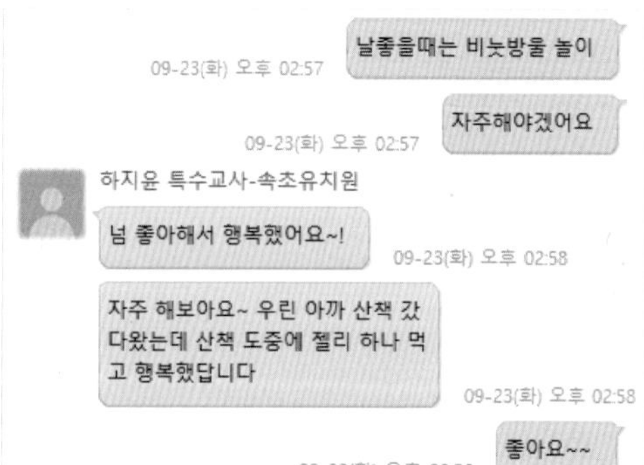

### 서로에게 배우며 함께 성장하는 우리

우리는 서로에게 부족한 부분을 채워주고 강점을 배우며 함께 성장하고 있습니다. 저는 지윤 선생님의 따뜻한 공감 능력과 섬세한 관찰력을 배우려고 노력하고 있습니다. 선생님께서는 저의 긍정적인 에너지와 적극적인 실행력을 높이 평가해 주십니다. 항상 좋은 순간을 발견하시면 무한한 칭찬을 건네주시는 지윤 선생님 덕분에 아이들도 저도 항상 긍정적인 마음으로 성장하고 있습니다.

팀원으로서 서로에게 가장 큰 영향을 준 사람은 바로 서로라고 생각합니다. '우리'라는 이름 아래 함께 고민을 나누며, 제가 가진 고민도 함께 나누면 더 이상 고민이 아니게 되는 신기한 경험도 하게 되었습니다. 매일 꽃피우는 이야기 속에서 수업 아이디어를 나누고 수정하고 발전시키며 우리는 서로에게 영감을 주고, 동기 부여를 해주며 함께 성장해 갔습니다. 이처럼 서로 존중과 신뢰 속에서 함께 목표를 향해 나아가는 과정을 통해 함께 나아가는 배움을 경험했습니다.

## 2. 21명의 아이, 2개의 눈 : 유아특수교사와 함께 바라본 세상

21명의 아이들이 함께 어우러지는 교실은 활기로 가득 차지만, 동시에 각 아이의 마음을 세심하게 들여다보기에는 부족한 점이 있었습니다. 아이들 한 명 한 명의 놀이와 요구를 모두 살피지 못할 때, 지윤 선생님께서는 저의 부족한 부분을 채워주셨습니다. 지윤 선생님은 아이들과 눈을 마주치며 따뜻한 시선으로 아이들을 바라보고, 제가 미처 발견하지 못한 부분을 아이들의 곁에서 살펴보시며 다독여주십니다. 덕분에 아이들은 유치원에서 더욱 즐겁고 안정적으로 일과를 보낼 수 있었습니다.

특히 기억에 남는 에피소드가 있습니다. 어느 날, 우리 반 한 아이가 풀이 죽어 있는 모습을 보았습니다. 저는 아이에게 다가가 이야기를 들어보려고 노력했지만, 아이는 속상해만 할 뿐 아무 말도 하지 않았습니다. 그 순간, 지윤 선생님께서 조용히 다가오셔서 선생님께서 관찰하셨던 상황을 이야기해 주셨습니다. 그리고 지윤 선생님은 아이의 감정을 공감해 주고, 차분하게 상황을 설명하도록 격려했습니다. 덕분에 아이는 금세 진정되어 자신의 감정을 솔직하게 표현할 수 있었고, 결국 문제에 대한 해결 방안을 스스로 찾을 수 있었습니다. 이 순간, 저는 선생님의 따뜻한 시선과 세심한 관찰이 아이들에게 얼마나 큰 위로와 치유가 되는지 깨달았습니다.

아이들이 많다 보니, 갈등 상황에서 전후 맥락을 파악하지 못하고 아이들이 각자의 입장에서 전달하는 이야기만 듣고 판단할 때가 많았습니다. 마치 판사가 된 듯 아이들에게 잘못의 경중을 내리며 중재해야 할 때도 있었습니다. 하지만 지윤 선생님은 교실에서 제가 보지 못한 갈등 상황을 세심하게 관찰하고, 그 맥락을 저에게 이야기해 주셨습니다. 덕분에 아이들의 갈등을 더욱 적절하게 지도할 수 있었고, 아이들 간의 이해와 화해를 이끌어내는 데 큰 도움을 받았습니다. 저 또한 아이들의 잘못을 판단하기보다는 아이들이 경험했던 상황을 면밀히 살펴보고 좀 더 아이들의 마음을 최우선으로 살필 수 있게 되었습니다.

지윤 선생님의 따뜻한 시선과 세심한 관찰은 단순히 갈등을 해결하는 데 그치지 않았습니다. 그것은 아이들이 자신의 감정을 솔직하게 표현하고, 서로를 이해하며 성장할 수 있는 기반을 마련해 주었습니다. 아이들의 놀이를 곁에서 바라보시며 놀이 속 이야기를 이끌어내 주시고, 배움을 만들어주시는 지윤 선생님이 계시기에 교실이 더욱 즐거움으로 가득해진다는 것을 매일매일 느끼고 있습니다. 저는 지윤 선생님의 이러한 노력에 항상 감사하며, 그 따뜻한 시선이 영유아들의 마음을 더욱 밝게 비춰줄 것이라고 믿습니다. 앞으로도 우리는 함께 아이들의 작은 마음까지 세심하게 살피며, 그들이 행복한 유치원 생활을 할 수 있도록 최선을 다할 것입니다.

## 3. 차이를 넘어선 우정 : 장애는 다름일 뿐

### 함께라서 즐거운 우리, 다름을 배우는 행복한 교실

학기 초반, 학급에 장애가 있는 아이가 있다는 사실은 아이들에게 낯설고 새로운 경험이었습니다. 그러나 하루하루 함께 생활하며 아이들은 장애가 있는 아이도 우리 반의 소중한 친구라는 것을 자연스럽게 깨달아갔습니다. 교실에서 아이들이 장애가 있는 아이를 자연스럽게 배려하고 양보하며 존중하는 모습을 보면서, 통합교육의 진정한 가치를 느낄 수 있었습니다.

우리 반 한 아이가 그림을 그리는 데 어려움을 겪고 있을 때, 다른 아이가 다가와 "내가 도와줄게."라며 손을 내밀었습니다. 또 다른 아이는 점심시간에 장애가 있는 친구의 수저를 챙기는 것을 도와주고, 교실에서 함께 우주 이야기를 나누며 즐거운 시간을 보냈습니다. 이러한 작은 순간순간들이 모여 아이들은 서로를 이해하고 배려하는 사회적인 능력을 자연스럽게 키워갔습니다.

우리 반 한 아이가 유독 장애가 있는 아이에게 특별한 관심을 보였습니다. 마치 동생처럼 머리를 쓰다듬거나 토닥이며, 놀이 중에도 계속 옆에서 빤히 쳐다보곤 했습니다. 이러한 행동은 긍정적인 관심에서 비롯된 것이었지만, 동시에 장애가 있는 아이에게 불편함을 줄 수 있다는 점에서 분명한 지도가 필요했습니다. 우리는 아이들이 장애 유무와 관계없이 '우리 모두 친구'라는 것을 명확하게 인식하고, 서로를 존중하며 배려하는 태도를 기르길 바랐습니다.

이 문제를 해결하기 위해 지윤 선생님과 함께 깊이 고민했습니다. 먼저, 아이의 행동 뒤에 숨겨진 의도를 파악하기 위해 면밀히 관찰했습니다. 아이는 단순히 호기심과 친근감을 표현하고 싶었던 것 같았습니다. 하지만 우리는 이러한 행동이 장애가 있는 아이에게 오히려 불편함을 줄 수 있다는 점을 인지하고, 적절한 지도 방법을 모색했습니다.

우리는 아이에게 장애는 단지 다름일 뿐이며, 존중받아야 한다는 것을 설명했습니다. 또한 장애가 있는 친구를 대할 때 지켜야 할 예절과 배려하는 마음을 갖도록 구체적인 조언을 제공했습니다. 예를 들어, "친구의 머리를 함부로 쓰다듬으면 친구가 불편해할 수 있어. 먼저 친구에게 머리를 만져도 될지 물어보는 것이 좋아."와 같이 상황에 맞는 조언을 통해 아이가 친구를 더욱 존중하며 대할 수 있도록 도왔습니다.

또한 우리는 일과 속에서 장애가 있는 아이가 더욱 적극적으로 참여할 수 있도록 다양한 활동을 계획했습니다. 특정 과자를 즐겨 먹는 아이를 위해 과자를 활용한 요리 활동을 즐기고, 짝 활동을 통해 장애가 있는 아이도 협동과 우정을 경험할 수 있게 수업을 계획하고 실행했습니다. 함께 놀이하고 활동하는 과정에서 아이들은 자연스럽게 서로를 이해하고 존중하게 되었습니다. 이러한 활동을 통해 장애가 있는 아이도 우리 반의 소중한 일원이라는 것을 아이들이 인식할 수 있도록 노력했습니다.

아이들은 이제 장애가 있는 친구를 단순히 '다른 존재'로 보지 않고, 함께 어울리고 도울 수 있는 진정한 친구로 여기게 되었습니다. 시간이 지나면서 아이는 장애가 있는 친구를 대하는 태도가 점차 변화했습니다. 우리는 이 경험을 통해 아이들이 서로를 이해하고 존중하는 태도를 기르는 것이 얼마나 중요한지 다시 한번 깨달았습니다. 통합학급 속에서 아이들은 자연스럽게 서로를 배려하고 포용하는 자세를 갖게 되었습니다.

### 두근두근 랜덤 뽑기! 함께하는 즐거움이 퐁퐁퐁

통합교육의 효과를 극대화하기 위해 우리는 끊임없이 새로운 시도를 하고, 창의적인 아이디어를 실현하기 위해 노력했습니다. 영유아들의 흥미와 참여를 유발하고, 개별적인 요구에 맞는 맞춤형 교육을 제공하기 위해 다양한 교육 방법, 교재 개발, 환경 구성 등을 시도했습니다. 랜덤 뽑기를 활용한 다양한 놀이 시도는 통합교육의 효과를 극대화하는 데 큰 역할을 했습니다

통합교육에서 또래 관계 형성은 매우 중요합니다. 이를 위해 우리는 짝이나 모둠 활동을 적극적으로 활용했습니다. 특히 짝이나 모둠을 구성할 때 [아이스크림] 사이트의 [툴킷-랜덤뽑기]를 활용하여 영유아들의 흥미를 유발하고 참여를 높였습니다. 이 도구는 간단한 조작으로 짝이나 모둠을 랜덤으로 구성할 수 있어, 매번

새로운 친구들과 활동할 수 있는 기회를 제공했습니다.

장애가 있는 아이들도 짝이나 모둠 활동에 참여하며 또래 친구들과 상호작용을 경험하고, 친밀한 관계를 형성할 수 있도록 격려했습니다. 랜덤 뽑기를 통해 아이들은 자연스럽게 다양한 친구들과 어울리며, 서로를 이해하고 존중하는 태도를 배울 수 있었습니다. 처음에는 아이들이 장애가 있는 친구와 함께 활동하는 것을 낯설어하기도 했습니다. 하지만 랜덤 뽑기를 통해 매번 새로운 친구들과 함께 활동하는 기회가 늘어나면서, 아이들은 점차 서로를 이해하고 존중하게 되었습니다. 함께 그림을 그리거나 게임을 하고, 이야기를 나누는 과정에서 아이들은 서로의 다름을 인정하며, 함께하는 즐거움을 느꼈습니다.

### 우리 손으로 뚝딱! 함께 만들어 맛있는 행복

요리 활동은 아이들에게 단순히 음식을 만드는 즐거움을 넘어, 협력과 성장의 기회를 제공했습니다. 지윤 선생님과의 협력은 이러한 활동을 더욱 의미 있게 만들었고, 모든 아이들이 자신의 능력에 맞게 참여할 수 있는 환경을 조성했습니다. 그래서 우리 반은 통합 활동으로 요리 활동을 자주 계획했습니다. 요리 활동은 사전 준비와 사후 정리가 많이 필요하기 때문에, 이전에는 혼자 학급을 운영할 때 항상 부담으로 느꼈습니다. 하지만 통합학급에서는 지윤 선생님이 계셨기에 더욱 다양하고 풍성한 요리 활동을 시도할 수 있었습니다.

제가 요리 수업의 전반적인 흐름을 계획하면, 지윤 선생님께서는 영유아들의 개별적인 요구를 고려한 맞춤형 지도 방안을 마련해 주셨습니다. 예를 들어, 특정 식재료에 알레르기가 있는 아이들을 위한 대체 재료를 준비하거나, 소근육 운동이 어려운 아이들을 위해 요리 순서도를 조금 더 쉬운 방법으로 수정해 주셨습니다. 덕분에 모든 아이들이 즐겁게 참여할 수 있는 요리 활동이 가능했습니다. 지윤 선생님의 세심한 지원은 단순히 요리 활동을 원활하게 진행하는 데 그치지 않았습니다. 지윤 선생님은 아이들이 요리 과정에서 느낄 수 있는 어려움을 미리 예측하고, 이를 해결할 수 있는 방법을 제시하며, 아이들이 자신감을 가지고 활동에 참여할 수 있도록 도와주셨습니다.

우리 반 장애를 가진 아이들도 자신이 직접 만든 음식을 맛보며 큰 성취감을 느꼈습니다. 장애가 있는 아이가 좋아하는 요리재료를 주로 활용해서 활동을 했기에 무엇보다 요리 활동에 큰 관심을 가지고 적극적인 참여를 보였습니다. 또한 요리 활동을 통해 서로 돕고 협력하는 과정에서 사회성을 함양할 수 있었습니다. 요리 활동은 단순히 음식을 만드는 것을 넘어, 영유아들의 성장과 발달을 촉진하는 소중한 경험이 되었습니다. 한 사례로 아이들과 '우정'을 주제로 우정 와플을 만드는 경험이 있었습니다. 두 친구가 짝꿍이 되어 와플 위에 올릴 꾸미기 재료를 함께 결정하고 꾸며서 함께 나누어 먹는 경험을 하며 서로의 생각을 존중하고 배려하는 사회적 기술도 경험할 수 있었습니다. 이러한 통합학급에서의 요리 활동은 단순히 요리를 배우는 것만이 아니라, 아이들이 서로를 이해하고 협력하며 성장하는 과정이었습니다. 지윤 선생님과의 협력은 이러한 활동을 더욱 풍성하게 만들었고, 모든 아이들이 자신의 능력에 맞게 참여할 수 있는 환경을 조성했습니다.

## 4. 교실 밖 1:1 대화의 마법 : 아이의 마음을 열고 성장을 돕는 비법

아이를 이해하고 지원하기 위해서는 단순히 눈에 보이는 행동을 지도하는 것만으로는 부족합니다. 우리는 아이를 깊이 있게 이해하기 위해 관찰과 협력에 중점을 두었습니다. 먼저, 통합학급과 특수학급에서 각각 아이를 관찰하며 그 결과를 공유했습니다. 저는 통합학급에서 아이의 전반적인 학교생활과 또래 관계를 관찰했고, 지윤 선생님은 특수학급에서 아이의 개별적인 학습 능력과 심리 상태를 관찰했습니다. 이러한 관찰 결과를 공유하면서 우리는 아이에 대한 더욱 깊이 있는 이해를 할 수 있었습니다.

### 하나의 목소리로 안정감 주기

아이의 요구에 맞는 최적의 교육 계획을 수립하기 위해 우리는 역할을 분담하고 협력했습니다. 저는 통합학급에서 아이가 또래 친구들과 함께 활동하며 사회성을 함양할 수 있도록 지원했고, 지윤 선생님은 특수학급에서 아이의 개별적인 학습 능력을 향상시키기 위한 개별 지도를 담당했습니다. 또한 우리는 아이의 행동 지도에 있어서도 서로 협력하여 일관성 있는 지도를 제공했습니다.

지윤 선생님과 함께 장애가 있는 아이에게 사용하는 어휘나 행동 지도를 일관되게 사용하면서, 아이가 지도를 받는 데 있어 혼란스럽지 않도록 일관성 있는 지도를 중점에 두었습니다. 예를 들어, 아이가 특정 행동을 할 때 사용하는 언어적 표현이나 제스처를 통일하고, 규칙과 기대를 명확하게 제시했습니다. 이를 통해 아이는 예측 가능한 환경에서 안정감을 느끼며 성장할 수 있었습니다.

### 따뜻한 손길, 진심 어린 대화

교실 밖에서 나누는 진솔한 대화와 끊임없는 칭찬과 격려는 영유아들의 문제행동을 넘어 성장으로 이끄는 중요한 도구였습니다. 교실에서 문제행동이 있는 아이를 지도할 때, 우리는 되도록 교실을 벗어나 1:1로 진솔한 대화를 나누는 방식을 선택했습니다. 이는 문제행동에 대한 지도를 다른 아이들이 보지 않는 환경에서 진행하는 것이 더 효과적이라고 판단했기 때문입니다. 지윤 선생님께 학급을 부탁드리고, 교실 밖에서 아이와 마주 앉아 그날의 상황과 마음에 대해 이야기를 나누며 해결 방안을 함께 모색했습니다.

## 마음을 읽어주는 따뜻한 공감

특별한 교육적 요구를 가진 아이들을 이해하고 지원하는 것은 단순히 문제행동을 교정하는 것을 넘어, 아이의 마음을 읽고 공감하는 과정입니다. 우리 반에는 화가 날 때 친구를 아프게 하거나 속상하게 하는 말을 자주 하는 아이가 있었습니다. 매일 반복되는 갈등 상황 속에서 아이는 또래 사이에서 거절을 많이 당하게 되었고, 저 역시 속상함을 느꼈습니다. 하지만 그 아이가 유독 자신의 감정 조절이 어렵다는 것을 이해하려고 노력했습니다.

저는 그 아이에게 속상하거나 화가 날 때면 선생님에게 먼저 찾아와 이야기해 달라고 반복해서 말했습니다. 그리고 아이가 저를 찾아올 때면, 어떤 일을 하고 있든 간에 제쳐두고 아이의 이야기를 들어주었습니다. 아이의 감정을 존중하고, 마음을 읽어주려고 노력했습니다. "마음이 속상했구나"와 같이 아이의 감정을 읽어주고, 왜 그런 감정을 느꼈는지 함께 이야기했습니다. 이를 통해 아이는 자신의 감정이 이해받고 있다는 것을 느낄 수 있었습니다. 감정을 알아봐주고 함께 이야기를 나누어주는 순간 아이는 금세 진정이 되고 친구들에게 조금 더 예의 있는 자세로 자신의 불편한 마음을 언어로 전달할 수 있었습니다. 그리고 이러한 반복적인 경험은 아이가 또래와의 관계를 회복하는 데에도 열쇠가 되었습니다.

그리고 장애를 가진 유아가 좌절을 경험하고 감정이 앞서 있을 때에는 그 감정이 진정될 수 있도록 시간을 두고 기다려주었습니다. 감정이 극에 달했을 때 이야기를 나누면 아이의 마음을 살펴보기에 어려움이 있기 때문입니다. 그래서 한 템포 쉬고 나서 아이와 상황에 대해, 마음에 대해 진솔하게 이야기를 나누며 마음을 읽어주고 스스로 해결 방안을 찾아볼 수 있도록 도왔습니다. 예를 들어, "눈물이 날 만큼 화가 났나 보다. 어떤 마음이었어? 무슨 일이 있었어?"와 같이 아이의 감정과 상황을 물어보고, "다음에는 어떻게 하면 좋을까?", "그럴 때 어떻게 할 수 있을까?"와 같이 해결 방안을 아이와 함께 고민했습니다. 이 과정에서 아이는 자신의 감정을 돌아보고, 더 나은 선택을 할 수 있는 방법을 스스로 깨달을 수 있었습니다.

현장에서 아이들에게 공감을 실천하며 느끼는 것은 공감의 경험은 단 한 순간으로 완성되지 않는다는 것입니다. 아이들에게 반복을 통해 공감의 경험을 했을 때 비로소 교실은 자연스럽게 공감의 문화를 형성하게 되고, 아이들도 또래와의 관계 속에서 공감의 자세를 취하는 것을 볼 수 있었습니다. 아이들이 경험하는 공감은 자연스럽게 다름에 대한 이해를 가능하게 도왔고, 더욱 성공적인 통합학급으로 이끄는 밑바탕이 되었다고 생각합니다.

존댓말이 어려웠던 아이가 스스로 존댓말을 사용하거나, 정리하는 것이 어려웠던 아이가 정리 시간에 스스로 10개나 정리하는 모습을 보일 때, 우리는 아이들이 '성장했구나' 하는 생각에 뿌듯함을 느낍니다. 이럴 때는 큰 소리로 학급 아이들 모두에게 들리게 칭찬을 해주고 있습니다. 지윤 선생님과 한마음이 되어 함께 칭찬을 두 배로 양껏 해주었고, 그 결과 칭찬받은 아이는 부끄러운 듯 뿌듯한 미소를 짓곤 합니다.

지윤 선생님과 함께하는 칭찬은 아이의 뿌듯함을 두 배로 만들어주는 것 같습니다. 물론 이번 칭찬으로 아이의 긍정적인 변화가 지속되지는 않을지라도, 우리는 매번 조금의 변화와 노력에 많은 칭찬과 격려를 해주려고 노력했습니다. 이러한 칭찬의 경험, 뿌듯한 순간들이 분명 아이들 마음속에 조금씩 쌓이고 쌓여 언젠가는 아이들에게 큰 힘이 될 거라고 생각합니다.

## 5. 짝꿍 선생님과 함께하는 안심 놀이터 만들기

지윤 선생님과의 협력은 아이의 안전을 지키는 데 매우 중요했습니다. 선생님은 아이의 특성과 행동 패턴을 잘 이해하고 있었기 때문에, 언제 어떤 놀잇감을 제공해야 하는지에 대한 조언을 해주셨습니다. 이를 통해 우리는 아이가 안전하게 놀이를 즐길 수 있는 환경을 조성할 수 있었습니다. 통합학급을 맡게 되면서, 저는 교실에 놀잇감을 제공할 때 장애가 있는 아이의 안전에 대해 한 번 더 깊이 생각하게 되었습니다. 우리 반에 있는 장애가 있는 아이는 다양한 감각을 추구하며, 특히 구강 탐색을 통해 주변 물건을 탐색하는 모습을 자주 보였습니다. 저는 아이의 안전을 위해 교실 환경을 세심하게 점검하고, 놀잇감을 제공할 때도 특별한 주의를 기울였습니다.

지윤 선생님과 이야기를 나누며, 교실에 있는 구슬이나 작은 블록 등 삼키기 쉬운 작은 놀잇감은 정리하기로 결정했습니다. 아이가 이러한 작은 물건을 입에 넣고 구강 탐색을 할 경우, 안전사고가 발생할 수 있기 때문입니다. 하지만 학급 영유아들의 재미와 다양한 놀이 경험을 위해 작은 크기의 놀잇감이 필요한 것도 사실이었습니다. 그래서 이러한 상황에서 작은 놀잇감을 어떻게 꺼내주어야 할지에 대한 고민이 시작되었습니다. 이러한 부분에 대해서 지윤 선생님과 고민을 나누고, 방법을 찾아보았습니다. 지윤 선생님과의 대화 끝에 저는 장애가 있는 아이가 통합학급에 없을 때 주로 작은 놀잇감을 꺼내주고, 사용 후 바로 정리하는 방식으로 학급을 운영했습니다. 이렇게 하면 아이들이 다양한 놀이를 즐길 수 있으면서도 안전사고를 예방할 수 있었습니다. 또한 작은 놀잇감이 꼭 필요한 경우에는 지윤 선생님께 미리 말씀을 드리고, 아이의 안전을 위해 더욱 주의를 기울이며 지도했습니다.

## 6. "앗!" 하고 터져 나오는 감탄사 : 두 손 맞잡고 이루다

통합교육을 통해 가장 보람을 느꼈던 순간은 역시 영유아들의 성장과 변화가 눈에 보일 때였습니다. 아이들은 하루하루 쑥쑥 자라지만, 매일매일 아이들을 보다 보면 그 성장이 잘 눈에 띄지 않을 때가 많습니다. 그러나 어느 순간 "앗!" 하고 성장과 변화가 관찰될 때가 있습니다. 그럴 때면 지윤 선생님과 두 손을 맞잡으며

"고생하셨어요!" 하며 서로를 다독이곤 합니다. 그 순간, 우리는 그동안의 노력과 헌신이 결실을 맺었다는 것을 실감하며, 이루 말로 하지 못할 감동을 느낍니다.

아이들의 성장은 때로는 눈에 띄지 않을 수 있습니다. 하지만 어느 순간, 아이가 새로운 행동을 보이거나 스스로 문제를 해결하는 모습을 보면, 그동안의 노력이 결실을 맺었다는 것을 깨닫게 됩니다. 이러한 순간은 지윤 선생님과 함께 영유아들의 성장을 지켜본 우리에게 큰 보람을 줍니다. "앗!" 하고 터져 나오는 감탄사는 우리의 노력이 헛되지 않았다는 증거이자, 영유아들의 잠재력이 꽃피는 순간입니다.

특히 기억에 남는 순간은 호명 반응이 거의 없던 아이가 스스로 손을 번쩍 들며 대답했을 때였습니다. 우리는 아이의 호명 반응을 일반화하기 위해 통합학급에서 출석을 부르고, 일과 중에서도 자주 이름을 부르며 손 들고 대답하는 연습을 했습니다. 한 달 정도는 이름을 불러도 반응이 거의 없었는데, 어느 날 이름을 부르니 스스로 손을 번쩍 들며 대답했습니다. 그 순간 나의 짝꿍 유아특수교사와 서로 동그랗게 뜬 눈을 마주치며 정말 놀라 했던 기억이 납니다. 정말 잊지 못할 순간이었습니다.

그 순간, 우리는 아이의 작은 변화가 얼마나 큰 의미를 가지는지 깨달았습니다. 지윤 선생님과 수많은 이야기를 나누며 "해볼까?", "괜찮을까?" 하며 시도했던 수많은 노력과 시도는 시간이 오래 걸리더라도 분명 아이에게 의미 있는 배움의 시작이었다는 것을 알 수 있었습니다. 우리는 아이의 잠재력을 믿고 끊임없이 노력하면 아이는 반드시 성장할 수 있다는 것을 확신했습니다. 이러한 순간은 통합교육의 진정한 가치를 느끼게 해주는 소중한 경험이었습니다.

## 7. 함께라서 더 멀리 갈 수 있어요 : 관찰, 소통, 그리고 존중

우리는 통합교육의 힘을 믿습니다. 교실에서 함께 놀이하고 배우는 과정에서 아이들은 서로 각자의 개성을 존중받으며 성장할 수 있습니다. "함께하면 더 멀리

갈 수 있다"는 말처럼, 지윤 선생님과의 동행은 교사로서 깨달음과 배움이 가득했고, 더 넓은 교육적 시야를 가질 수 있었습니다.

통합교육을 성공적으로 이끌기 위해 가장 중요하다고 생각하는 교사의 자질은 아이들에 대한 무한한 사랑과 긍정적인 마음입니다. 모든 아이들은 저마다의 잠재력을 가지고 있으며, 교사는 아이들이 자신의 잠재력을 발휘할 수 있도록 격려하고 지지해야 합니다. 또한 끊임없이 배우고 성장하는 자세도 중요합니다. 통합교육은 끊임없이 변화하는 교육 환경에 맞춰 새로운 지식과 기술을 습득하고, 자신의 교육 방식을 개선해 나가는 과정입니다.

우리의 통합교육이 성공할 수 있었던 이유는 관찰과 소통이 기반이 되었기 때문입니다. 제가 현장에서 놓치는 부분을 지윤 선생님께서 채워주시고, 함께 고민하며 생각을 나누는 시간들이 더 나은 배움의 현장을 만들 수 있게 했습니다. 이러한 협력은 단순히 업무를 나누는 것을 넘어, 서로의 강점을 활용하고 약점을 보완하며 더 나은 교육을 만들기 위한 노력이었습니다.

앞으로 통합교육은 모든 아이들이 차별 없이 존중받고, 자신의 꿈을 향해 나아갈 수 있도록 지원하는 교육으로 나아가야 합니다. 이를 위해 정부는 통합교육에 대한 지원을 확대하고, 교사 연수 기회를 확대해야 합니다. 또한 학교는 통합교육을 위한 환경을 조성하고, 학부모와의 협력을 강화해야 합니다. 통합교육은 단순히 장애 유무를 넘어, 모든 아이들이 서로를 이해하고 존중하며 함께 성장할 수 있는 교육 환경을 만드는 데 초점을 맞춰야 합니다.

### 서로에게 전하는 진심 : '우리'는 함께 성장한다

미소가 따뜻한 지윤 선생님께

선생님을 뵐 때마다 아이들을 향한 선생님의 진심에 깊은 존경심을 느끼며, 제 존경과 감사의 마음을 가득 담아 이 글을 씁니다.

매 순간 아이들을 눈으로, 몸으로 쫓으시며 아이들의 말과 행동 하나하나를 눈에 담으시고, 따뜻하게 감싸 안아주시는 선생님. 그런 선생님의 모습을 보며 매 순간 선생님의 진심과 사랑을 고스란히 느끼고 배우고 있습니다. 선생님과 함께하며 저 또한 더 좋은 교사로 한 걸음 나아가게 되는 것 같아요. 진심으로 감사드립니다.

지윤 선생님과 함께하는 아이들은 다른 건 몰라도 '사랑' 하나만큼은 분명히 배우고 갈 것 같아요. 아이들이 선생님을 만나 세상의 따뜻함을 느끼고, 사랑받는 존재로서 행복하게 성장하는 모습을 볼 때마다 괜시리 흐뭇하게 미소가 지어지곤 했습니다.

지윤 선생님의 진심과 사랑은 아이들에게 세상의 따뜻함을 전하는 가장 큰 힘이라고 믿습니다. 아이들은 선생님의 사랑을 통해 자신이 얼마나 소중한 존재인지 깨닫고, 세상을 향해 자신감을 가지고 힘차게 자랄 거예요.

우리 하지윤 선생님!

항상 수업을 마치고 둘이 눈 맞추며 "수고 많으셨어요" 하고 이야기를 하지만, 선생님과 함께하는 수고는 배움의 연속이었습니다. 저와 함께해 주셔서 감사합니다. 선생님과 함께 한 일 년은 잊지 못할 시간들로 가득합니다.

지윤 선생님과 함께 21명의 개성 가득한 우리 아이들의 성장을 지켜볼 수 있어 행복했습니다.

혹 언젠가 다시 만나게 된다면 "지윤쌤~" 하며 달려가 소소한 이야기 꽃을 피우고 싶어요.

어느 자리에 있어서도 항상 응원합니다. 사랑하고 감사합니다.

# Section 2

하지윤(강원 속초 유치원 유아특수교사)

*협력교수는 하나의 목표를 향해 나아가는 두 개의 심장이 뛰는 여정이다.*

## 1. 걱정 반, 기대 반 : 우리는 그렇게 짝꿍이 되었다

처음 만났을 때, 저는 연재 선생님께 예쁘고 따뜻한 느낌을 받았습니다. 대화를 나누면서 점차 그분이 굉장히 차분한 성격이라는 것을 알게 되었습니다. 다만, 나이 차이가 많이 나다 보니, 제가 너무 깍듯한 느낌을 주어 선생님께 불편함을 드리는 건 아닐까 염려되기도 했습니다. 저는 올해 본원으로 이동해 온 상황이라, 이미 결정되어 있던 통합학급에 대해 다양한 소문을 들었기에 많이 긴장하고 걱정하며 이동했습니다. 통합학급 담임이 어떤 분인지 많이 궁금했던 것이 사실입니다.

그러나 연재 선생님을 만나고 나서는 마음이 편안해졌습니다. 쓸데없는 걱정을 했었다는 생각이 들었습니다. 연재 선생님은 통합학급이 처음이라고 하시며 많은 우려를 표현해 주셨지만, 그 안에서 설렘을 느낄 수 있었습니다. 우리는 서로 솔직한 편이라, 편안하게 이야기를 나누는 시간을 최대한 많이 가졌습니다. 학기 준비 기간에는 이동하는 시기가 너무 바빠 많은 이야기를 나누거나 목표를 결정하기 어려웠던 점이 있었습니다. 하지만 서로 중요시하는 부분에 대해 많이 대화를 나누고 필요한 것을 제안하면서, 자연스럽게 어우러짐과 기본적인 생활습관 향상에 초점을 두는 부분이 비슷하다는 것을 느꼈습니다. 이렇게 우리는 서로의 기대와 우려를 솔직하게 나누며 '우리'만의 공동 목표를 설정할 수 있었습니다. 첫 만남에서부터 서로를 이해하고 존중하는 태도로 시작한 덕분에, 이후의 협력도 더욱 원활하게 이루어질 수 있었습니다.

## 2. '우리'만의 팀워크 : 다름을 존중하며 빚어내는 시너지

통합교육 현장에서는 예상치 못한 어려움이나 문제가 빈번히 발생합니다. 특히 시간 부족과 자원 부족이라는 현실적인 제약 속에서도 창의적인 해결책을 찾기 위해 우리는 팀워크를 발휘했습니다. 그중 하나는 매일 수업이 끝난 후 짧은 시간이라도 서로 아이들에 대해 고민되거나 나누어야 할 이야기를 나누는 것입니다. 이 과정을 통해 통합학급 속에서의 보이지 않는 갈등을 해결할 수 있었습니다.

시간과 자원이 부족한 상황에서도, 우리는 짧은 대화 시간을 최대한 활용하여 문제를 해결하려고 노력했습니다. 수업이 끝난 후, 혹은 점심 시간을 이용해 서로의 고민을 나누고, 영유아들의 상태를 공유했습니다. 이러한 짧은 시간이라도 서로의 생각을 공유하는 것은 통합교육의 질을 높이는 데 큰 도움이 되었습니다. 또한 자원 부족에 대처하기 위해, 우리는 기존의 자원을 최대한 활용하고, 새로운 자원을 창출하려고 노력했습니다.

### 서로의 강점을 발견하고 인정하는 과정

통합교육을 성공적으로 이끌기 위해, 저는 연재 선생님의 다정함과 계획성을 배우기 위해 노력했습니다. 연재 선생님은 영유아들의 놀이 흥미를 관찰하고, 이를 계획적으로 다양한 놀이로 연계해 나가려고 노력하시는 분입니다. 저는 그 부분에 있어 미리 이야기를 나누며 지원 방법을 고민하기 위해 노력했습니다. 저는 놀이에 대해 약간 즉흥적인 면이 있는 편이라, 연재 선생님의 계획성과 체계성이 너무 부럽기도 했습니다.

선생님의 차분함과 다정함, 계획성을 발견하는 과정은 특별한 사건이 있었던 것은 아니었습니다. 선생님은 늘 아이들을 대하시는 태도에서 차분함과 다정함을 보여주셨고, 갈등이 발생해도 차분하게 대응하며 지도하셨습니다. 업무부터 놀이 지도까지, 업무 중간중간 수시로 교실을 오가며 놀이를 확장해 주기 위해 준비하시는 계획성과 부지런함은 늘 저에게 깊은 인상을 남겼습니다. 이러한 연재 선생님의 강점은 통합교육을 이끌어가는 데 큰 힘이 되었습니다.

처음 팀을 구성했을 때, 저는 연재 선생님의 놀이 중심 교육과정에 대한 전문성을 높이 평가했습니다. 선생님은 놀이를 통해 아이들을 관찰하고 참여시키는 데 익숙하셨고, 저는 교사중심, 행동주의적인 철학을 가지고 있었습니다. 이러한 서로의 차이를 존중하며, 각자의 강점을 살려 시너지를 창출하기 위해 노력했습니다.

저는 연재 선생님의 관찰 방식과 놀이에 참여하는 방식을 주의 깊게 관찰하며, 통합학급 안에서 선생님이 다 보지 못했던 아이들을 함께 관찰하려고 노력했습니다. 저는 관찰하는 것을 즐기는 편이라, 선생님께 관찰했던 부분을 자세히 알려드렸고, 연재 선생님은 제 의견을 참고하여 놀이를 지도로 연결해 나가셨습니다. 연재 선생님은 영유아들의 놀이를 확장하는 데 탁월한 능력을 가지고 계셔서, 놀이가 자연스럽게 이어지는 모습을 볼 수 있었습니다.

### 서로의 의견 조율과 합의점 찾기

서로를 이해하고 신뢰를 쌓아가는 가장 큰 방법은 대화를 통한 공유였습니다. 저는 통합학급이 두 개이고, 장애 정도가 조금 심한 친구가 있어서 연재 선생님 반에 하루 종일 함께 있기는 어려웠습니다. 그래서 시간을 정해 들어가서 관찰하고 지원하려다 보니, 연재 선생님의 어려움이 저보다 더 컸을 것이라 생각했습니다. 하지만 선생님은 전혀 그런 내색 없이 우리 수다쟁이 친구를 반 아이 중 하나로 잘 관찰해 주시고, 수시로 아이에 대해 고민한 것을 물어보셨습니다. 저도 최대한의 지원을 위해 고민하고 공부하여 선생님과 나누었습니다.

서로의 의견을 조율하고 합의점을 찾기 위해, 우리는 솔직한 대화를 통해 문제를 해결하려고 노력했습니다. 연재 선생님은 통합학급 전체를 책임져야 하는 입장이셨고, 저는 특수교육대상유아에 대한 개별 지원을 주로 담당했습니다. 이러한 역할 분담을 명확히 하고, 서로의 어려움을 공유하며 해결책을 모색했습니다.

예를 들어, 통합교육 시간에 날다람쥐 친구가 많이 힘들어하며 소리를 지르고 울 때가 있었습니다. 날다람쥐 친구가 울거나 소리를 지를 때, 연재 선생님은 차분하게 대응하며 아이를 진정시키려고 노력하셨습니다. 이때 다른 아이들이 날다람쥐 친구를 어떻게 바라볼지 염려가 되었습니다. 하지만 연재 선생님은 그런 상황에서 자연스럽게 넘어가 주시고, 영유아들의 이야기를 들어주시며 전달해 주셨습니다. 이러한 선생님의 지원 덕분에, 아이들은 날다람쥐 친구를 특별하게 바라보지 않고 "그 친구는 그렇구나" 하고 이해해 주는 모습을 보였습니다.

저는 그런 상황에서 선생님의 마음이 괜찮은지, 추가적인 지원이 필요한지 물어보며 함께 고민했습니다. 이러한 과정을 통해, 서로의 교육 철학과 가치관을 존중하며 합의점을 찾아갈 수 있었습니다. 이 친구의 작은 발전을 보여주는 순간들은 우리 두 사람에게 많은 감동을 주고, 또 다른 욕심을 불러일으켜 줍니다. 날다람쥐 친구의 성장은 우리에게 통합교육의 가치를 다시 한번 깨닫게 해주는 소중한 존재입니다.

## 3. '우리'는 새로운 길을 개척한다

통합교육의 효과를 극대화하기 위해, 우리는 다양한 혁신적인 시도를 했습니다. 이는 교육 방법, 교재 개발, 환경 구성 등 다양한 측면에서 이루어졌습니다. 특히 영유아들의 흥미와 참여를 유발하는 자료와 교구를 제작하고 활용하며, 창의적인 아이디어를 실질적으로 적용했습니다.

### 팀티칭과 평행교수의 활용

우리는 가능한 한 팀티칭을 하려고 노력했습니다. 선생님 둘이 함께 같은 그룹에게 설명하고 활동을 끌어가는 팀티칭을 실시했으며, 만들기 활동에서는 평행교수를 접목해 보기도 했습니다. 이를 통해 아이들이 놀이 속에서 방법을 익혀 나갈 수 있도록 작은 순서 책자를 마련해 제공하기도 했고, 좋아하는 놀잇감을 흥미롭게 가지고 놀이하는 시범을 보이기도 했습니다.

### 환경 구성과 교구 개발

수다쟁이 친구의 경우, 종이접기를 싫어하던 아이가 스스로 배를 접어볼 마음을 가지게 하기 위해 수조에 물을 받아주는 작은 환경을 제공했습니다. 이렇게 작은 환경 변화만으로도 아이가 해보려는 의지가 높아지는 것을 관찰할 수 있었습니다. 또한 또래들과 함께 놀이에 참여할 수 있는 기회를 많이 찾았습니다. 예를 들어, 수다쟁이가 좋아하는 자동차가 있는 곳에서 블록으로 화산을 만드는 친구에게 "화산이 폭발할지도 몰라, 조심해"라고 하며 놀이에 끼어들었습니다. 화산이 흘러넘쳐 불이 나자, 수다쟁이는 곁에서 가지고 놀던 소방차와 소방헬기를 가지고 와서 불을 끄기 시작했습니다. 파란색 블록을 작게 조립해 "와! 헬기에서 물이 나와서 불이 꺼져요"라고 하며 끼어들자, 두 친구는 한참 동안 블록으로 불을 끄고, 다시 불이 나는 놀이에 집중해서 놀았습니다. 저는 중간에 슬그머니 빠졌지만, 두 친구의 놀이는 한참 더 진행되었습니다.

날다람쥐 친구의 경우, 너무 놀지 않는 아이에게 놀잇감을 가지고 노는 방법을 사진으로 찍어 단계별로 작은 책자를 만들어 제공했습니다. 이 책자를 두드리면서 관심을 보이면, 하나 내려놓고 똑같은 동물을 찾아 놓아보는 놀이를 시작했습니다. 아직 크게 관심을 가지지는 않지만, 좋아하는 동물 피규어나 스펀지 퍼즐 조각을 활용하여 일대일 매칭을 위한 개별화교육을 실시하기에 좋은 타이밍인 것 같습니다.

### 동화와 오감놀이의 활용

저는 동화를 활용한 수업을 선호하는 편입니다. 동화책을 읽고 관련된 오감놀이를 접목할 수 있는 요소를 찾아내어 함께 연결해서 놀이를 합니다. 이를 통해 통합학급에서 착석을 유지할 수 있는 연습을 특수학급에서도 해보고 있습니다. 오감놀이를 매번 통합학급에서 진행하기 어려운 점을 고려하여, 특수학급에서 자주 제공하고 있습니다.

『어떤 구름』 동화책을 읽고 3회기에 거쳐 오감놀이 한 작품 결과물
-물풀+물감, 클레이, 글라스데코 물감찍기

## 4. 발달을 디자인하다 : 안전, 접근성, 안정의 통합

교실 환경을 구성할 때, 우리는 영유아들의 발달 특성과 요구를 바탕으로 안전, 접근성, 편안함, 심미성을 최우선으로 고려했습니다. 이를 통해 아이들이 교실에서 안전하게 놀고, 학습하며, 휴식할 수 있는 환경을 조성했습니다. 또한 다양한 활동 영역을 배치하여 아이들이 균형 잡힌 활동을 할 수 있도록 지원했습니다.

### 특수학급 교실 환경 구성

우리 반 아이들은 서로 너무 다르지만, 촉감놀이를 매우 좋아한다는 공통점이 있습니다. 슬라임, 클레이, 모래 등 촉각적으로 가지고 놀 수 있는 놀잇감을 좋아합니다. 그래서 여러 가지 슬라임, 클레이, 스피너 등 촉각 놀잇감 상자를 만들어 두었습니다. 초기에는 교실 내에 자유롭게 배치했지만, 일부 아이들에게 위험성이 높아져서 방법을 바꿨습니다. 이제는 투명한 보관함에 각자 좋아하는 놀잇감을 넣어두고, 잘 보이지만 함부로 접근할 수 없는 선생님 자리에 두어 필요할 때 요구할 수 있도록 했습니다.

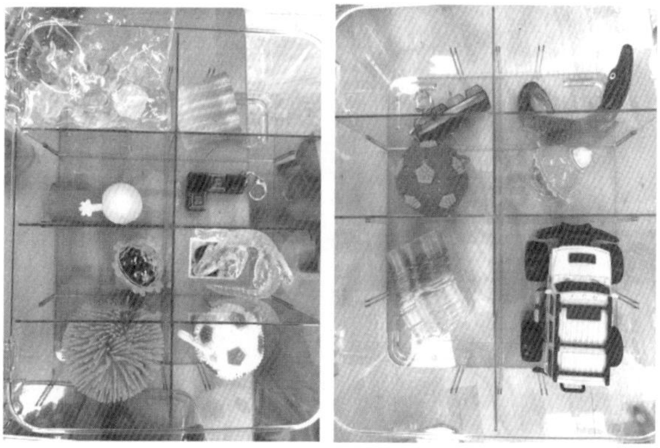

놀잇감 상자 구성물

또한 교실 한편에는 성인만 한 곰인형과 소파를 두어 햇볕도 쬐고 쉴 수 있는 공간을 마련했습니다. 아이들이 좋아하면서도 위험성이 낮은 놀잇감들은 교구장에 비치하여 자유롭게 놀이할 수 있도록 했습니다. 서로 간에 겹치지 않도록 선호 놀잇감들을 관찰하고, 거리를 두어 교구장에 배치했습니다. 함께 노는 것도 좋지만, 뺏기면 공격성이 나오는 아이들이 있어 위험할 수 있기 때문입니다.

현재 특수학급의 경우, 아이들이 좋아하는 놀잇감 위주로 구비되어 있습니다. 교실 한편에는 커다란 곰인형을 두어 쉴 수 있는 공간을 마련했고, 게시판에는 일과 사진을 붙여두어 영유아들의 일과를 소개하고 있습니다. 이를 통해 아이들이 일과를 쉽게 이해하고, 안정감을 느낄 수 있도록 했습니다. 특히 날다람쥐 친구가 좋아하는 책이나 피규어들은 모두 교실 깊숙한 곳, 문에서 멀리 떨어진 곳에 배치하여 이탈행동을 줄이기 위해 노력했습니다. 이는 날다람쥐 친구가 교실 밖으로 나가는 행동을 최소화하는 데 큰 도움이 되었습니다.

## 5. 문제행동을 기회로 바꾸는 교실 : '우리'의 일관된 지지와 성과

문제행동을 보이는 아이들을 다룰 때, 우리는 긍정적인 행동 지원(PBS : Positive Behavior Support) 전략을 활용했습니다. 이 전략은 문제행동의 원인을 파악하고,

이를 대체할 수 있는 긍정적인 행동을 지원하는 데 초점을 맞춥니다. 특히 날다람쥐 친구의 문제행동을 해결하기 위해 우리는 선행사건 중재, 후속결과 중재, 대체행동 중재 등 다양한 PBS 전략을 적용했습니다.

작은 발전으로 큰 기쁨을 받은 에피소드가 있습니다. 날다람쥐 친구는 또래에게 관심이 없고, 강당에서의 놀이도 많이 힘들어합니다. 주로 창가 쪽 벽에 등을 붙이고 앉아 주변을 살피거나 유아특수교사의 다리에 붙어 있으려 합니다. 하지만 연재 선생님의 응원과 절묘한 타이밍의 지원으로 무대 위까지 얼떨결에 올라간 날이 있었습니다. 그 무대 위는 강당보다 조금 어두운 상태였고, 거기서는 안정감이 드는지 주변의 물건들을 탐색하기 시작했습니다. 이후 강당 안에 들어오면 무조건 무대 위로 올라가게 되었고, 우리 통합학급 선생님은 날다람쥐 친구가 좋아할만한 놀잇감들을 무대에 올려두며 놀이를 지속할 수 있게 도와주셨습니다. 이후 날다람쥐 친구는 2학기가 되면서는 강당을 매우 자유롭게 돌아다닐 수 있게 되었습니다.

### 구체적인 사례 : 수다쟁이 친구의 변화

연재 선생님 반에는 두 명의 특수교육대상유아가 포함되어 있었는데, 그중 한 명인 수다쟁이 친구는 아는 것도 많고 말도 잘하지만, 기다리기 어려워하고 친구들 사이에서 어울리기 어려워했습니다. 하지만 이 친구는 요리 활동을 선호했고, 연재 선생님께서 통합반 친구들의 흥미를 파악하시고, 연간 진행하시는 인성보석 활동과 연관지어 활동할 만한 것을 고민하셨습니다.

수다쟁이 친구의 경우, 완전통합으로 배치받지는 않았지만 적응력이 좋아서 지원 인력이나 유아특수교사 없이도 통합학급에서 잘 놀고 있었습니다. 분명 많은 어려움이 있었겠지만, 연재 선생님의 지지 아래 혼자 통합학급 속에서 잘 따라주고 있었습니다. 이러한 변화는 연재 선생님이 '내 아이라는 기본적인 생각'을 바탕으로 저와 나눈 개별적 지원 방법을 잘 지도해 주신 덕분이라고 생각합니다.

이 과정에서 수다쟁이 친구가 요리 활동에 흥미를 보이는 것을 파악하고, 함께 계획을 세워 우정케이크를 만들어 보았습니다. 수다쟁이 친구는 짝꿍과 함께 재료, 방법, 차례를 지키는 법을 익히며 참여할 수 있었고, 이를 통해 또래들과 함께 어울릴 때 차례를 지켜야 하는 필요성을 조금은 이해하게 되었습니다.

수다쟁이 친구는 친구들의 놀이에 참여하기 어려워했고, "나도 놀아도 되는지" 물어보고 거절당할 때 매우 속상해하던 아이였습니다. 하지만 또래의 놀이에 관심을 보이고, 교사 지원 없이도 또래들에게 놀이를 요청하는 과정 속에서 거절도 당해보고 수용도 당해보며 많이 단단해졌습니다. 또래들과 같이 놀았던 그 상황이 너무 즐겁고 좋아서, 자기가 유사한 놀이를 먼저 제안하며 놀이를 이끌어가는 모습을 보였습니다.

수다쟁이 친구가 문제를 해결하기 위해 고민하는 것을 조금 귀찮아하는 편인데, 친구의 텐트에 들어갈 때 가지고 들어갈 동그란 떡을 여러 개 가지고 가기 위해 저에게 도움을 요청했습니다. 제가 알려준 방법은 조금 불편했는데, 그렇게 한번 어렵게 옮긴 후에 두 번째 옮길 때는 자기만의 방법으로 일렬로 줄을 세우고 맨 위와 아래를 잘 잡고 옮기는 해결 방안을 스스로 생각해 냈습니다. 이 순간은 저를 깜짝 놀라게 하면서도 기특한 마음이 들었습니다. 작디 작은 경험들이지만, 영유아들의 발전이 보람이 되는 순간들이었습니다.

### 날다람쥐 친구의 경우

우리 4세 통합반의 팀원으로서, 연재 선생님과 저에게 가장 큰 영향을 미치는 사람은 바로 날다람쥐 친구라고 생각합니다. 날다람쥐 친구는 매일매일 새로운 다양한 감각추구 행동을 보이며, 우리에게 새로운 고민과 도전을 던져주는 아이입니다. 연재 선생님 반에 있는 또 다른 특수교육대상유아인 날다람쥐 친구는 정말 날쌔고 많은 울음과 짜증을 가지고 있었습니다. 아직 의사표현이 어렵고, 기저귀도 하고 있으며, 또래에게 관심을 거의 보이지 않으면서 다양한 감각추구 행동이 사라지고 나타나며 성인에게 잘 안겨 있었습니다. 이 친구가 텐트럼을 일으키면 통합학급 밖으로 나와 진정하는 시간을 가졌습니다.

통합교육을 실천하면서, 저와 연재 선생님 사이에 교육 철학이나 가치관의 차이를 느낀 적이 있었습니다. 특히, 날다람쥐 친구에 대한 접근 방식에서 차이를 느꼈습니다. 연재 선생님은 통합학급이 처음이셨고, 날다람쥐 친구는 정말 날다람쥐처럼 높은 곳에서 뛰어내리고, 이름을 불러도 쳐다보지 않으며, 그 어떤 놀이에도 참여하지 않고 자기만의 세상에 빠져 있는 아이였습니다. 조그만 일에도 울고 소리를 지르며, 간혹 공격적인 모습까지 보이곤 했습니다.

날다람쥐 친구는 원래 또래들이 근처에 오면 달아나기 바빴지만, 이제는 익숙해져서 근처에 오는 것을 허용하고 달아나지 않습니다. 오히려 친구들이 만든 블록에 다가가거나 놀자고 다가와도 짧게 머물러 주는 모습을 보입니다. 수다쟁이 친구는 친구들의 놀이에 관심을 가지고 스스로 다가가려고 노력하며, 거절도 당해보면서 쑥쑥 자라고 있습니다.

이 모든 과정에서 연재 선생님과 저는 긴밀하게 협력했습니다. 문제행동에 대한 일관된 지원 방법을 유지하며, 아이의 변화를 함께 관찰하고 고민했습니다. 연재 선생님과 함께 이 과정들을 나누고, 일관된 방법으로 행동을 지원한 덕분에 많은 변화가 있었다고 생각합니다.

처음에는 연재 선생님이 날다람쥐 친구를 많이 어렵게 느끼실 거라고 생각했습니다. 하지만 이는 제 노파심에 불과했던 것 같습니다. 저는 솔직한 편이라, 최대한 연재 선생님께 많이 물어보고 지원하려고 노력했습니다. 연재 선생님은 통합학급 친구 모두를 지도하셔야 했고, 저는 그 안에서 개별적인 지원을 하기 위해 노력해야 한다고 생각했습니다. 그래서 선생님의 마음이 괜찮은지, 오늘 어려웠던 것은 없었는지를 물어보려고 노력했습니다. 마음을 나누는 것은 관계 형성에도, 우리가 소진되지 않기 위해서도 필요하다고 생각했기 때문입니다.

날다람쥐 친구의 경우, 연재 선생님 입장에서는 참 어려울 법도 한데, 이 친구가 왜 불편해하는지, 이럴 땐 어떻게 하면 좋을지를 수시로 고민하고 좋아하는 것을 교실에 비치하려고 노력하고 계셨습니다. 이 모든 것은 통합지원을 서로의 큰 책임으로 여기고 수시로 대화를 나누고 사건을 공유하는 시간을 틈틈이 가지고 있는 덕분이라 여겨집니다. 연재 선생님은 유치원에서 맡고 계신 업무가 매우 많으신데도 불구하고, 이렇게 세심하게 아이들을 돌봐주시는 모습에 감동을 받았습니다.

날다람쥐 친구는 원래 또래에게 관심이 없고, 강당 안쪽까지 들어가기 힘들어 하던 아이였습니다. 그런데 우연히 강당의 한가운데로 가게 되었을 때, 연재 선생님의 절묘한 타이밍의 지원으로 또래 친구 4명과 함께 스카프 놀이를 5분 이상 함께했던 일이 있었습니다. 또래가 근처에 오면 후다닥 달아나거나 강당 가운데에 자신이 있다는 것을 깨달으면 구석으로 도망가던 아이였지만, 그날은 유독 친구들과 눈을 맞추고, 친구들이 위에서 흔들어 떨어뜨리는 스카프를 잡으며 즐거워했습니다.

이러한 지원이 가능했던 이유는 우리가 서로 대화를 많이 나누고, 서로를 많이 이해하고 있기 때문이라고 생각합니다. 날다람쥐 친구의 어려움을 함께 고민하고, 해결책을 모색하는 과정에서 우리는 서로의 강점을 살려 창의적인 해결책을 찾아냈습니다.

## 6. 영유아들의 작은 변화와 성장을 격려

영유아들의 작은 변화와 성장을 발견하기 위해, 우리는 꾸준한 기록을 통해 발전한 부분을 파악합니다. 기록을 하다 보면 문득 아이가 발전했다는 것을 알게 되고, 그때마다 연재 선생님과도 나누며 함께 칭찬해 줍니다. 이러한 변화를 더 많이 발견하기 위해 노력하고, 변화가 보일 때 항상 칭찬을 해주고 있습니다. 예를 들어, 수다쟁이 친구의 경우 사진을 찍어 같이 보면서 이야기를 많이 나누는데, 이게 생각보다 큰 강화물이 되고 있습니다. 엄마와 연재 선생님께 보낸다는 말을 들으면 더 잘하려고 노력하는 모습을 보입니다.

### 칭찬, 보상, 인정 등 긍정적인 피드백 제공

긍정적인 피드백을 제공하기 위해, 우리는 작은 발전이라도 표현할 수 있는 기회를 수시로 제공합니다. 예를 들어, 이름을 불렀을 때 반응해 주는 작은 행동에도 칭찬을 하여 긍정적인 행동이 지속적으로 증가하도록 유도합니다. 또한 수다쟁이 친구의 경우 기억할 수 있기 때문에 '○○이의 하루'라는 약속 카드를 만들어 활용하고 있습니다. 이 친구가 어려워하는 행동 2~3개를 약속으로 정하고, 교육과정 시간이 끝났을 때 확인하고 강화로 스티커를 붙인 후 이것을 모아 뽑기를 해보고 있습니다. 이 행동에 대해서도 통합학급 선생님과 나누어 지도 시 포인트를 주실 수 있도록 지원하고 있습니다.

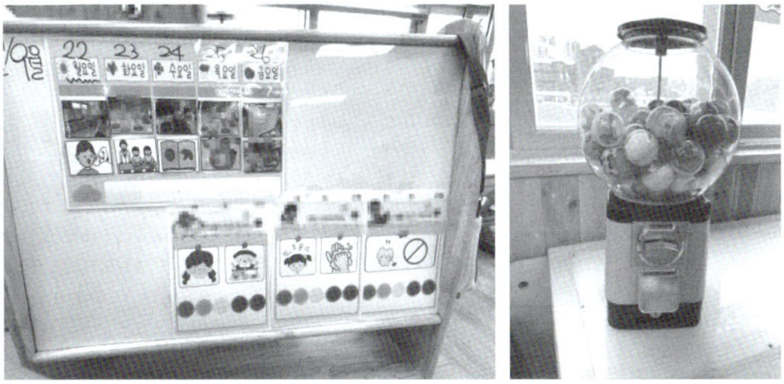

일주일 계획표, 약속판, 뽑기 강화물

## 7. 작은 변화, 큰 연결 : 통합학급에서 피어난 두 아이의 성장

영유아들의 발달 특성과 요구를 고려한 교실 환경 구성과 통합교육은 영유아들의 사회성, 학습 능력, 자존감 등 다양한 측면에서 긍정적인 변화를 이끌어 냈습니다. 개별화된 지원, 협력 학습, 동료 교수 전략을 통해 학습 능력을 향상시키고, 성공 경험과 긍정적인 피드백을 통해 자존감과 자신감을 높였습니다.

가장 기억에 남는 통합교육 성공 사례는 수다쟁이 친구와 날다람쥐 친구의 변화입니다. 수다쟁이 친구는 친구들에게 뭔가 요청을 할 때 시선을 잘 맞추지 않고, 자기 할 말만 하고 친구의 말을 듣지 않아서 친구들 입장에서는 같이 놀기 힘든 친구였습니다. 학기 초에는 여기저기서 "하지 마~ 오지 마~"라는 이야기가 많이 들려왔고, 수다쟁이도 많이 속상해하며 울거나 삐치는 일이 다반사였습니다.

## 수다쟁이 친구의 성장

통합학급에서 진행하는 인성프로젝트 덕분에 수다쟁이 친구는 정리정돈을 하기 싫어하던 습관을 고치고, 친구들과 협동하여 협동보석을 얻으려고 블록을 정리하기도 합니다. 친구들에게 같이 놀자고 다가가기도 하고, 종이접기와 같은 힘든 활동에도 도전하는 모습을 보입니다.

우리는 수다쟁이 친구가 친구들과 원활하게 소통할 수 있도록 지속적으로 상황을 설명해 주고, 하고 싶은 말을 바르게 하는 연습을 시켰습니다. 또한 "그럴 수 있다"는 것을 이해하기 위해 노력했고, 연재 선생님께서도 기울어짐 없이 학급 또래들과 수다쟁이를 잘 지도해 주셨습니다. 그 노력 덕분에 2학기 들어서 수다쟁이는 친구들의 놀이에 함께 놀자는 의사를 표현하며 다가가고, 친구들도 "이렇게 기다려야 해", "우리는 지금 이렇게 놀고 있어" 등의 설명을 해주며 함께 놀이하고 있습니다. 갈등이 생겨도 수다쟁이가 울거나 삐치기보다는 그 안에서 자기 변호도 하려고 노력하고, 사과도 하려는 모습이 기특합니다.

또래들 중에서도 유독 수다쟁이를 탓하는 친구가 있었는데, 최근에는 수다쟁이를 탓하는 친구에게 "수다쟁이가 그렇게 하지 않았다"고 수다쟁이 편을 들어주는 친구도 생겼습니다. 이런 경험이 수다쟁이가 또래와 더 어울릴 수 있는 기회가 되어주었고, 요즘은 자신감도 제법 붙었습니다. 친구들과 재미있었던 놀이를 다음 날 자기가 먼저 주도해서 시작해 보기도 합니다.

학습 능력 향상을 위해 우리는 개별화된 지원과 협력 학습, 동료 교수 전략을 활용했습니다. 예를 들어, 통합학급에서 젓가락 사용하기 활동을 하면서 젓가락 대회를 열었습니다. 수다쟁이 친구는 소근육이 약하고 젓가락 사용을 싫어했지만, 대회를 연다는 말에 열심히 연습하게 되었습니다. 통합학급에서는 보드게임을 준비해 주셨고, 폼폼이를 사용해 모든 또래들이 열심히 연습하는 환경을 구성했습니다. 이는 동료 교수의 좋은 예입니다. 특수학급에서는 좋아하는 과자를 젓가락으로 집어 먹는 놀이 활동을 통해 개별화된 지원을 제공했습니다. 덕분에 대회에서 시간 내에 성공할 수 있었고, 급식시간에 젓가락을 사용하는 용기도 생겼습니다.

자존감과 자신감을 높이기 위해, 우리는 성공 경험과 긍정적인 피드백, 지지적인 환경 조성을 활용했습니다. 수다쟁이 친구는 인성보석 프로젝트를 통해 자신감과 자존감이 많이 향상되었습니다. 통합학급 또래들 대부분이 그런 부분에서 탄력성을 보이는데, 수다쟁이 친구도 편식을 이겨보려 노력하고, 또래들에게 친절하게 말하려 노력하며, 협동하고 도전하는 모습을 보입니다. 예를 들어, 용기보석 덕분에 종이접기도 성공하고, 젓가락질도 도전하며, 편식하던 음식에도 도전하면서 보석을 얻었습니다. 가정에서도 용기보석을 자랑하며 편식에 도전하고 있습니다.

또한 또래들이 종이접기에 관심을 보이기 시작하자, 교통기관을 좋아하는 수다쟁이와 종이를 좋아하는 날다람쥐의 흥미를 고려하여 비행기와 배를 접어볼 수 있도록 비행기 시합장을 복도에 만들고, 배를 띄울 수 있게 화장실 개수대에 물을 받아주셨습니다.

## 날다람쥐 친구의 성장

날다람쥐 친구는 아직도 친구들에게 큰 흥미를 보이지는 않지만, 또래들이 날다람쥐에게 꾸준한 관심을 보이고 있습니다. 날다람쥐가 좋아하는 놀잇감을 가지고 와서 슬그머니 준다거나, 날다람쥐가 오랜만에 다른 것을 가지고 놀면 와서 "오늘은 왜 이걸로 노냐?"고 물어보기도 합니다. 유아특수교사를 중간에 두고 소꿉놀이를 아주 짧게 시도해 보기도 하고, 어디선가 날다람쥐가 좋아하는 종이들을 가지고 와서 주기도 합니다. 날다람쥐가 좋아하는 것, 싫어하는 것을 연재 선생님께서 또래들에게 생활 속에서 설명을 많이 해주셔서 또래들 입장에서도 익숙해진 것 같습니다. 아직 원활한 소통을 하기까지는 시간이 더 필요하겠지만, 친구들의 관심을 받는 것이 익숙해져서인지 달아나지 않는 날다람쥐를 보니 큰 변화가 생겼다는 마음에 뿌듯합니다.

수다쟁이는 배와 비행기를 접어달라고 하기 시작했고, 점점 또래들에게 물어보도록 유도하였습니다. 이를 통해 종이접기를 함께하고, 비행기를 날리고 배를 띄우며 상호작용이 눈에 띄게 늘었습니다. 날다람쥐 친구는 종이를 두드리고 흔들며 소리와 흔들리는 느낌을 탐색하며 찢지 않고 시간을 보냈습니다.

또한 시각적 단서를 제공하여 아이들이 스스로 물건을 정리할 수 있도록 지원했습니다. 날다람쥐 친구와 수다쟁이 친구 모두 자기 물건을 스스로 정리할 수 있도록 지원하는 시각적 단서 덕분에, 이제는 알아서 척척 해낼 수 있습니다. 이런 환경 구성을 통해 잔소리는 덜 듣고, 칭찬은 잘 받는 상황이 지속되며, 습관화로 넘어가게 되었습니다. 수다쟁이 친구는 중간에 특수학급 사물함에서 통합학급 사물함으로 정리 장소가 바뀌면서 아직 변화의 시기를 겪고 있지만, 곧 잘해낼 거라 믿습니다.

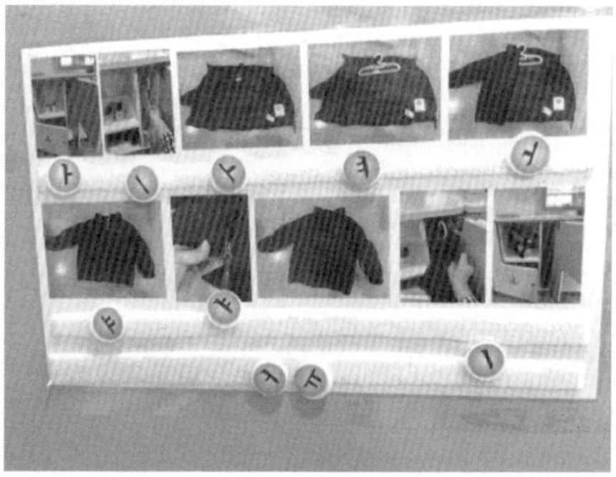

자기 물건 정리하기 시각적 단서

## 8. 복도에서 시작된 배려 : 통합이 녹아든 학교 온기

사실 학교 문화를 의도적으로 변화시키기 위해 특별히 노력을 기울인 것은 없습니다. 하지만 교무실에서 우리끼리 협의하고 나누는 대화를 곁에서 들으면서 다른 선생님들의 생각이 달라지는 것을 느낄 수 있었습니다. 통합학급이 아니어도, 통합학급 경험이 있든 없든 관계없이 우리 아이들에 대한 관심을 보이기 시작하시고, 변화를 함께 느껴주시며, 복도에서 만나면 꼭 관심을 보여주며 인사를 나누어 주십니다.

원감 선생님께서는 아침마다 영유아들의 컨디션을 확인해 주시고, 도움이 필요한 게 없는지 늘 살펴주십니다. 행정사 선생님들과 급식실 분들도 우리 아이들에게 아는 척을 해주시며 살펴주세요. 이런 관심들이 모이다 보니, 아이들은 어른이 인사하면 맞인사를 자연스럽게 익히게 되었습니다. 계단을 오르내리는 영유아들의 안전을 관찰해 주시거나, 복도에서 마주치면 작은 것이라도 찾아 칭찬해 주시며 응원해 주십니다. 특히, 제가 모르는 작년, 재작년의 아이들 모습과 비교해 많이 자라고 변화된 모습에 대한 응원을 해주실 때는 정말 감사합니다. 무언가 애를 써서 문화를 바꾸어 가는 것도 중요하지만, 이렇게 일상 속에서 자연스럽게 녹아드는 변화도 참 즐거운 일입니다. 이러한 작은 관심과 응원들이 모여서 학교 전체가 따뜻한 문화를 만들어가고 있습니다.

### 서로에게 전하는 진심 : '우리'는 함께 성장한다

사랑하는 김연재 선생님께

선생님과 함께 첫 통합교육을 경험할 수 있었던 것은 제게 정말 큰 행운이었습니다. 선생님께 진심으로 감사하다는 말씀을 드리고 싶습니다.

나이 차이도 많이 나고, 놀이에 대해 다소 보수적인 생각을 가진 저와 협력해서 통합학급을 이끌어 나가기 힘든 점이 많았을 텐데, 그럼에도 불구하고 어려워하거나 망설이지 않으시고 많은 의견과 진심을 나누어 주셔서 정말 감사했습니다. 선생님의 열린 마음과 적극적인 소통 덕분에 우리 수다쟁이와 날다람쥐가 더욱 편안하게 적응하고 즐겁게 자랄 수 있었던 것 같습니다.

우리 연재 선생님은 차분하고 다정하시면서도 단단한 기준을 가지고 계신 분이라, 아이들이 선생님을 많이 따르고 좋아하는 모습을 보며 저 또한 선생님의 차분함을 본받아 더욱 발전해야겠다는 생각을 항상 합니다. 선생님의 따뜻한 미소와 아이들을 향한 진심 어린 눈빛은 저에게 깊은 감동을 주었습니다.

우리는 늘 '이동'이라는 피할 수 없는 변수와 마주하며, 떠나고 떠나보내는 것에 익숙해져야 하는 사람들이기에, 함께하는 시간이 유한하다는 사실이 늘 아쉽습니다. 하지만 선생님과 함께했던 소중한 시간과 경험들이 선생님의 앞날에 든든한 거름이 되기를 진심으로 바랍니다.

어디에 계시든, 우리 연재 선생님의 밝은 에너지와 따뜻한 마음은 분명 많은 사람들에게 긍정적인 영향을 줄 것이라고 믿습니다. 선생님의 앞날을 항상 응원하겠습니다.

사랑하는 김연재 선생님, 함께여서 행복했습니다. 진심으로 감사드립니다.

# 제 7 장

# 1+1=무한대의 성장

# 제7장
# 1+1=무한대의 성장

## Section 1

전현태(충북 제천 용두초등학교병설유치원 유아교사)

*협력교수는 서로 다른 렌즈로 아이를 바라보며,*
*가장 선명한 성장 기록을 남기는 예술이다.*

### 1. 서로가 가까워지는 것의 힘

저는 유아교사로서, 처음 통합학급을 맡았을 때 기대와 함께 많은 걱정을 품고 있었습니다. 특히, 통합교육이 처음인 제가 특수교육에 대한 깊은 지식이 부족하다고 느껴, 학부 시절 잠깐 배운 이론만으로는 실제 교실에서의 현장을 이끌어가기 어렵다는 생각에 부담감이 컸습니다. 그래서 저는 특수교육과 통합교육의 실제 사례를 배우기 위해 여러 연수에 참여하며, 끊임없이 성장할 수 있는 길을 찾고자 노력하였습니다.

그런데 특수선생님과의 첫 만남은 제 마음속 모든 걱정을 눈 녹듯 사라지게 하는 놀라운 경험이었습니다. 아이들을 향한 선생님의 뜨거운 열정과 한없이 따뜻한 모습에 깊이 감명받았고, 특히 특수교육대상유아뿐만 아니라 통합반의 모든 아이에게 먼저 다가가려 애쓰시는 다채로운 노력들을 보며, 저는 통합교육의 시작이 결코 거창하거나 어렵지 않다는 사실을 온몸으로 깨달았습니다. 그것은 바로 '서로가 가까워지는 것', 그 작은 한 걸음에서 시작되는 것임을 다시 한번 가슴 깊이 새기는 순간이었습니다.

선생님께서 끊임없이 아이들과 교류하며 보여주신 노력의 결실은, 아이들이 담임교사뿐 아니라 유아특수교사를 정신적으로 의지하는 대상이 되게 만들었습니다. 아이들은 선생님께 고민을 털어놓거나, 함께 놀이를 하면서 정서적 안정감을 찾았고, 이러한 변화는 통합교육이 성공적으로 시작되었음을 보여주는 가장 큰 신호탄이 되었습니다. 그야말로 '짝꿍' 선생님과의 만남은 저에게 통합교육이 무엇보다도 '서로를 이해하고 가까워지는 것'이 핵심임을 깨닫게 해준 소중한 인연이자, 아이들과 함께 성장하는 또 다른 기회를 선물해 준 큰 축복이라고 생각합니다.

4년 전 우리가 처음 만났을 때, 그리고 2023년 다시 만나서

## 2. 아이들을 위한 두 마음의 눈

저는 아이들을 위해 두 마음의 눈을 갖는 것의 중요성을 깊이 느끼고 있습니다. 통합학급을 시작할 때, 특수선생님께서 조심스럽게 제게 건네주신 것은 바로 영

유아들의 개별적 특성과 배려가 담긴 세 장의 A4용지였습니다. 이 자료에는 학부모님과의 상담, 아이들을 만나기 전에 파악한 유아의 특성들, 그리고 아이별 맞춤 지원 방법이 정리되어 있었습니다. 덕분에 저는 아이들을 만나는 첫 순간부터 마음을 단단히 다지고, 준비된 지원과 배려로 아이들을 맞이할 수 있었습니다. 선생님의 세심한 배려와 따뜻한 지원에 감동했고, 무엇보다 든든한 지원군이 있다는 확신이 들었습니다.

아이들을 관찰하고 이해하는 데 있어서도, 저는 항상 특수선생님께서 보여주신 전문성과 경험을 곁에 두고, 함께하는 태도를 유지하려 노력했습니다. 장애를 가진 영유아들의 돌발 상황에 대처하는 수칙과 방향성을 선생님께서 잡아주셨기에, 저 역시 아이가 어려워할 때마다 자신감을 갖고 지원할 수 있었고, 개별 유아의 특성에 맞는 맞춤 지원을 찾는 폭도 넓어졌습니다. 함께 성장하는 '우리'라는 마음이 신뢰를 바탕으로 더욱 강력한 팀워크를 만들어냈습니다.

또한 두 교사의 관찰과 기록이 얼마나 소중한 자산인지를 체감하며, 영유아들의 작은 변화와 성장을 함께 기록하고 공유하는 일이 자연스럽게 자리 잡았습니다. 아이들이 변화하는 모습들을 함께 축하하고 격려하며, 학부모님과의 연계에서도 그 변화가 자연스럽게 전달되어, 가정에서도 아이들이 더 건강하게 성장하는 모습을 볼 수 있었습니다. 저는 통합거점 유치원 운영 과정에서 다양한 배경과 의견을 가진 선생님들과도 적극적으로 소통하며, 협력하는 문화를 만들어가고자 노력했습니다. 서로의 수업을 공유하고, 아이들이 좋아하는 놀이 소재를 함께 준비하며, 놀이에 필요한 자료를 나누고 함께하자고 제안하는 과정에서, 자연스럽게 공동의 목표와 학습공동체가 형성되었습니다.

## 3. 눈빛과 손길이 엮은 '우리'

우리 교실에서는 무엇보다도 '서로를 이해하고 끈끈한 신뢰를 쌓는 것'이 가장 중요한 힘이라고 믿습니다. 그 힘은 바로 '눈빛'과 '손길'을 통해 만들어지고, 서로를 향한 따뜻한 마음이 자연스럽게 어우러질 때 비로소 '우리'라는 이름이 깊어지고, 아이들은 진짜 하나가 되는 경험을 하게 됩니다. 우리의 벽이 허물어지는 순간, 영유아들의 벽도 허물어지게 되는 것 같습니다. 제가 함께 일하며 느낀 가장 아름다운 순간 중 하나는, "선생님과 특수선생님은 친구죠?"라는 영유아들의 자연스럽고 순수한 질문이었습니다. 이 질문 한 마디에는, 이미 우리 모두가 서로의 벽을 허물고 진짜 '우리'로 거듭났다는 큰 의미가 담겨 있었습니다. 우리가 함께한 시간은, 때로는 작은 이야기와 웃음, 놀이를 통해, 때로는 '좋은 날'이라는 기억으로 쌓였기 때문에 가능했습니다.

서로 다른 두 교사가 하나의 통합교육을 이끌어 가기 위해, 기쁘고 축하하고 싶은 날은 달콤한 디저트 한 접시, 힘들고 지치는 날은 맛있는 음식 한 그릇 먹으며 털어낸 시간들이 우리의 라포를 만들었습니다. 이 과정들이 있어 서로를 믿고 함께 교육할 수 있는 원동력이 되었다고 생각합니다.

특수선생님과 저는 함께 이야기 나누는 시간을 정말 많이 가졌습니다. 유치원에서뿐만 아니라, 퇴근 이후에도 연락하며 영유아들의 이야기가 끊기지 않을 만큼 학급 이야기를 비롯하여 서로의 교육적 가치관에 대해 한참을 공유하곤 했습니다. 그 시간을 통해 서로의 비슷하지만 다른 교육 철학을 이해하고, 학급 운영에 우리의 가치관을 녹여가기 시작했습니다. 서로의 생각을 존중하고 배우며, '우리'만의 색깔을 만들어나갈 수 있었습니다.

유아특수교사와의 소통을 위해 사진과 동영상을 충분히 활용하려고 했습니다. 서로 다른 관점에서 찍은 학급의 사진을 보니 중요한 부분, 놓친 부분을 발견하게 되는 계기가 되었습니다. 사진을 보며 이야기 나누다 보면 몰랐던 사실을 잊지 않고 공유하게 되는 장점이 되었고, 이 사진들은 영유아들의 변화 과정을 한눈에 살펴볼 수 있는 소중한 자료가 되었습니다.

개별화교육계획을 수립하는 과정에서는 특수선생님의 전문성 덕분에 아이에게 필요한 계획을 보다 체계적으로 세밀하게 수립할 수 있었습니다. 이를 실행하는 과정에서 두 교사가 계속하여 소통하다 보니, 변화시켜야 할 부분과 이어기야 할 부분이 한눈에 들어왔습니다. 특수선생님의 날카로운 분석력과 저의 섬세한 관찰력이 시너지를 이루어 아이에게 최적화된 개별화교육을 제공할 수 있었습니다.

선생님과 저는, 아이들 개개인의 특성을 존중하며 끊임없이 소통하고, 함께 노래를 부르거나 놀이를 하며 자연스러운 연대감과 신뢰를 쌓아갔습니다. 어느 날, 대집단 활동을 위해 아이들이 즐겁게 모였으면 하는 바람으로, '코끼리와 거미줄' 노래를 부르며 아이들을 모으고 있었습니다. 그때 아이들이 한 명 두 명 가사에 맞추어 교사 옆으로 와서 손을 잡고 함께 노래를 부르자, 특수교육대상유아도 자연스럽게 앞으로 나왔습니다. 친구들도 어느새 앞으로 안 나온 친구들을 모두 앞으로 부르고, 특수선생님까지 모두 나와 손을 잡고 노래를 불렀습니다. 이 경험을 통해 저는 언어적 표현뿐 아니라 비언어적 행동들이 안겨주는 감동과 연결의 힘을 다시 깨닫게 되었습니다. 아이들이 내민 손길, 함께 부르는 노래, 즐거운 몸짓들은 서로의 다름을 자연스럽게 받아들이고 존중하는 통합교육이 얼마나 강력한지 보여주는 가장 아름다운 증거들이었습니다.

"우리 이렇게 해볼까?" 이런 이야기 없이 노래를 부르며 함께 놀이로 어울릴 때, 영유아들의 그 표정을 잊을 수가 없습니다. 모두가 신나고 행복해하며 뛰던 그 순간이 제 마음속에 깊이 새겨져 있습니다.

그 사례를 통해 언어적 표현뿐만 아니라 비언어적인 표현이 감정을 더 잘 전달할 때가 있다는 것을 깨달았습니다. 함께하고 싶어 하는 그 눈빛, 함께하기 위해 내민 손길, 함께 부르는 노래의 즐거움, 신나는 몸짓 등을 통해 '우리 아이들이 진짜 같은 반이 되었구나' 싶은 생각이 들었습니다. 유아특수교사, 유아교사, 유아 모두가 하나의 팀이 되었다는 게 비로소 느껴졌습니다. 아이들에게서 자발적으로 시작된 행동은 정해진 틀, 규칙이 없기에 서로가 즐거운 방법으로 하나의 놀이가 되어 유아, 교사가 모두 자연스럽게 스며들게 했습니다. 개개인의 특성을 말로 설명하지 않아도 서로 다름을 아이들이 자연스럽게 받아들이고 존중하는 통합교육의 가능성을 맛보았습니다.

함께라서 더 빛나는 우리!

## 4. 공간의 벽을 허물다

통합교육을 실천하면서 공간과 시간의 제약이 때로는 큰 벽처럼 느껴진다는 사실을 깊이 체감하였습니다. 하루의 일부 시간을 통합학급에서 보내고, 다시 특수학급으로 돌아가는 일상 패턴은, 서로 간의 놀이와 활동의 맥락이 끊기게 만들어 아쉬움이 컸지요. 그래서 우리 함께 해결책을 찾기 위해 여러 노력을 했습니다.

특수선생님께서 '모두 함께 특수학급에 가서 남은 시간을 보내는 것'을 제안하셨고, 저는 그 이후로 양쪽 교실을 오가며 공간의 벽을 허물었습니다. 이로써, 아이들은 더 자유롭게 놀고, 서로에게 더 가까워질 수 있는 아름다운 통합교육의 장이 열렸습니다. 아이들이 자유롭게 뛰놀며 두 공간이 하나의 자연스러운 환경으로 연결된 모습은 매우 소중한 변화였습니다. 또한 저는 소통의 중요성을 누구보다 무겁게 여기고 있습니다. 유아특수교사와 유아교사, 학부모와 교사, 유아와 교사 간의 원활한 소통이 바로 변화를 이끄는 핵심이라고 믿습니다. 그래서 매일, 그날그날 있었던 일들을 유아특수교사와 함께 나누며, 서로의 이야기에 귀 기울이고 반성하거나 새로운 목표를 세우는 시간을 가졌습니다. 특히, 학부모님과의 대화에서도 두 교사가 끊임없이 소통하며 내용을 공유하는 것을 보여드리려고 노력하였고, 그 결과 모두 간에 신뢰와 이해가 깊어졌습니다.

이렇게 투명하고 진솔한 소통은 결국 신뢰를 쌓아가고 함께 성장하는 토대임을 느꼈습니다. 학부모님과 이야기를 나눌 때도 유아특수교사와 함께 자리를 마련하여, 두 교사가 소통한 내용을 끊임없이 서로 공유하고 연구하고 있음을 알려드려 불안감을 덜어드리려고 노력했습니다. 투명하고 진솔한 소통은 신뢰를 쌓고, 모두가 함께 성장하는 발판이 되었습니다.

## 5. 이름 부르기에 담긴 희망과 용기

학기 초, 유아특수교사보다 오히려 낯선 사람으로 느껴지는 일반 교사에게 마음을 내어주지 않는 유아가 있었습니다. 그래서 그 유아에게 더 많은 관심을 보이려고 노력했습니다. 특수교육 전문가인 유아특수교사에게 유아의 행동에 대해 수시로 질문하고, 교사가 애정과 관심을 가지고 있음이 유아에게 전달되게 하려고 노력했습니다. 사람은 누구나 인정받고 싶은 욕구가 있고, 유아들 또한 인정 욕구가 있었기에 학급에서 일어나는 사소한 상황들에서도 사랑받는 경험을 충분히 제공하려고 노력했습니다. 작은 칭찬과 격려, 따뜻한 눈빛과 미소로 아이의 마음을 열기 위해 끊임없이 노력했습니다.

매일 일과에서 빠지지 않고 실시한 활동이 '이름 카드 부르기'였는데, 친구의 얼굴과 이름 글자에 익숙해질 수 있어 여러 학급에서 실시할 만큼 일상적인 활동이었습니다. 교사가 이름을 부를 때, 특수교육대상유아가 학기 초에는 반응을 보이지 않다가 자신의 이름에 손을 드는 것까지는 성장했으나 말로 대답하지 않는다는 것을 관찰하며 유아특수교사와 고민에 빠졌습니다. 그래서 하루는 유아특수교사가 유아들 앞에서 이름 부르기 활동을 진행하고 제가 특수교육대상유아를 지원했습니다. 또한 교수자를 바꾸어 유아특수교사가 일상적인 활동을 운영하도록 여러 번 하다 보니 어느 날 유아가 자기 이름에 큰 소리로 대답하는 날이 왔습니다.

교사뿐만 아니라 친구들까지 모두 놀라 축하하며 함께 박수쳤던 순간이 잊혀지지 않습니다. 아이의 작은 성장과 변화가 우리의 노력으로 만들어져 큰 한 걸음으로 느껴졌습니다. 그 아이의 용기 있는 외침은 '우리'의 노력이 만들어낸 아름다운 성장이었습니다.

우리의 아름다운 성장(이름 카드 부르기)

우유갑을 순서대로 열고 스스로 마시는 것이 만 3세 유아들에게는 꽤나 어려운 과업이었습니다. 우유 여는 쪽 화살표 찾기, 힘을 주어 우유 날개를 열기, 먹기 편한 모양으로 입구를 열기, 스스로 들고 마시기 등 간단해 보이는 순서들을 체계적으로 단계를 나누어 아이들이 수행할 수 있도록 하자 한 순서를 해낼 때마다 아이들이 자신감을 가지고 실행하는 모습을 보였습니다. 작은 성공 경험이 아이에게 자신도 해낼 수 있다는 자신감을 주고 이것은 자존감 상승으로 자연스럽게 연결되었습니다. 작은 성취감을 맛보며, 자신감과 자존감을 키워나갔습니다.

## 6. 행동 뒤에 숨은 이야기를 듣다

문제행동을 보이는 아이가 있을 때, 원인을 먼저 파악하려고 했습니다. 문제가 나타나는 원인이 한 가지일 때는 그 원인을 해결해 주기 위한 방법을 찾으려고 했고, 원인을 찾기 어려울 때는 그 문제행동이 점진적으로 소거될 수 있도록 긍정적 행동을 더 강화시키려고 노력했습니다. 아이의 행동 뒤에 숨겨진 메시지를 읽어내고, 적절한 도움을 제공하기 위해 끊임없이 고민했습니다.

오전 11시만 넘으면 울기 시작하는 특수교육대상유아가 있었습니다. 먼저 아이가 우는 원인을 찾아보았으며, 아이의 울음을 줄여갈 수 있도록 하루 일과를 유연하게 조정했습니다. 아이가 피곤하고 힘들어하는 시간대를 잘 보낼 수 있는 방법을 찾다 보니, 다른 아이들도 함께 그 친구가 울 때 다가가 이유를 물어봐 주었습니다. 또한 친구가 좋아하는 방법으로 울음을 그치도록 하기 위해 눈을 맞추며 간지럽혀보기도 하고, 웃겨보기도 하는 노력을 보였습니다. 영유아들의 따뜻한 마음과 배려심이 감동적이었고, 함께 문제를 해결해 나가는 과정 속에서 공동체 의식을 키울 수 있었습니다.

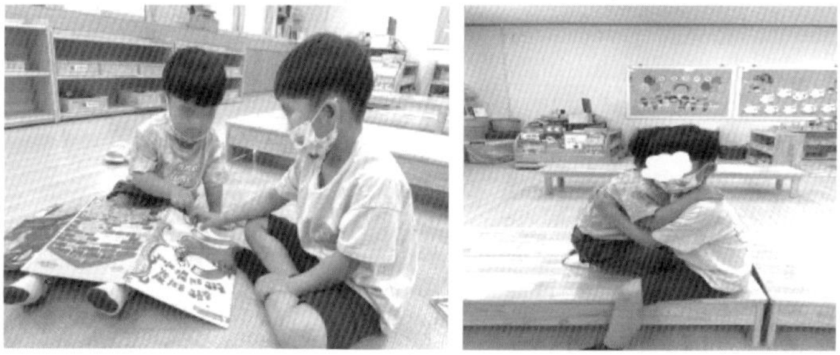

내 마음을 알아주는 친구가 있다는 것

대집단 활동 시간, 착석이 어려웠던 유아가 있었습니다. 함께 연극 놀이를 하고 싶은데, 연극 놀이에는 전혀 관심을 보이지 않고 돌아다니며 계속해서 혼잣말을 하는 아이가 놀이에 함께 참여하게끔 하고 싶었습니다. 그래서 '글자 읽기'를 잘하던 아이의 장점을 활용하여 아이가 책 근처에서 놀이하려고 할 때 칭찬하고 행동을 강화했으며, 아이에게 '해설'이라는 역할을 부여하여 계속해서 말할 기회를 제공했습니다. 그래서 아이는 연극 놀이에 함께 참여할 수 있었습니다. 아이의 강점을 활용하여 자연스럽게 놀이에 참여하도록 유도하는 전략이 성공적이었습니다.

## 7. 불안을 믿음으로 바꾸는 힘

통합교육을 하면 아이가 오히려 문제행동을 학습하거나 피해를 입게 되지 않을지 우려하는 학부모님들이 계셨습니다. 그래서 통합교육의 장점을 더 보여드리려고 노력했습니다. 막연하게 통합교육이 좋다고 이야기하기보다 학급에서 했던 활동에서 아이들이 어떻게 변화했는지 변화의 과정을 상세하게 소개하기 시작하자, 걱정하던 학부모님께서도 통합교육의 이점을 바라보는 모습이 나타났습니다.

### 구체적인 사례와 데이터

학부모님들께 학기 초부터 학급에 대한 이야기를 자주 전했습니다. 우리 반이 통합교육을 실시하고 있으며, 통합교육이 무엇인지, 왜 통합교육을 하는지, 어떤 방향으로 나아가고 싶은지를 전화, 문자, 키즈노트 앱, 소식지 등 여러 방법을 활용하여 지속적으로 이야기를 전달했습니다. 투명하고 꾸준한 소통을 통해 학부모님들의 이해를 돕고, 함께 교육의 방향을 설정해 나가고자 노력했습니다.

유아특수교사가 주로 특수교육대상유아의 학부모와 소통하다 보니, 유아교사는 아이에 대해 관심이 부족하다는 오해를 받은 적이 있었습니다. 그래서 함께 만나는 자리를 마련하여 이야기하기도 하고, 제가 먼저 더 연락드리려고 노력했습니다. 등하원 시 마주칠 때는 아이의 사소한 일상이나 변화에 대해 기록한 부분을 한 마디라도 꼭 전하려고 했습니다. 학부모님들과의 만남을 통해 아이에 대한 정보를 공유하고, 교육 방향을 함께 논의하며 긍정적인 관계를 형성하고자 노력했습니다. 학부모님께 개인 연락처를 공유해 드리고 언제든 편안하게 연락하실 수 있도록 안내를 했습니다. 키즈노트 앱으로 소통하기도 하고, 전화를 자주 활용하여 일상을 전하기도 했습니다. 일반 유아의 학부모님들께서 통합교육에 대해 걱정하시거나 불안해하는 것을 인식하고 통합교육의 이점이 잘 드러나도록 우리의 교실을 더 자주 공개하려고 노력했습니다. 학부모님들의 궁금증과 걱정을 해소하고, 신뢰를 쌓기 위해 적극적으로 소통했습니다.

학부모 참여수업 때도 통합교육을 가장 잘 보여줄 수 있는 수업에 대해 유아특수교사와 긴 시간 연구했습니다. 여태껏 우리는 통합교육으로 함께하고 있음을 아이들과 학부모님들께 강조해 왔기에, 이런 마음가짐과 일상적인 모습을 자연스럽게 수업에 녹여내고 싶었습니다. 그래서 아이들이 관심을 보였던 '부엉이'라는 주제를 선정하여 같은 주제를 두 교사가 수업을 나누어 실시했습니다. 꽤 긴 시간 이어지는 수업에서 집중력이 짧은 아이들이 마지막까지 함께 참여할 수 있도록 수업을 연구했습니다. 그래서 이야기 나누기, 미술, 율동의 수업에 이어 유아들이 오감으로 먹어보고 탐색할 수 있는 식재료를 제공하여 요리 활동으로 연결 지었습니다. 이렇게 하다 보니 자연스럽게 통합교육의 교실, 협력교수의 모습을 학부모님들께 보여드릴 수 있었습니다. 학부모님들께서는 아이들이 즐겁게 참여하고, 서로 협력하는 모습을 보며 통합교육의 긍정적인 효과를 직접 확인하실 수 있었습니다.

바라보는 것만으로 행복한 너희들

### 서로에게 전하는 진심 : '우리'는 함께 성장한다

존경하는 김소원 선생님께

선생님! 감히 말씀드려도 될까요? 선생님은 제가 만난 최고의 유아특수교사라고 자신 있게 말할 수 있습니다. 아이들이 선생님을 얼마나 좋아하는지, 그 영유아들의 웃음소리를 다시 듣고 싶어서 매일매일 치열하게 고민하며 함께 만들어갔던 우리의 교실, 그 시간들은 제 기억 속에 영원히 아름다운 추억으로 남을 것 같습니다.

그 힘들다는 체험학습마저도 선생님, 그리고 우리 아이들과 함께하니 그 어떤 어려움도 즐거움으로 승화되는 마법 같은 경험을 했습니다. 선생님은 단순히 지식을 전달하는 것을 넘어, 아이들과 진심으로 소통하고 공감하며, 아이들 스스로 성장할 수 있도록 이끌어 주셨습니다.

선생님 덕분에 저는 통합교육의 진정한 의미를 깨닫고, 영유아들의 다양성을 존중하며 함께 성장하는 교육의 가치를 가슴 깊이 새길 수 있었습니다. 선생님의 헌신적인 노력과 따뜻한 마음은 저에게 큰 영감을 주었으며, 앞으로 제가 교사로서 나아가는 길에 든든한 버팀목이 되어줄 것입니다.

선생님과의 시간은 짧았지만, 제게는 그 어떤 경험보다 소중하고 의미 있었습니다. 다시 선생님과 함께, 우리의 아이들을 위해 함께 고민하고 웃으며, 행복한 교실을 만들어갈 수 있기를 간절히 바랍니다.

선생님, 진심으로 존경하고 사랑합니다!

# Section 2

김소원(충북 제천교육지원청 특수교육지원센터 유아특수교사)

*협력교수는 진정한 소통을 통해 서로의 교육 철학을 확장하는 용기 있는 도전이다.*

## 1. 달라도 모두 다 친구야

제가 근무하던 곳은 대부분의 유아교사들이 '특수교육대상자'를 경험해 보지 못한 단설유치원이었습니다. 그렇기 때문에 특수교육대상자가 배치된 통합학급을 운영하는 것을 어려워하고 부담스러워하는 선생님들이 대부분이었습니다. 특히나 그 당시만 해도 특수교육대상유아는 정원외 학적관리를 하던 시절이었기에 더욱 그랬습니다. 하지만 전현태 선생님은 달랐습니다. 전현태 선생님은 유아를 바라볼 때 편견 없는 시선으로 바라보셨습니다. 유아 자체로, 다만 발달이 또래보다 지연되어 지원이 필요하니 최대한 환경적인 부분을 모두가 놀이할 수 있는 환경으로 조성하고, 수업이나 활동 시 유아의 특성을 고려하여 기다리고 성공을 경험할 수 있는 기회를 제공해 주는 것이었습니다.

처음에 교사 간 라포를 형성하기 전, 기대나 우려를 공유하기보다는 자연스럽게 학급에서 생활하며 서로의 교직관을 확인하고, 유아들과 어울리며 통합교육에 대한 목표를 '달라도 모두 다 친구야'를 배우는 것으로 삼았습니다. 다만, 통합교육을 처음 경험하는 학부모님들이 가지고 있는 인식에 대한 우려를 어떻게 함께 헤쳐나가면 좋을지를 고민했습니다. 이러한 고민을 통해 우리는 서로의 전문성을 존중하며, 통합교육의 목표를 공유하고 함께 나아갈 수 있었습니다.

다르지만, 그렇기에 더 빛나고 반짝이는 우리들!

첫 팀 구성의 순간, 우리는 서로의 전문성이라는 보석을 소중히 여기며, 각자의 강점이 빛나는 시너지를 만들어낼 수 있도록 뜻을 모았습니다. 마치 하나의 건축물을 짓듯, 통합학급의 따뜻한 환경과 아이들 한 명 한 명을 위한 개별화교육 목표를 함께 고민하며 팀워크의 견고한 주춧돌을 놓았죠. 함께 통합교육 연수를 다니며, 모든 아이들이 저마다의 리듬으로 어우러져 함께 춤추는 학급을 만들기 위해 열정을 쏟았습니다. 그리고 전현태 선생님의 유아를 향한 깊은 사랑과 안정적인 학급 운영의 지혜는 제게 커다란 배움이었고, 통합교육이 아이들의 작은 세상에 드리우는 긍정적인 마법을 선명하게 깨닫는 순간이었습니다.

지금처럼 통합교육에 대한 풍부한 책과 연수가 많지 않던 그때, 우리는 함께 마주했습니다. 당시 통합학급은 교사의 자발적인 선택보다는 때로는 우연처럼 주어지는 경우가 잦았기에 더욱 그러했습니다.

이러한 분위기를 잘 알고 있었던 저는, 학기 초부터 통합학급의 환경 구성과 특수교육대상유아에 대한 깊이 있는 이야기를 먼저 꺼내며 함께 머리를 맞댔습니다. 전현태 선생님께서는 유아의 놀이 방법이나 발달 정도를 세심하게 물어보셨고, 함께 생활하며 개별화교육계획(IEP) 목표를 어떻게 세울지, 그리고 교실 안에서 이 목표를 달성하기 위해 어떤 따뜻한 지원을 할 수 있을지 밤낮으로 함께 고민했습니다.

또한 우리는 손을 맞잡고 통합교육 연수를 다니며 모든 아이들이 저마다의 빛깔로 어우러져 행복하게 놀이하는 학급을 만들기 위해 끊임없이 마음을 모았습니다. 이러한 과정은 유치원이라는 물리적 공간을 넘어, 일과 시간 이후에도 아이들을 위한 깊이 있는 고민으로 이어지는 소중한 밑거름이 되어주었습니다.

통합교육을 성공적으로 이끌기 위해, 저는 전현태 선생님의 유아를 바라보는 시선과 안정적으로 학급을 운영해 나가는 모습, 그리고 유아의 마음을 읽고 공감해 주려는 모습을 배우려고 많이 노력했습니다. 특히 영유아들의 수준을 적절하게 고려한 활동 구성이 가장 인상적이었습니다. 특별한 에피소드가 있기보다는, 함께 통합학급 안에서 생활하면서 전현태 선생님과 제가 비슷한 성향이라는 것을 자연스럽게 느꼈습니다. 힘들었던 유치원 생활 속에서도 통합학급 안에서 유아들의 성장을 바라보며 놀이하는 그 자체만으로도 즐겁고 행복했습니다. 전현태 선생님은 제게 통합교육의 효과가 유아들에게 얼마나 많은 영향을 미치는지 알게 해주셨고, 후에 통합교육을 운영하면서 어렵고 지치는 순간에도 그때 함께했던 기억을 떠올리며 다시 시작할 수 있는 힘을 주셨습니다.

너희와 함께면 두렵지 않아!

## 2. '우리'의 끈을 잇는 소통의 힘

통합학급을 운영하면서 팀원 간의 효과적인 의사소통을 위해 다양한 전략과 방법을 사용했습니다. 개별화교육지원팀 회의나 통합교육협의체 회의와 같은 공식적이고 정기적인 회의는 이름만으로도 부담감을 주는 경우가 많았습니다. 통합학급을 운영하는 데 있어 선생님들께 가장 낯설고 어려움을 유발하는 것들이 이러한 이름이 주는 부담감이었습니다. 전문적이어야 할 것 같고, 적극적으로 무언가를 시도해야 할 것 같은 그런 부담감이 밀려오기 때문에 운영하는 것이 부담스럽다는 선생님들의 이야기를 들은 적이 있습니다.

이러한 부담감을 해소하기 위해, 저는 교육과정 운영을 마친 뒤에 이야기를 나누거나, 일상 속에서 아이들이 들어올 수 있도록 전현태 선생님과 라포를 형성해 나가는 시간을 가졌습니다. 이러한 비공식적인 대화는 선생님들 간의 긴장을 풀고, 서로의 의견을 자연스럽게 나눌 수 있는 기회를 제공했습니다. 또한 항상 선생님 덕분에 유아의 성장을 이만큼 이뤄낼 수 있었다는 감사함을 가지고 있었고, 이 마음이 자연스럽게 전달되어 안정적인 통합학급이 운영될 수 있었습니다.

### 교육 철학의 조화 : '우리'만의 색깔을 만들어가다

통합교육을 실천하면서 교육 철학과 가치관의 차이를 경험했지만, 이러한 차이를 대화와 존중을 통해 조율하며 합의점을 찾아갔습니다. 전현태 선생님의 따뜻하고 기다리는 교육 방식은 학급 안에서 유아들의 자연스러운 성장을 이끌어내는 데 큰 역할을 했습니다. 이러한 과정을 통해 우리는 서로의 강점을 살려 '우리'만의 색깔을 만들어갈 수 있었습니다.

통합교육을 실천하면서, 저와 전현태 선생님 사이에는 교육 철학과 가치관의 차이가 있었습니다. 저는 유아의 행동을 너그럽게 바라보기보다는 빨리 중재하여 사회적으로 수용할 수 있는 행동으로 변화시켜야 한다는 조급한 마음을 가지고 있었습니다. 반면 전현태 선생님은 유아의 행동에 대해 이유를 찾으려고 노력하셨고, 반복해서 따뜻한 말을 건네며 유아가 진정될 수 있도록 기다려주셨습니다. 이러한 차이점이 처음에는 조율이 필요했지만, 서로의 의견을 존중하며 합의점을 찾아갔습니다.

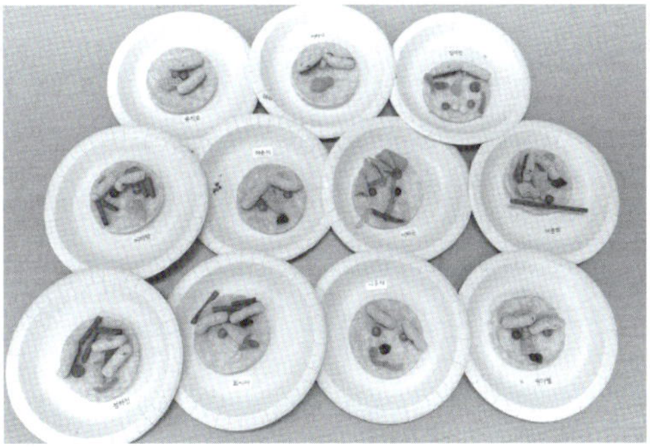

제각각의 속도로 성장하는 우리들이지만 마음은 하나!

## 3. '우리' 교실 공간의 비밀

통합교육의 성공은 영유아의 발달 특성과 요구를 세심하게 반영한 교실 환경 구성에 달려 있었습니다. 우리는 안전, 접근성, 편안함, 심미성을 최우선 가치로 삼아, 아이들이 정서적 안정감 속에서 마음껏 성장할 수 있는 공간을 마련했습니다. 이러한 세심한 배려는 모든 유아가 자연스럽게 서로를 존중하고 이해하는 태도를 키우는 데 중요한 역할을 했습니다.

특히, 통합학급과 특수학급을 근거리에 배치하도록 사전에 긴밀히 협의하고 조율했습니다. 그 결과, 특수교육대상유아에게는 필요한 휴게 공간을 제공하면서도, 통합학급 전체는 특정 유아만을 위한 '특별한 배려'가 아닌, 모든 유아가 함께 어우러질 수 있는 '보편적이고 따뜻한 배려'를 기반으로 운영될 수 있었습니다.

교실 환경을 구성할 때, 우리는 "당연한 배려는 없다"는 것을 강조했습니다. 하지만 누구든 배려받을 수 있고 소중한 존재라는 것을 유아들이 자연스럽게 느낄 수 있도록 환경을 조성했습니다. 예를 들어, 교구 배치 시 많은 놀잇감을 한 번에 배치하기보다는 점차 놀잇감의 개수를 늘려가며 학급에 적응해 나갈 수 있도록 했습니다. 이를 통해 아이들이 새로운 환경에 서서히 적응하며, 안정감을 느낄 수 있도록 지원했습니다.

교실 내에서는 놀이, 학습, 휴식 등 균형 잡힌 활동을 위한 다양한 공간을 구성했습니다. 예를 들어, 놀이 영역에서는 아이들이 자유롭게 탐색하고 상호작용할 수 있는 공간을 마련했고, 학습 영역에서는 집중력이 필요한 활동을 위한 조용한 공간을 제공했습니다. 또한 휴식 영역에서는 아이들이 피로를 풀고 안정을 취할 수 있는 편안한 공간을 조성했습니다. 이러한 공간 구성은 아이들이 하루 동안 다양한 활동을 균형 있게 경험할 수 있도록 도왔습니다.

## 4. 서로를 존중하며 함께 성장하는 길

저는 전현태 선생님과 유치원에서 처음 만났지만, 동료 교사로서 더 나아가 친구로서 앞으로 인생을 살아가면서 서로에게 필요한 존재가 되었다고 생각합니다. 통합교육을 통해 맺을 수 있었던 귀한 인연이었습니다. 우리는 서로를 존중하고, 서로의 취미를 공유하며, 서로의 일상을 공유하면서 진정한 동반자가 되었습니다.

그래서 어느 순간부터는 우리의 일상에서 유아는 대화 속에서 빠질 수 없는 존재가 되었고, 일상이 되었습니다. 또한 통합교육을 하며 실시하는 협력교수의 다양한 유형이 교사로서 저를 수업, 활동, 개별화교육계획 목표 작성 등에서 성장을 이끌어내는 것을 경험했습니다. 이러한 경험은 끊임없이 더 나은 사회를 만들어 나가고자 하는 동력이 되었습니다. 통합교육은 단순히 유아를 위한 교육이 아니라, 교사 자신의 성장과 변화를 이끌어내는 중요한 과정이기도 합니다.

하나가 되어가는 여정!

통합학급을 운영하면서 가장 많이 들었던 말은 "그렇게까지 해야 해? 다른 유치원은 통합학급에 30분, 1시간 정도만 놀다 간대 유난 떨지 마."라는 말이었습니다. 이 말은 저뿐만 아니라 통합학급을 함께 운영하는 전현태 선생님께도 마찬가지였습니다. "적당히 하라"는 말은 함께 성장해 나가는 모든 유아를 바라보며 에너지를 얻어가는 우리들에게는 상처와도 같은 말이었습니다. 하지만 그럼에도 불구하고, 우리는 포기하지 않았습니다.

착석을 하지 못했던 유아가 착석하며 활동에 참여하는 모습, 언어로 표현하는 것이 어려웠던 유아가 간단한 단어로 말을 하는 모습 등 영유아들의 작은 성장을 유치원의 모든 선생님들이 경험하게 되면서 통합교육의 빛나는 가치와 힘이 전파되었습니다. 이러한 성장은 단순히 시간과 자원의 문제를 넘어서, 아이들과 함께 하는 모든 순간이 얼마나 소중한지를 다시 한번 깨닫게 해주었습니다.

저는 이러한 경험을 통해 통합교육이 단순히 특수한 상황에 있는 아이들을 위한 것이 아니라, 모든 아이들이 함께 성장하고 배우는 과정임을 다시 한번 확신하게 되었습니다. 예상치 못한 어려움 속에서도 우리는 함께 헤쳐나가며, 영유아들의 미래를 위해 더 나은 교육 환경을 만들어가고자 합니다. 통합교육의 가치는 단순히 눈에 보이는 결과가 아니라, 그 과정 속에서 함께하는 모든 이들이 느끼는 소중한 변화와 성장에 있습니다.

그리고 개별화교육계획(IEP)을 수립할 때, 저는 특수교육을 전공한 교사로서 특정 부분에서 지원이 필요할 것 같다는 점을 제안했습니다. 예를 들어, "이러한 부분에 지원을 함께한다면 이러한 성장이 기대된다"는 이야기를 나누었고, 전현태 선생님께서는 통합학급 생활에서 어떤 활동을 계획하면 좋을지, 어떤 부분에서 지원을 더 하면 좋을지에 대해 함께 논의했습니다. 이러한 협의는 학기 초 IEP 작성 시뿐만 아니라 시시때때로 유아에 대한 대화를 나누며 유아의 목표가 달성될 수 있도록 노력했습니다.

통합교육을 통해 가장 보람을 느꼈던 순간은 모든 게 달랐던 유아들이 서로를 이해하고 배려하는 모습이 형성되는 과정을 느낄 때였습니다. 서로가 서로에게 힘이 되고 위로가 되어주는 존재임을 알 수 있을 때, 교사인 저보다 친구가 특수교육대상유아를 더 잘 알고 함께할 수 있는 존재라는 사실을 깨달았을 때 큰 감동을 느꼈습니다. 또한 통합학급 안에 있으면서 특수교육대상유아뿐만 아니라 모든 유아에게 선생님이라는 존재가 유아를 지켜주고 응원해 주는 존재라고 유아들이 생각해 주었을 때, 모두가 하나됨을 느꼈습니다. 유아특수교사를 넘어서 통합학급을 함께 운영하고 있는 교사라는 것이 유아에게도, 학부모님께도 전달되었을 때, 그 따뜻한 경험이 유아들이 살아갈 사회에서 분명 자양분이 되어 다름을 이해하는 세상으로 만들어갈 수 있다는 것을 확신하게 되었습니다.

다양한 다름 이해 교육과 함께하는 체험학습을 통해 유아들이 서로를 이해하고 배려하는 마음을 키우는 과정을 보여주며, 통합교육의 가치를 알리기 위해 노력했습니다. 이러한 활동을 통해 유아들이 자연스럽게 다름을 받아들이고, 함께 성장해 나가는 모습을 보여주며, 통합교육에 대한 인식을 개선시키기 위한 노력을 꾸준히 시도했습니다. 제도적 한계는 여전히 존재하지만, 우리는 함께 극복해 나갈 수 있습니다.

> "살아가도 보면 열심히 쌓아온 탑이
> 나의 실수로 우르르 무너지기도 하고
> 차근차근 쌓아온 모래성이
> 누군가에 의해 한순간 무너지기도 하지.
>
> 그럴 때 네가 잊지 말아야 할 것은 단 하나야.
> 그런 것쯤, 당신 하나만 무너지지 않으면
> 언제든 다시 쌓을 수 있다는 것"
>
> 정영욱 '편지할게요 中'

**통합교육이란 건 협력 속에 배우며 성장하고,**
**다시 일어날 수 있는 힘을 얻는 것**

## 서로에게 전하는 진심 : '우리'는 함께 성장한다

존경하는 전현태 선생님께

"서로에게 전하는 진심 어린 메시지"라는 제목처럼, 선생님과 함께 걸어온 통합교육의 여정은 제게 깊은 감동과 큰 의미로 다가옵니다. 혼자서는 절대 이룰 수 없는 이 길을 함께 걸어와 주신 선생님께 진심 어린 감사와 존경, 그리고 뜨거운 응원의 마음을 전합니다.

우리 전현태 선생님과 함께하지 않았다면, 저는 결코 이토록 의미 있는 통합교육을 실천할 수 없었을 것입니다. 부족한 저를 항상 따뜻하게 북돋워 주시고, 넓은 마음으로 이해해 주시며, 무엇보다 특수교육대상유아를 우리 반의 소중한 아이로, 함께하는 학급 구성원으로 진심으로 받아들여 주신 선생님의 따뜻한 마음에 깊은 감동을 받았습니다. 선생님의 그 마음은 우리 반 아이들에게 '다름'을 자연스럽게 받아들이고 이해하며, 서로를 배려하는 따뜻한 인성적 가치를 함양할 수 있는 튼튼한 기반을 마련해 주었습니다.

짧은 교직생활이지만, 선생님과 함께하며 이처럼 따뜻한 학급 경영과 운영을 배울 수 있었던 것은 전적으로 선생님 덕분입니다. 선생님의 헌신과 열정은 저에게 큰 영감을 주었고, 선생님과 함께하는 모든 순간이 소중한 배움의 시간이었습니다. 선생님의 긍정적인 에너지와 아이들을 향한 진심은 저에게 큰 힘이 되었고, 더욱 적극적으로 통합교육에 참여할 수 있도록 이끌어 주셨습니다.

앞으로도 우리가 함께하는 이 길에서 더 많은 아이들이 서로 존중하고 협력하며 성장하고, 서로를 진심으로 이해하며 더 나은 미래를 만들어갈 수 있기를 진심으로 바랍니다. 선생님과 함께라면 어떤 어려움도 극복하고, 더욱 아름다운 세상을 만들어갈 수 있다고 믿습니다.

우리는 함께 성장하며, 서로에게 든든한 힘이 되어주는 소중한 동반자입니다. 전현태 선생님의 끊임없는 노력과 뜨거운 열정에 깊이 감사드리며, 앞으로도 우리가 함께하는 모든 순간이 더욱 빛나기를 간절히 기대합니다. 함께하는 이 아름다운 여정이 우리 모두에게 큰 자랑이자, 평생 잊지 못할 소중한 추억으로 영원히 남을 것임을 굳게 믿습니다.

존경하는 전현태 선생님, 진심으로 감사드립니다. 선생님이 함께해 주셔서 정말 행복합니다.

# 제 8 장

# 그냥 해! 함께라서 대박!

# 제8장
# 그냥 해! 함께라서 대박!

## Section 1

류은영(경북 구미초등학교병설유치원 유아교사)

*협력교수는 '모든 아이가 우리의 아이'라는 것을 알게 해주는*
*진정한 통합교육의 실천입니다.*

### 1. 처음 만남, 예감하는 대박

2011년, 제가 교직에 첫발을 내딛던 해는 전국적으로 유치원 특수학급이 막 생겨나던 혼란의 시기였습니다. 유아특수교사가 정확히 어떤 역할을 하는지, 협력교수는 왜 필요한지, 통합교육의 진정한 의미가 무엇인지에 대한 이해는 턱없이 부족했죠. 스물다섯, 패기 넘쳤지만 동시에 모든 것이 낯설고 두려웠던 신규 유아교사였던 제게 그 시절은 눈물 없이는 회상할 수 없는 암흑기였습니다. 마치 황무지에서 홀로 길을 개척해야 하는 기분이었달까요. 하지만 속으로는 늘 다짐했습니다. '이깟 통합이 뭐라고? 내가 통합교사만 되어봐라. 통합교육 끝내주게 해줄테다!' 늘 마음속에 품으며 밖으로 꺼내지 못했던 말입니다. "그렇게 될 일은 반드시 된다"는 인디언 속담처럼 통합교사는 진짜 저의 운명이었을까요? 시간이 흘러

2019년 9월, 저는 유아교사로서 새로운 시작을 하게 되었습니다. 잊고 지냈던 오래된 다짐을 다시 꺼내 들었습니다. '유아특수교사 같은 통합교사가 되어, 진정한 협력을 실천하리라!' 그리고 마침내 2022년, 운명처럼 송선영 선생님을 만났습니다. 선생님은 유아특수교사로서 풍부한 경험은 물론, 초등학생 자녀를 둔 워킹맘이었습니다. 출근 첫날, 교실 전체를 막힘없이 척척 정리하고 환경을 새롭게 구성하는 능숙한 손길은 범상치 않았습니다. '아, 이 선생님이야말로 나와 같은 이상을 품고 있구나!' 2022년, 저는 직감했습니다. 우리, 뭔가 '대박'을 낼 수 있겠구나!

## 2. "그냥 해"로 열어간 우리만의 통합교육

유아특수교사로서의 정체성이 강했던 제게 통합교육은 두려움보다는 설렘으로 다가왔습니다. 오히려 유아특수교사 시절에는 주도적으로 펼치기 어려웠던 여러 가지 제약들이 더 이상 장애가 되지 않는다는 사실에 해방감마저 느꼈죠. 적어도 실제로 통합교육을 경험하기 전까지는 그랬습니다.

하지만 기대했던 통합교사가 되어보니, 유아특수교사 시절에는 미처 알지 못했던 새로운 시각이 필요했습니다. 저에게는 특수유아 1명을 포함한 24명의 만 5세 유아들이 있었고 전체를 보아야 하는 큰 눈도 필요하다는 사실을 깨달았습니다. 그렇게 통합교사라는 새로운 렌즈로 학급을 경영하다 보니 절대 닮고 싶지 않았던 통합교사들의 모습에 가까이 서 있는 저의 모습을 발견했습니다.

정신없이 바쁜 날들 속에 여력이 없다는 핑계로 짝꿍 선생님과 협의의 과정이 생략되는 날들이 반복되었고, 특수유아와 짝꿍 선생님은 일과에 대한 정보 없이 통합교실에 방문하는 날들이 늘어갔습니다. 특히나 주의 전환이 힘든 특수유아들에게 예고 없는 그 시간은 얼마나 힘든 시간이었을까요? 지금 생각하니 너무나 미안한 일입니다.

그럼에도 불구하고 다행이었던 점은, 짝꿍 선생님의 긍정적인 마음과 유연한 태도가 통합교육의 현실적인 장벽을 허무는 놀라운 힘을 발휘했다는 것입니다.

"그냥 해봐요~!" 마치 "Just do it"을 외치는 나이키 광고처럼, 쿨하고 시원스러운 선생님의 격려는 협력교수와 통합교육이 반드시 정교하고 체계적인 사전 협의를 거치지 않아도, 때로는 예상치 못한 융통성을 발휘하며 성공적으로 이루어질 수 있다는 것을 깨닫게 해주었습니다. 우리는 그렇게 쉴 새 없이 돌아가는 유치원의 일상 속에서, "그냥 해!" 정신을 발휘하며 '우리'만의, '우리'에게 최적화된 통합교육을 만들어 나갔습니다.

## 3. 두 사람, 하나의 목표로 달리다

유아특수교사인 송선영 선생님과 저는 요즘 젊은 세대들이 쓰는 표현으로 '같은 재질'의 사람이라고 할 수 있습니다. 새로운 시도에 대해 머뭇거리지 않고 과감하게 도전하는 편이죠. 실패에 대한 두려움을 생각하기 전에 일단 저질러보는, 마치 앞만 보고 달리는 경주마 같은 기질이 있습니다. 물론 속도는 조금 다릅니다. 성격이 급한 저는 주변을 제대로 살피지 못하고 앞서 나가려고 하지만, 침착한 송선영 선생님은 여유롭지만 예민하게 주변의 흐름을 감지하며, 자신만의 리듬으로 단단하게 나아갑니다. 같은 목표를 향해 달리면서도 저는 짝꿍 선생님에게서 균형과 통찰을 배웁니다. 서로 다른 속도지만, 같은 결을 가진 우리는 좋은 시너지를 만들어내는 동반자입니다.

## 4. 강점과 배려로 만들어진 우리

하나의 교실에서 두 명의 교사가 함께 호흡을 맞춰나간다는 것은 결코 쉬운 일이 아닙니다. 영유아들의 생활지도, 환경 구성, 일과 운영, 가정과의 소통 등 모든 순간마다 각자의 교육 철학과 가치관이 드러나기 마련이니까요. 그럼에도 불구하고 제 짝꿍 선생님은 제가 학급을 운영하는 방식 하나하나를 존중해 주셨습니다. 되돌아보면 담임교사로서 아이들과 함께하는 과정에서 시행착오도 많았고, 때로는 부끄러운 순간들도 있었지만, 선생님은 언제나 묵묵히 제 곁을 지켜주셨습니다. 선배 교사로서 직접적인 조언이나 지도를 해주고 싶었던 순간이 분명 많았을 텐데도, 그럴 때마다 조심스럽게 한 발짝 물러서 주신 이유는 아마도 부족함을 감추고 싶었던 후배 교사의 마지막 자존심을 지켜주기 위함이었을 겁니다. 선생님의 배려와 존중 덕분에 저는 더욱 단단해질 수 있었고, 함께한 시간은 제게 깊은 울림으로 남았습니다.

## 5. 강점을 존중하는 교육의 힘

제가 통합교육 관련 강의를 할 때마다 빼놓지 않고 소개하는 감동적인 이야기가 하나 있습니다. 유치원 플리마켓이 열리던 날, 저는 다른 아이들과 함께 물건 판매를 하고 있었는데, 옆 교실에서 정말 잊을 수 없는 장면이 펼쳐졌습니다.

'공룡 그려드립니다'라는 깜찍한 간판 아래, 한 아이가 그림 재능 기부를 하고 있었는데, 그 주인공은 바로 공룡에 대한 해박한 지식을 자랑하는 특수교육대상 유아, '별이'였습니다. 별이는 열 가지가 넘는 공룡들의 특징을 정확하게 구분할 뿐만 아니라, 그것을 그림으로 멋지게 표현해 낼 수 있는 놀라운 재능을 가진 아이였습니다. 플리마켓의 한 코너에서 자신의 강점을 마음껏 뽐내며 그림을 그리는 별이 앞에는 친구들의 긴 줄이 늘어섰습니다. "우와~ 별이 공룡 진짜 잘 그린다!"라며 감탄하는 아이들, 정성껏 그린 공룡 그림 한 장과 덤으로 받은 공룡 딱지를 손에 쥐고 환하게 웃는 영유아들의 모습은 마치 세상을 다 가진 듯 행복해 보였습니다.

무엇보다 늘 친구들에게 자신의 재능을 보여줄 기회가 부족했던 별이에게는 그 시간이 평생 잊지 못할 최고의 순간이었을 것입니다. 그리고 이 모든 것은 송선영 선생님의 번뜩이는 아이디어 덕분에 가능했습니다. 그동안의 유치원 행사는 다수의 아이들이 좋아할 만한 활동을 중심으로 기획되는 경우가 많았지만, 그날의 공룡 그림 코너는 주류 중심의 교육 방식에 대해 깊이 생각해 보는 계기가 되었습니다. 또한 저는 그날 이후 장애 이해 교육에 대한 새로운 방향성을 고민하게 되었습니다. 장애를 억지로 부각하고 이해시키려 하기보다는, 각 개인이 가진 강점을 자연스럽게 드러내고 존중받을 수 있는 교육. 앞으로의 교육은 바로 그런 방향으로 나아가야 한다고 믿습니다.

## 6. 함께 숨 쉬는 순간, 함께 성장하는 시간

유치원이라는 바쁜 일상 속에서 통합교육을 위한 공식적인 협의 시간을 갖는다는 것은 현실적으로 다소 이상적인 이야기일 수 있습니다. 오히려 의무적인 협의가 교사들에게 부담으로 작용해 통합을 꺼리게 만드는 요소가 되기도 하죠.

그렇기에 우리가 선택한 방법은 거창한 회의가 아닌, 소소하지만 진심이 담긴 '비공식적인 대화'였습니다. 가장 이상적인 시간은 같은 교실 안에서 아이들과 함께 숨 쉬는 바로 그 순간입니다. 그때는 영유아들의 모습을 가장 자연스럽게 관찰할 수 있고, 필요한 지원에 대해 즉각적으로 의견을 나누고 조율할 수 있기 때문입니다.

"선생님, 별이가 가만히 보니 친구들이 자기가 원하는 대로 해주지 않으면 장난감을 망가뜨리는 행동을 보이는 것 같아요.", "그러게요. 친구들에게도 무조건 안 된다고 하기보다는 몇 번 정도는 양보하고 배려하는 마음을 가르쳐주는 것이 필요할 것 같아요."

이처럼 짧은 대화 속에서도 우리는 아이의 행동 하나하나를 함께 주의 깊게 관찰하고, 다양한 각도에서 해석하며, 적절한 대응 방안을 함께 고민합니다. 때로는 같은 현상에 대해 서로 다른 해석을 내놓을 수도 있지만, 서로의 관점을 존중하며 귀 기울여 듣는 과정을 통해 미처 생각지 못했던 새로운 시각을 배우게 됩니다. 이 또한 통합교육이 우리에게 선사하는 소중한 배움의 기회입니다. 결국 통합교육은 아이들만이 성장하는 일방적인 시간이 아닙니다. 교사 역시 아이들과 함께 배우고 성장하며, 끊임없이 변화하고 발전하는 살아있는 교육의 현장입니다.

## 7. 교실 밖에서 피어난 통합의 꽃 : 협력의 가치

2022년은 제 교직 생활에 영원히 잊을 수 없는 특별한 해로 기억될 것입니다. 협력의 진정한 가치를 알고 실천하는 최고의 부모님들을 만났기 때문입니다. 요즘 교직이 힘든 이유는 단지 아이들만의 문제가 아닙니다. '내 아이만 금쪽이'라는 태도로 접근하는 일부 부모님들의 영향도 적지 않지요. 저 역시 교사로서 좋은 보호자분들을 많이 만났지만, 때로는 교직을 떠나고 싶게 만드는 '진상' 부모님들도 경험했습니다. 그런 경험들이 쌓이다 보니, 해마다 새 학기를 맞을 때면 학부모님에 대한 기대는 점점 사라지곤 했습니다.

그러던 중 2022년, 저는 제게 따뜻한 정서적 지지를 보내주신 네 분의 어머님들을 만나게 되었습니다. "선생님, 항상 애쓰시는 모습에 감사드립니다.", "도움이 필요할 때면 언제든 연락 주세요.", "쉬엄쉬엄, 선생님 몸 챙기며 아이들 돌보는 게 엄마들이 가장 바라는 일이에요." 이분들은 유치원의 크고 작은 행사에 적극적으로 자원봉사자로 참여하며 늘 든든한 버팀목이 되어주셨습니다.

그리고 그분들을 평생 잊지 못할 감동으로 기억하게 된 결정적인 사건이 있었습니다. 가을 햇살이 따스하게 쏟아지던 어느 날, 유치원 아이들과 부모님들이 함께 사과 따기 체험학습을 떠났습니다. 유아특수교사로 근무했던 경험을 통해 저는 익히 알고 있었습니다. 아무리 통합교육을 지향한다고 하더라도, 특수교육대상유아의 부모님들은 학급 전체 모임에 자연스럽게 어울리기 어렵다는 현실을요. 자의든 타의든, 보이지 않는 벽이 존재한다는 것을 말입니다.

하지만 그날, 제 눈앞에 펼쳐진 풍경은 제가 예상했던 모습과는 완전히 달랐습니다. 모든 부모님들이 억지로 무리를 만들려 하지 않고 자연스럽게 둥그렇게 둘러앉아 점심을 먹고 있었고, 그 안에는 당연하다는 듯 특수교육대상유아의 어머님도 함께 자리하고 계셨습니다. 서로의 안부를 묻고 일상적인 대화를 나누며, 아이들은 스스럼없이 서로의 도시락을 나눠 먹고 함께 뛰어놀았습니다.

교실 안에서는 교사들이 아무리 노력해도 어려웠던 진정한 통합이, 교실 밖에서는 너무나 자연스럽게 이루어지고 있었던 것입니다. 그리고 그 중심에는 늘 교사들을 지지하고 모든 아이들을 따뜻하게 품어주셨던 네 분의 어머님이 계셨습니다.

그 이후로도 어머님들은 끈끈한 유대감을 유지하며 긍정적인 관계를 이어가셨고, 그 아름다운 시너지는 자연스럽게 유치원 교실 안으로까지 스며들었습니다. 그날의 사과 따기 체험학습은 나들이가 아닌, 진정한 사회적 통합의 의미를 깨닫게 해준 특별한 순간이었습니다.

'함께'의 가치를 실천해 주시는 감사한 분들

## 8. "왜"라는 질문이 만든 변화

대학교에서 다양한 협력교수 모형을 배우며 이상적인 그림을 그려왔지만, 현실은 늘 '교사－보조자' 형태의 획일적인 모습으로 귀결되는 경우가 많았습니다. 교수의 주도권은 언제나 일반 교사에게 있었고, 유아특수교사는 그저 특수 아동을 위한 보조 인력 정도로 여겨지는 안타까운 현실을 자주 마주하게 되었습니다. 저 역시 유아특수교사로 일하던 시절, 그러한 역할의 한계 속에서 깊은 자괴감을 느낀 적이 많았습니다. 그래서 통합교사가 된 지금, 저는 낡고 고착화된 협력교수의 틀을 과감하게 깨고 혁신적인 변화를 시도해 보고 싶었습니다.

"일반 교사만이 교실 수업의 주체가 되어야 할까?", "유아특수교사도 충분히 수업을 주도하고, 아이들에게 긍정적인 영향을 줄 수 있잖아!", "왜 유아특수교사들은 특수학급에서만 역통합이라는 이름으로 영향력을 발휘할 수밖에 없을까?", "일반 학급에서도 주체가 되어 충분히 효과적이고 의미 있는 통합 수업을 이끌어 낼 수 있어!"

이러한 질문들은 반문이 아니라, 제가 과거 유아특수교사로서 느꼈던 깊은 갈증을 해소하고 진정한 통합교육을 실현하고자 하는 간절한 외침이었으며, 실제 교실 현장의 긍정적인 변화를 이끌어낸 강력한 동력이었습니다. 실제로 유아특수교사 송선영 선생님은 제가 속한 초록반 일반 학급에서 모든 아이들이 인정하는 '또 다른 담임교사'로 완벽하게 자리매김하셨습니다. 선생님의 존재는 협력교수가 역할 분담을 넘어, 진정한 공동 책임과 전문성의 나눔이라는 것을 생생하게 보여주는 살아있는 증거였습니다.

보호자 참여수업, 유아특수교사가 주도하는 협력교수

## 9. 차별의 그림자를 걷어내다

"특수반이 있는데 왜 거기서는 교육을 안 해?", "다른 유치원처럼 통합교육은 놀이 시간에만 하면 어때?", "우리 반은 내가 일관성 있게 지도하고 싶으니, 일주일에 한 번 정도만 역통합하면 되겠다." 유아특수교사로 일할 때, 제가 가장 많이 고민했던 건 바로 '특수학급'이라는 공간이 오히려 분리와 배제를 정당화하는 또 다른 형태의 차별이 될 수 있다는 점이었습니다. 물론 특수학급은 아이들에게 안정감을 주고, 필요한 교육을 받을 수 있는 소중한 공간입니다. 하지만 아이들이 기본적으로 머물러야 할 곳은 원적학급이어야 합니다. 특수학급이 있다고 해서 아이들이 항상 그곳에만 있어야 하는 건 아니니까요. 이 생각은 지금도 제 마음속에 깊이 자리하고 있습니다.

그러나 통합교사가 된 지금 저는 또 다른 현실적인 장벽을 마주했습니다. 올 한 해, 저는 개별적인 지원이 많이 필요한 특수유아가 포함된 완전통합학급을 운영하고 있습니다. 교사 혼자서 모든 유아를 감당하기도 벅찬 상황에서, 특수유아에게 하루 대부분의 손길이 집중되다 보니 보조 인력 지원을 여러 차례 요청했지만, 교육청의 재정 한계로 지원이 어렵다는 답변만 돌아왔습니다. 통합교사의 역할을 직접 경험해 보니, 통합교사들 역시 어려운 환경 속에서 최선을 다하고 있다는 걸 알게 되었고, 그 마음에 깊이 공감하게 됐습니다.

일반교육 중심의 통합교육을 권장하면서도, 그 통합이 제대로 작동할 수 있도록 제도적·재정적 지원을 하지 못하는 현실은 너무나 안타깝습니다. 더 안타까운 것은 운이 좋게 보조 인력을 배치받는다 하더라도 그 보조 인력이 특수교육대상유아의 특성과 지원 방법을 제대로 알고 있는 전문가가 아니다 보니 오히려 일관성 없는 지도로 아이들이 더 불안정해지고 교실 분위기 또한 어수선해진다는 점입니다. 전문성을 갖춘 유아특수교사가 현장에 많이 필요한 이유 중 하나입니다.

통합교육은 결코 이상적인 구호에 그쳐서는 안 되며, 영유아들의 삶과 배움에 실질적이고 긍정적인 영향을 미치는 중요한 교육 방식입니다. 그러나 그것이 제대로 작동하기 위해서는 교사 개인의 헌신만으로는 부족합니다. 제도적 뒷받침과 현실적인 지원이 함께 이루어질 때, 비로소 진정한 통합교육이 가능해질 것입니다.

## 10. 모두의 소속감이 피어난 곳 : 우리 교실

통합교육에서 가장 기본적인 것은 '소속감'입니다. 교사만 확인할 수 있는 서류에 백 번 표기된 원적학급보다 더 강력한 것은, 실제로 모든 유아들이 생활하는 교실 속에 모든 영유아들의 이름이 함께 적힌 사물함, 책상, 칫솔, 양치컵이 있는지 여부입니다. 이는 아주 사소한 것처럼 보이지만, 실제 통합교육 현장에서는 자주 간과되는 부분입니다.

많은 특수교육대상유아들은 자신들의 특수학급이라는 공간에 먼저 등원하여 가방을 정리하고, 식사 후 양치를 한 뒤 통합학급으로 돌아옵니다. 이러한 모습은 또래 유아들에게 생경하게 다가올 수 있습니다. "별이는 왜 희망반으로 가요?", "별이는 왜 우리 반에서 양치질 안 해요?" 이처럼 쏟아지는 궁금증은 시간이 지나면 자연스럽게 사그라들지만, 그 과정에서 별이는 '우리 반 친구이긴 하지만 특수학급 친구'라는 이미지로 자리 잡게 됩니다. 그렇기 때문에 소속감이라는 것은 아주 기본적이고 사소한 것에서부터 시작된다고 생각합니다. 같은 공간에서 함께 생활하고, 같은 물건을 사용하며, 같은 일과를 공유하는 것. 그 작은 일상이 쌓여 진정한 통합의 기반이 됩니다. 통합교육은 거창한 프로그램이나 서류가 아니라, 영유아들의 눈높이에서 시작되는 일상의 배려와 실천에서 자라납니다. 그리고 이것은 특수교육대상유아를 맡은 담임교사인 통합교사가 먼저 챙겨야 할 몫입니다. 유아특수교사가 눈치를 보며 부탁을 해야 하는 일이 아닙니다.

이러한 작은 배려는 단순히 특수교육대상유아에게만 이로운 것이 아니라, 모든 아이들에게 '함께하는 공동체'의 의미를 깨닫게 해줍니다. 서로 다른 배경과 능력을 가진 아이들이 같은 공간에서 서로를 이해하고 존중하며 성장하는 과정은, 교육의 범위를 넘어 사회적 통합의 모델이 됩니다. 결국 통합교육의 성공은 영유아들의 일상 속에서 시작되는 작은 배려와 실천에서 비롯됩니다. 이는 교육적 접근을 넘어, 사회적 통합의 기반이 되는 중요한 가치를 담고 있습니다. 행복한 교실은 바로 이러한 작은 배려와 실천이 쌓여 만들어지는 공간입니다.

## 11. 교실의 진짜 힘은 유연함에 있다

현장에서 교사로서 느끼는 가장 큰 딜레마는 바로 '역할의 균형'을 찾는 일입니다. 교사가 존재하는 이유는 내가 맡은 영유아들의 성장과 발달을 돕는 데 있지만, 현실은 녹록지 않습니다. 유아들에게 필요한 놀이와 수업을 설계하고, 생활지도와 가정 연계를 고민하는 것이 본질적인 역할임에도 불구하고, 실제로는 각종 업무에 쫓겨 하루 종일 책상 앞에 앉아 있다가 허겁지겁 교실로 들어가는 날이 많습니다. 수업 준비가 충분하지 못했다는 생각에 하루의 시작부터 불안감이 밀려오기도 하지요.

그럴 때마다 짝꿍 선생님이 곁에 있어 참 다행이고 감사한 순간들이 많았습니다. 짝꿍 선생님은 유아들의 관심사를 민감하게 포착하고, 아이들이 스스로 선택하고 주도할 수 있는 놀이 중심 교육을 누구보다 자연스럽게 실천하는 교사입니다. 그런 선생님을 보며 '교사는 완벽한 수업을 준비해야 한다'는 제 강박이 조금씩 풀어졌습니다.

2022년, 그 해의 우리 반은 송선영 선생님 덕분에 참 행복했습니다. 아이들이 좋아하는 포켓몬 캐릭터를 활용해 다양한 놀이를 펼쳤고, 하루 종일 캐릭터를 오리며 가위질 능력이 눈에 띄게 향상되었으며, 캐릭터 이름을 받아쓰며 한글을 익힌 친구들도 있었습니다.

그 시간들은 단순한 놀이를 넘어, 영유아들의 삶과 배움이 자연스럽게 연결된 소중한 경험이었습니다. 그리고 그 중심에는 언제나 아이들을 향한 따뜻한 시선과 유연한 감각을 지닌 송선영 선생님이 계셨습니다. 함께했던 그 해는 제게도, 아이들에게도 오래도록 기억될 특별한 한 해였습니다.

## 12. 우리의 마음이 모여 만든 배움과 성장

2022년, 그 해의 교실은 공간을 넘어선 진정한 배움의 공동체였습니다. 서로 다른 배경과 경험을 가진 두 교사가 만나, 통합교육이라는 이름 아래 함께 성장하며 교실을 풍요롭게 만든 이야기는 협력의 기록을 넘어, 교육의 본질을 깊이 있게 탐구하는 메시지를 담고 있습니다.

처음부터 '대박 날 것 같은 예감'으로 시작된 만남이었지만, 그 예감은 현실이 되었습니다. "그냥 해봐요!"라는 한마디로 시작된 협력은, 정교한 계획보다 더 강력한 실행력을 만들어냈고, 서로의 다름은 오히려 시너지가 되어 교실을 더욱 풍성하게 만들었습니다. 두 교사는 서로 다른 속도, 다른 렌즈, 다른 경험을 가지고 있었지만, 그 차이는 단점이 아니라 강점으로 작용했습니다. 서로 다른 배경을 가진 유아교사, 유아특수교사, 우리 두 교사는 함께 호흡하며 균형을 배웠고, 통찰을 나눴습니다. 때로는 시행착오 속에서, 때로는 영유아들의 웃음 속에서, 그리고 때로는 부모님들의 따뜻한 응원 속에서 그렇게 우리는 함께 자랐습니다. 이 과정에서 교사는 단순히 지식을 전달하는 역할을 넘어, 서로를 존중하고 신뢰하며 성장하는 동반자의 관계로 진화했습니다.

통합교육이란 결국 아이들만 성장하는 시간이 아닙니다. 교사도 함께 배우고, 함께 단단해지는 여정입니다. 이 여정은 단순히 교육적 성과를 넘어, 인간적 성장의 과정이기도 합니다. 두 교사는 서로의 강점을 인정하고, 약점을 보완하며, 아이들을 위한 최선의 교육 환경을 조성하기 위해 끊임없이 노력했습니다. 그 중심에는 서로를 존중하고 신뢰한 유아교사, 그리고 유아특수교사, 우리 두 교사가 있었습니다. 우리들은 단순히 같은 공간을 공유하는 동료가 아니라, 같은 목표를 향해 나아가는 동반자였습니다. 우리의 협력은 교실을 학습 공간이 아닌, 아이들과 교사 모두가 함께 성장하는 살아있는 공동체로 만들었습니다.

## 13. 작은 실천이 만든 큰 온기

한 교실에는 각기 특별한 아이들이 함께 어울려 지내듯, 유치원과 학교라는 작은 사회 속에도 다양한 구성원이 함께 살아갑니다. 유아교사로서 저는 유아특수교사, 관리자, 행정실과 급식실 직원 등 여러 분들과 다양한 관계를 맺으며 하루를 보냅니다. 그뿐만 아니라 눈에 보이지 않는 곳에서 묵묵히 유치원을 지켜주시는 분들도 계십니다. 지키미 선생님, 청소 봉사 선생님처럼 말이죠. 이 모든 분들은 유치원이라는 공동체를 이루는 소중한 일원입니다. 저는 유치원에서 만난 모든 분들의 이야기에 귀 기울이고, 그들을 존중하려고 늘 노력합니다. 누구보다 큰 목소리로 인사하고, 하루의 감사함을 표현하는 것도 그 노력의 일환입니다. 특히 하루 중 가장 많은 시간을 함께 보내는 짝꿍 선생님과의 관계는 그 어떤 것보다 중요합니다. 우리는 서로의 강점을 존중하며, 아이들을 위한 최선의 환경을 만들기 위해 끊임없이 소통합니다.

이러한 저의 모습이 아이들에게 긍정적인 본보기가 될 것이라 믿습니다. 아이들은 어른의 행동을 보고 자랍니다. 존중과 감사가 자연스럽게 흐르는 공간에서 자란 아이들은, 결국 더 따뜻한 사회를 만들어갈 것입니다. 저는 오늘도 그 믿음을 품고, 유치원이라는 작은 사회에서 하루를 시작합니다.

### 서로에게 전하는 진심 : '우리'는 함께 성장한다

나의 짝꿍 송선영 선생님!

우리가 처음 만났던 2022년, 유아특수교사로서 결핍이 가득했던 두 사람이 만나 작은 유치원이 매일 소란스럽고 활기찼었지요. 어쩌면 그 결핍이 도전과 열정의 동력이 될 수 있었던 것 같습니다. 덕분에 선생님과 함께한 2022년은 교사도, 아이들도, 부모님들도 '함께'의 가치를 배운 값진 시간들이 되었어요.

무엇보다 선생님의 긍정적인 에너지는 제게 큰 힘이었습니다. 앞만 보고 달리려는 저를 억지로 멈추게 하기보다는, "그냥 해봐요"라는 담백한 격려로 제게 용기를 불어넣어 주셨지요. 그 단순한 말이 놀랍도록 강력한 실행력을 만들어냈고, 서로의 다름은 오히려 교실을 더욱 풍성하고 다채롭게 채워주는 자산이 되었습니다.

선생님과 함께한 시간 속에서 저는 통합교육이란 아이들만 성장하는 시간이 아니라, 교사 또한 함께 배우고 고민하며 단단해지는 여정이라는 것을 깊이 깨달았습니다. 그리고 그 여정의 중심에는 서로를 존중하고 신뢰했던 우리 두 사람이 있었음을 잊지 않겠습니다.

송선영 선생님, 함께해 주셔서 진심으로 감사드립니다. 언젠가 또 다른 유치원에서, 다시 한번 함께할 수 있기를 진심으로 바랍니다.

# Section 2

송선영(경상북도구미교육지원청 특수교육지원센터 유아특수교사)

*협력교수는 따뜻한 두 손이 맞잡고*
*아이들의 성장을 응원하는 든든한 울타리이다.*

## 1. 걱정이 기대로 바뀌는 순간

새 학기, 새로운 학교, 새로운 짝꿍. 새로운 시작은 아이들만큼 저도 매번 떨리는 듯 합니다. 그런데 그 떨림은 기대보다 걱정이 더 앞서서 인 것 같습니다. '나는 또 어디서부터 통합교육을 이야기해 줘야 할까? 어디서부터 어른들을 이해시켜야 할까? 통합교육을 거부하는 교사를 만난다면 어쩌지?' 새 학기 시작 전, 저는 온갖 부정적인 경우의 수를 상상하면서 저만의 계획과 다짐을 반복하며 스스로를 단단하게 무장시킵니다.

짝꿍 교사를 선택하는 것은 모든 교사들에게 선택지가 없습니다. 우리에게 맡겨진 아이들로 인해 연결되는 교사들이 서로의 짝꿍이 됩니다. 특수학급에 만 3세 반 아이만 있다면 만 3세 반 담임과 짝꿍이 되지만, 만 3, 4, 5세 혼합연령의 1개의 특수학급에서는 각 연령별 짝꿍이 3명, 지원 인력이나 방과후교사들을 포함한다면 그 이상으로 많아집니다. 그들 모두와의 협력이 올해 통합교육의 성패를 좌우합니다.

새 학기 맞이 긴장으로 사실 류은영 선생님과의 첫 인상은 강력하게 기억나지 않지만 그저 여러 해를 거치며 다져진 나름의 사람 보는 눈으로 "올해는 그래도 크게 어렵진 않겠다. 다행이다." 정도의 느낌이 기억납니다. 단설에서의 경험만 있던 내게는 병설유치원이 또 하나의 새로운 도전이었습니다. 바뀐 환경과 업무들에 대해 물어야 했고, 다가가야 했습니다. 그러다 알게 된 류은영 선생님의 특별한 이력은 정말 "우와! 대박!"을 외칠 수밖에 없었습니다. 통합교육을, 특수교육을 설명하지 않아도 된다니 올해 무슨 운이 타고난 건지 감사할 따름이었습니다.

이제 나와, 나의 짝꿍, 우리에게는 1명의 아이와 그 아이와 함께 지내는 20여 명의 아이들이 생겼습니다. 이제 그들의 삶 중 1년의 시간이 우리에게 주어졌고 우리는 공동의 책임자가 되었습니다. "당신이 담임이니까, 당신이 유아특수교사니까 무언가를 더 해라, 덜 해라."는 중요하지 않습니다. 이젠 1년을 어떻게 같이, 무사히, 그것도 잘 보낼 것인가가 중요했습니다. 우리는 그렇게 시작되었습니다. 걱정, 우려, 부담, 긴장, 그리고 잘될 것 같은 기대!!

## 2. 공식 대신 일상 속 협력

매년 우리가 만나는 아이, 교사, 부모, 현장은 다릅니다. 정답은 없는 것이기에 우리는 끊임없이 함께 성장해야 했습니다. 각자의 전문성을 존중하며 서로의 다름을 배우는 과정에서 우리는 더 나은 교육을 만들어갈 수 있었습니다. 많은 영유아들 모두가 공동의 성장, 목표를 계획하고 이끌어 가는 것은 통합학급 담임인 유아교사의 역할인 것 같습니다. 특별한 교육적 요구를 가진 특수교육대상자와 그 아이를 둘러싸고 함께 성장해야 할 영유아들의 개인적인 요구와 욕구를 채워주는 것이 유아특수교사인 제가 맡아야 할 역할이라 생각합니다. 우리는 각자의 전문성을 적절히 발휘하며 협력했습니다. 많은 아이를 보며 놓치는 작은 부분은 유아특수교사가 채워주고, 소수만을 보느라 놓치는 저의 부족한 부분은 류은영 선생님이 채워주었습니다. 이렇게 서로의 약점을 보완하고, 강점은 키워주며 우리의 시너지를 창출할 수 있었습니다.

통합학급 담임과 유아특수교사 간 개별화교육협의회라는 공식적인 협의회가 있음에도 그 이야기를 꺼내기란 쉽지 않습니다. 학기 초 각자 아이들과 유치원 생활에 적응하느라 바쁘고, 쏟아지는 업무를 해내기에 벅차며 하루하루 도장깨기 하듯 바쁘게 흘러갑니다. 그런 와중에 모든 것을 멈추고 부모님과 관리자까지 모셔야 하는 공식적인 개별화교육지원팀 협의회를 제안하기란 쉽지 않습니다. 분명 유쾌하고 즐거운 자리도 아닐 테니 말입니다. 하지만 우리에겐 법적으로 그것을 해야 하는 이유가 분명하고, 그걸 활용해 교사들 간 서로 이야기할 시간을 만들 수 있습니다. 다만, 그런 형태가 꼭 회의의 형태를 가질 필요는 없습니다. 업무를 보는 유치원 원무실, 아이들이 함께 있는 교실, 학교 곳곳이 우리의 회의 장소였습니다. 우리는 같이 있을 때면 늘 아이들에 대해 이야기하고 수업에 대해 이야기하며, 매일매일 가까워지고 알아갔습니다.

## 3. 서로를 믿고 함께 걸어간 길

통합교육의 성공은 단순히 교사 각자의 교육 방법이나 기술에만 달려 있는 것이 아닙니다. 그것은 교사 간의 신뢰와 협력, 그리고 서로를 향한 진심에서 비롯된다고 생각합니다. 통합학급 류은영 선생님과의 협력은 저에게 신뢰의 씨앗을 심어주었고, 그 씨앗은 함께 성장하는 '우리'로 자라났습니다.

저에게는 이전에 경험했던 긍정적이지 못한 통합교육으로 인한 자격지심, 불안 같은 것이 있었습니다. '유아특수교사로서 통합학급에서 문제가 발생하면 어쩌지, 그로 인해 아이들이나 담임선생님이 힘들어하는 상황이 생기면 어쩌지' 하는 불안한 마음이 있었습니다. 더 나아가 '아이와 함께 우리가, 내가 배제되는 상황이 생기면 어쩌지' 하는 걱정도 있었습니다. 그런데 류은영 선생님의 아이들을 향한 진심과 노력을 보며 안심하고 신뢰하게 되었습니다. 선생님은 '우리'가 어쩌면 너무도 당연한 '모두'가 되는 경험을 하게 해주었습니다. 그 신뢰는 저에게 더 나은 유아특수교사로 성장하고 싶다는 욕심을 생기게 했습니다. 멈춰 있는 교사, 그만두고 싶어 하는 교사가 아니라 '더 일하고 싶다. 이왕이면 앞으로 나아가고 싶다. 더 멀리 나아가는 교사가 되고 싶다'는 생각을 하게 되었고, 그렇게 움직이게 되었습니다. 아마 이렇게 글을 쓰는 것도 그 덕분일 것입니다.

류은영 선생님은 한 아이도 놓치지 않기 위해 애쓰는 교사였습니다. 무엇보다 특수교육대상자를 따로 떼어놓지 않고, 그 아이와 부모님이 완전한 소속감을 느끼게 해주어 안심할 수 있는 담임교사였습니다. 아이들이 유치원에서 더 나아가 지역사회와 가정에서 다양한 활동을 경험하며 성장할 수 있도록 노력하셨고, 자신의 성장을 위해 끊임없이 공부하는 교사였습니다. 그런 노력과 아이들을 향한 진심을 보며 저도 배우려고 노력했습니다.

우리에겐 책임져야 할 1년이 있었고, 그것은 공동의 목표였습니다. 아무리 각자의 영역에서 잘하려고 해도, 통합학급과 유치원은 한 사람의 노력만으로는 이루어질 수 없습니다. 아이들, 학급, 유치원을 위해 우리는 끊임없이 대화하며 협력했습니다. 그것은 교사 간의 교육 철학이 조화를 이루며, 서로의 색깔을 만들어가는 과정입니다. 우리는 공동의 목표를 위해 끊임없이 대화하고, 서로의 의견을 존중하며, 때로는 비판도 받아들이며 함께 성장했습니다. 우리의 협력은 단순히 의견을 나누는 것을 넘어, 서로의 교육 철학을 이해하고 조화를 이루는 과정이었습니다. 서로의 의견을 말하고 존중하며, 때로는 비판도 해야 했고, 그런 비판을 받아들이기도 했습니다. 서로를 이해시키기 위해 각자는 자신의 영역에 대해 더 깊이 알고 있어야 했고, 그런 바탕이 있었기에 가끔은 날카로운 비판도 더 잘 받아들일 수 있었습니다.

## 4. 예상치 못한 도전, 우리 함께 해결하다

유치원 전체 행사로 놀이를 계획할 때, 참여 거부가 심한 특수교육대상학생이 있어 어려움을 겪었습니다. 어떤 형태로 활동을 진행할 수 있을지, 어떻게 하면 이 학생이 참여할 수 있을지 류은영 선생님과 함께 협의했습니다. 류은영 선생님은 특수학급 학생들이 참여하기 용이한 동선과 활동을 제안해 주었고, 저는 제일 거부가 심한 학생의 강점을 활용한 활동을 제안했습니다. 이 과정에서 류은영 선생님은 전체 놀이 흐름을 자연스럽게 잡아주었고, 저는 학생의 강점을 활용한 활동을 제안하며 협력했습니다.

통합교육 현장에서 가장 중요한 것은 각 학생의 개별적인 강점을 발견하고, 그것을 활용하여 참여를 이끌어내는 것입니다. 평소 참여 거부가 심한 이 학생은 그림 그리기를 좋아했습니다. 우리는 이 학생의 강점을 활용하여 행사에 참여할 수 있는 방법을 고민했습니다. 그래서 저는 이 학생만을 위한 그림 그리기 부스를 만들어 주기를 제안했습니다. 이 부스에서는 학생이 평소 좋아하는 그림 그리기를 통해 행사에 참여할 수 있도록 했습니다. 또한 그림을 그려 나눠주는 형태로 활동을 확장하여 다른 아이들과의 상호작용도 자연스럽게 이루어지도록 설계했습니다. 평소 좋아하는 활동을 통해 행사에 참여하면서 자신감을 얻었고, 다른 아이들과 그림을 나누며 상호작용도 자연스럽게 이루어졌습니다. 이 아이디어를 실현하기 위해 류은영 선생님과 함께 협력했습니다. 선생님은 전체 행사의 흐름을 자연스럽게 조율하며, 이 학생이 편안하게 활동에 참여할 수 있도록 지원했습니다. 우리는 서로의 아이디어를 존중하며, 학생의 강점을 활용한 창의적인 해결책을 찾아내며 문제를 해결했습니다. 교사나 지원 인력, 또래와 손을 잡고 다니며 모든 활동에 참여하는 것도 의미가 있지만, 학생이 강하게 거부하는 활동 외의 다른 활동으로 강점을 끌어내는 것이 더 의미 있다는 생각이 들었습니다.

강점을 드러내는 교육 : 공룡 그려드립니다

통합교육 현장에서 예상치 못한 어려움이나 문제에 직면했을 때, 팀워크는 가장 강력한 무기가 됩니다. 시간 부족, 자원 부족 등 현실적인 제약 속에서도 우리는 창의적인 해결책을 찾아내며 함께 문제를 헤쳐나갔습니다. 통합교육의 어려움은 예상치 못한 민원이나 학생들의 문제행동에서 비롯되는 경우가 많습니다. 모든 것이 어느 정도 예측 가능하다고 한다면 우리는 사전에 최대한 예방하고자 노력했습니다. 하지만 예상치 못한 상황이 발생했을 때, 우리는 서로의 강점을 활용하며 문제를 해결했습니다.

### 안정감 : 통합교육의 핵심 목표

통합교육의 목표는 아이들이 서로에 대한 거부감이나 불편함 없이 한 공간에서 함께 생활하며, 그 공간과 친구들, 교사들을 안전기지로 여기는 것입니다. 아이들이 안정감을 느낄 때, 그들은 서로를 존중하고 배려하며, 자연스럽게 상호작용합니다. 이는 단순히 함께 있는 것을 넘어, 서로를 이해하고 받아들이는 과정입니다. 유아특수교사로서 통합교육에서 제 개인적인 목표는 단순히 아이들이 함께 어울리는 것을 넘어, 그들이 서로의 안전기지로 여기며 안정감을 가지고 편안하게 생활하는 것입니다. 아이들이 안전하다고 느낄 때, 그들은 자유롭게 놀이하고, 놀이를 통해 배우며 성장합니다. 아이들은 안전하다고 느낄 때 비로소 놀이에 몰입할 수 있습니다. 놀이는 영유아들의 사회성, 의사소통 능력, 문제해결 능력 등을 키우는 중요한 도구입니다. 아이들은 서로의 놀이를 모방하고, 상호작용하며 놀이를 발전시킵니다. 하지만 불안하고 불편한 환경에서는 아이들이 경계심을 가지고, 놀이에 온전히 몰입할 수 없습니다.

우리는 각자의 장점을 살려 놀이 활동을 진행했습니다. 대집단 활동과 놀이 방향은 류은영 선생님이 주도하고, 소그룹 활동이나 개인적 촉진 등 디테일한 부분은 유아특수교사인 제가 맡기도 했습니다. 반대로, 유아특수교사가 놀이를 주도하고 류은영 선생님이 세부적인 부분을 지원하는 경우도 있었습니다. 이러한 유연한 역할 분담은 우리의 협력을 더욱 효과적으로 만들었습니다.

팀원 간의 효과적인 의사소통을 위해 우리는 정기적인 회의와 비공식적인 대화를 병행했습니다. 개별화교육계획 등을 위한 정기적인 회의, 유치원 운영을 위한 회의 등 다양한 형태의 회의를 통해 특수교육대상학생들의 교육 방법과 활동 참여에 대한 이야기를 나누었습니다. 예를 들어, 현장학습을 기획할 때 걷지 못하는 학생이 있다면, 그 부분에 대한 대안이나 방법을 함께 고민했습니다. 유아특수교사가 단독으로 결정하거나 실행하는 것이 아니라, 모두 함께 고민하고 해결하기 위해 노력했습니다.

다양한 우리가 함께 어울려 지내는 우리 모두의 교실

## 협력과 소속감의 중요성

유아특수교사로서의 역할은 때로는 존재감 없이 그림자처럼 지원하는 것처럼 느껴질 때가 있습니다. 이럴 때는 유아특수교사로서 소속감과 안정감이 낮아집니다. 아주 예전에는 통합교육을 거부하는 담임선생님을 경험한 적도 있습니다. 그 선생님은 철저하게 특수교육대상자의 일을 유아특수교사에게 분리시켰고, 본인의 아이가 아닌 것처럼 대했습니다. 그 결과, 아이들도 특수교육대상자를 '우리 반 친구'가 아니라고 인식하게 되었고, 관련 문제나 어려움이 있을 때마다 유아특수교사나 지원 인력에게 요청하며 해결해야 했습니다.

그런데 류은영 선생님은 먼저 협력해 주시고, 의논해 주시며 고민해 주셨습니다. 그런 선생님의 태도는 유아특수교사인 저에게도 소속감과 안정감을 주었습니다. 저 또한 특수학급에 속한 1, 2명의 아이들이 포함된 모든 통합학급 아이들을

'우리의 아이들'로 자연스럽게 인식하게 되었습니다. 이러한 인식은 개별화교육계획(IEP)에도 영향을 미쳤습니다. 늘 놓치고 있던 가장 중요한 인적 자원인 통합학급의 또래들을 다양한 형태로 활용하는 방법을 연구하며, 아이들이 함께 성장할 수 있도록 지원했습니다. 아이들이 서로를 이해하고 존중하며, 함께 성장하는 모습은 통합교육의 진정한 가치를 보여주는 순간이었습니다. 통합학급 담임교사와 유아특수교사, 모두가 함께하는 우리의 노력은 단순히 교육의 성공을 넘어, 유아들의 미래를 밝히는 중요한 밑거름이 되었습니다. 협력과 소속감, 그리고 서로를 존중하는 태도는 통합교육의 성공을 이끌어내는 데 필수적입니다.

### 통합교육의 벽을 높이는 제한점 : 혼합연령 특수학급

현재 우리 지역의 모든 유치원 특수학급은 1학급으로 혼합연령으로 구성됩니다. 이는 유아특수교사가 만 3, 4, 5세가 모두 섞인 연령의 특수학급을 맡게 되고, 그 아이들이 소속된 통합학급 담임과 방과후 담당교사 등 많은 사람과 소통하고 협력해야 한다는 것을 의미합니다. 특수교육대상유아들의 개별화교육계획(IEP)이나 관련 업무를 할 때, 소통하고 협력해야 할 대상이 많다는 것은 유아특수교사에게 큰 부담으로 다가옵니다. 학급별 놀이 주제나 활동의 차이 등은 유아특수교사가 역통합을 진행하거나 활동을 주도하게 될 때 시간 배분, 인력 배분 등 현실적으로 어려운 부분이 많습니다. 이는 유아특수교사에게 요구되는 역량이 너무 크다는 것을 보여줍니다. 이러한 제도적인 부분의 제약들이 통합교육의 큰 장애물이 됩니다.

### 통합교육 성공 핵심 3요소 : 소통, 관계, 협력

통합교육의 핵심은 '소통, 관계, 협력'이라고 생각합니다. 좋은 관계는 좋은 결과를 이끌어냅니다. 좋은 관계를 유지하고 협력자가 되려면 소통이 필수적입니다. 각자 개인이 맡은 역할을 소통 없이 잘 해내기만 해도 교육은 가능할 것입니다. 하지만 그것은 단순히 개인의 성취일 뿐입니다.

통합교육은 '함께'하는 교육입니다. 유아특수교사 하나만 잘한다고, 통합학급 담임의 능력이 아무리 뛰어나다고 해서 '함께' 통합교육을 잘했다고 말하기는 어렵습니다. 두 사람이, 더 나아가 유치원(학교) 구성원이, 그리고 학부모가 모두 좋은 관계를 가지고 소통하고 협력한다면, 어떤 어려움이 있어도 함께 잘 해낼 수 있을 것입니다.

## 배우며 성장하는 교사

교사의 역량 강화는 통합교육의 성공을 이끌어내는 데 전제조건입니다. 특히, 경력에 따른 연수의 차이가 있어야 한다고 생각합니다. 저경력 교사와 고경력 교사는 당연히 다를 수밖에 없습니다. 그러나 현장에서는 저경력 유아특수교사일지라도 전문성을 요구하며 많은 것을 기대하는 상황입니다. 학교에서 이론적인 부분을 배우고 나오지만, 현장은 그 이론만으로 해결되지 않는 부분이 더 많습니다. 교사의 역량 강화는 단순히 이론적인 지식을 넘어, 현장에서의 실질적인 경험과 지속적인 학습을 통해 이루어집니다. 다양한 현장 사례를 듣고, 학부모 상담 기술, 개별화교육협의회 운영, 통합학급 운영 등 실질적인 부분들에 대한 연수가 필요합니다. 이러한 연수는 교사들이 현장에서 직면하는 문제를 효과적으로 해결할 수 있는 능력을 키우는 데 도움이 됩니다. 경력이 많다고 해서 다 능력이 뛰어날 수 없습니다. 멈춰 있지 않으려면 끊임없이 배워야 한다고 생각합니다.

### 서로에게 전하는 진심 : '우리'는 함께 성장한다

사랑하는 류은영 선생님께

선생님이 보여주신 진심과 열정은 앞으로 제가 유아특수교사로서 더 나아가고 싶다는 마음을 가지게 해주었습니다. 선생님의 진심은 아이들에게 따뜻한 안정감을 심어주었고, 외롭고 혼자인 것 같은 유아특수교사인 저에게도 든든한 버팀목이 되었습니다. 선생님과 함께 또 다른 곳에서 일하게 된다면 더욱 발전된 완전통합을 도전해 볼 수 있지 않을까 하는 설레는 욕심도 생겼습니다.

선생님 덕분에 저와 특수교육대상학생들, 그리고 학부모님 모두가 '우리 반', '우리 선생님'이라는 따뜻한 소속감을 가지고 즐겁게 잘 지낼 수 있었습니다. 이러한 긍정적인 소속감은 아이들이 안정감을 느끼며 건강하게 성장할 수 있는 가장 중요한 기반이 되었다고 생각합니다. 선생님의 따뜻한 배려와 끊임없는 노력 덕분에 우리 반 아이들과 제가 행복하게 학교생활을 할 수 있었습니다.

선생님의 긍정적인 에너지와 따뜻한 마음은 주변 사람들에게 큰 힘과 용기를 줍니다. 앞으로 선생님과 함께하는 날을 기대하며, 선생님의 앞날을 항상 응원하겠습니다.

사랑하는 류은영 선생님, 다시 한번 진심으로 감사드립니다. 선생님과 함께여서 행복했습니다.

# 제 9 장
# 서툴지만 괜찮아 : 함께라서 든든해

# 제9장
# 서툴지만 괜찮아 : 함께라서 든든해

## Section 1

김유정(울산 약사가온유치원 유아교사)

*협력교수는 서로 다른 색깔의 물감이 만나*
*아이들의 배움 위에 조화로운 그림을 그려내는 일입니다.*

### 1. 나란히, 함께

유아교사로서, 통합학급 운영이라는 낯선 도전을 마주했을 때, 제 마음은 기대와 함께 미지의 영역에 대한 조심스러움으로 가득 차 있었습니다. 그때 저에게 '짝꿍'처럼 다가온 파트너 선생님(유아특수교사)과의 첫 만남은 마치 오랫동안 잊고 지냈던 교육의 본질을 다시금 깨닫게 해주는 신선한 충격이었습니다. 통합학급을 맡을 때마다, 새로운 유아특수교사를 처음 만나는 순간은 늘 설렘과 걱정이 공존하는 것 같습니다. 파트너 선생님과의 첫 만남은 참으로 인상 깊었습니다. 아이들과 장난스럽게 어울리면서도, 교육적으로 필요한 순간에는 단호하게 지도하시는 모습을 보며, '아, 함께라면 든든하겠다'는 생각이 들었습니다. 자신의 담당 학생뿐만 아니라 통합학급의 모든 아이에게 따뜻한 시선을 보내시는 저의 파트너, 특수선생님의 모습은, 저에게 잊지 못할 감동이었습니다. 선생님께서는 언제나 수업에 대해 깊이 있는 대화를 나누며 지혜를 보태주셨습니다.

함께하는 시간 속에서 아이들을 향한 저의 사랑은 더욱 깊어졌고, '아이들의 빛나는 성장을 돕는 진정한 통합교육'을 하고 싶다는 열망이 가슴 벅차게 차올랐습니다. 파트너 선생님과의 만남은 제게 전문적인 교육 지원의 중요성을 일깨워주었고, 대학원 진학이라는 새로운 배움의 길로 이끌어준 소중한 이정표가 되었습니다.

결국 우리가 함께 꿈꿨던 공동의 목표는 단 하나의 진리였습니다. 특수교육대상유아와 일반 유아가 서로를 구분하지 않고, 각자의 다름을 있는 그대로 이해하며 자연스럽게 하나 되는 것. 바로 그것이 진정한 통합교육이라는 흔들림 없는 믿음이었습니다.

파트너 선생님은 아이들과 눈높이를 맞추며 해맑게 웃다가도, 때로는 누구보다 단호하고 명확한 손길로 아이들을 이끄는 깊은 카리스마를 지니고 계셨습니다. 특수교육대상유아는 물론, 통합반의 모든 아이들에게 쏟아지는 선생님의 한결같은 세심한 사랑은 제 마음에 깊은 울림과 감동을 안겨주었습니다. 수업에 대한 적극적인 의견 교환과 진심 어린 고민들은, 제가 이미 탐구하던 특수교육이라는 세계에 더욱 깊이 빠져들게 했으며, 나아가 완전통합 유아에게도 맞춤형 개별화교육을 지원하고 싶다는 굳건한 신념을 제 마음속에 단단히 새겨주었습니다.

지난 시간을 되돌아보면, 선생님과의 만남은 통합교육이라는 길 위에서 제가 어떤 교사가 되어야 할지, 그 가슴 뛰는 방향을 선명하게 비춰준 소중한 등대였습니다. 우리가 함께 가슴으로 엮어낸 공동의 목표는 지극히 소박했지만, 그래서 더욱 빛났습니다.

### 신뢰의 씨앗 : 함께 성장하는 '우리'

통합교육을 성공적으로 이끌기 위해, 저는 무엇보다도 '아이를 바라보는 눈'을 배우고자 노력했습니다. 파트너 선생님은 아이의 행동과 습관을 누구보다도 깊이 이해하고 계셨고, 그 덕분에 저도 아이의 특성을 놓치지 않고 세심하게 관찰할 수 있게 되었습니다. 아이의 작은 변화나 행동 하나하나에 의미를 부여하며, 그 속에 담긴 메시지를 읽어내는 능력은 파트너 선생님의 전문성이었고, 그런 모습을 보며 저는 많은 것을 배울 수 있었습니다.

특히 잊을 수 없는 사건이 하나 있습니다. 어느 날, 우리 반 특수교육대상 아이가 교실에서 갑자기 사라진 적이 있었습니다. 그 순간 저는 깜짝 놀라 당황했고, 바로 다른 반 지원을 나가 계시던 파트너 선생님께 연락을 드렸습니다. 선생님은 아이의 특성을 떠올리며 "아마 도서관에 있을 거예요"라고 짐작하셨고, 정말 그곳에서 아이를 금세 찾을 수 있었습니다. 그 경험을 통해 저는 아이에 대한 깊은 이해와 전문성이 얼마나 중요한지를 온몸으로 느꼈습니다. 이 일은 단순히 아이를 찾은 사건을 넘어, 유아특수교사 선생님의 전문성과 아이에 대한 깊은 관심이 얼마나 큰 힘을 발휘하는지를 보여주는 순간이었습니다.

또한 평소에는 아이와 몸으로 잘 어울리며 함께 뛰놀고, 장난도 많이 치면서 친근하게 다가가시지만, 잘못된 행동에 대해서는 단호하게 지도하는 모습을 보여주셨습니다. 이런 균형 잡힌 태도는 저에게 큰 배움이 되었고, 아이를 지도하는 제 방식에도 긍정적인 영향을 주었습니다. 이렇게 파트너 선생님의 전문성과 태도에서 많은 것을 배우며, 저는 점점 더 성장할 수 있었고, 우리 사이의 신뢰도 더욱 깊어질 수 있었습니다.

특수교육대상유아가 그려준 유아교사와 유아특수교사

### 통합교육의 진정한 의미 : '우리'가 함께 그린 미래

통합교육을 실천하면서, 저와 파트너 선생님은 단순히 아이들을 가르치는 것을 넘어, 아이들이 서로를 이해하고 존중하는 법을 배우는 과정을 함께 만들어 나갔습니다. 이 과정에서 우리는 통합교육의 진정한 의미를 깨달을 수 있었습니다. 통합교육은 단순히 특수교육대상 아이들과 일반 아이들을 같은 공간에 두는 것이 아니라, 서로의 차이를 인정하고, 그 차이를 통해 함께 성장하는 것임을 배웠습니다. 특히 우리는 아이들이 서로의 다름을 자연스럽게 받아들이며, 함께 놀고 배우는 과정에서 진정한 통합이 이루어진다는 것을 보았습니다. 예를 들어, 특수교육대상 아이가 일반 아이들과 함께 놀이 활동에 참여하면서, 서로의 강점을 발견하고, 약점을 보완해 나가는 모습을 보며, 통합교육의 힘을 실감할 수 있었습니다. 이 모든 과정은 파트너 선생님과의 협력 없이는 불가능했을 것입니다. 우리는 서로의 전문성을 존중하며, 아이들을 위한 최선의 방법을 함께 고민하고, 실천했습니다. 이를 통해 우리는 단순한 동료를 넘어, 진정한 파트너가 될 수 있었고, 아이들에게 더 나은 교육을 제공할 수 있었습니다.

## 2. 함께 춤추는 교실 : 교실 환경과 혁신적 지원

유아교사로서 저는 아이들이 하루의 대부분을 보내는 교실이 단순히 물리적인 공간을 넘어, 유아들의 꿈을 키우고 잠재력을 꽃피우는 따뜻한 보금자리가 되어야 한다고 믿습니다. 통합교육을 실천하면서, 저는 교실 환경을 유아들의 개별 특성에 맞춰 혁신적으로 지원하는 것이 얼마나 중요한지 깨달았습니다.

### 침묵을 깨고 소통의 문을 열다 : 영유아들의 흥미를 유발하는 자료와 교구 제작

가장 효과적이었던 혁신적인 시도는 First/Then 카드였습니다. 이 교구를 사용한 아이는 예측하지 못하는 상황에서 불안을 크게 느끼고, 교사의 언어와 실물을 연결하기 어려워했습니다. 예를 들어, "비타민 줄게"라는 말을 듣더라도 자신이 좋아하는 비타민을 의미하는지 인지하지 못했고, 반드시 실물을 함께 보여주어야 이해할 수 있는 단계였습니다.

이를 해결하기 위해 흔히 사용하는 AAC 그림 자료 대신, 아이가 주변에서 실제로 접하는 것들을 사진으로 찍어 카드로 제작했습니다. 공간(교실, 급식실, 놀이터, 화장실 등), 사물(실내화, 운동화, 책상, 색연필 등), 보상(장난감, 비타민 등)으로 나누어 준비했고, 필요한 경우에는 가정과 협력하여 가정에서 사용하는 물건이나 상황 사진을 받아 카드에 추가했습니다. First/Then 판에 '먼저 해야 할 것'과 '그 다음에 할 것'을 사진으로 붙여 아이가 앞으로의 활동이나 보상을 시각적으로 예측할 수 있도록 지원했습니다.

그 결과 아이의 불안감이 눈에 띄게 감소했고, 교사의 언어적 설명이 줄어들면서도 활동 참여가 훨씬 원활해졌습니다. 무엇보다 아이가 '앞으로 무엇을 하게 될지 미리 알 수 있다'는 안정감을 얻으며 긍정적인 변화를 보였던 것이 가장 큰 성과였습니다.

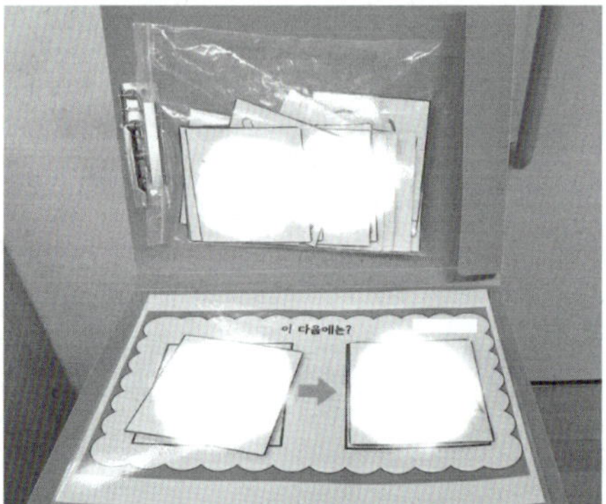


First/Then 카드 활용 사진

### 함께 성장하는 아이들 : 통합교육을 통한 놀라운 변화

통합교육을 통해 가장 크게 바랐던 변화는 아이들이 자기 자신을 긍정적으로 받아들이고 또래와 자연스럽게 어울릴 수 있는 힘을 키우는 것이었습니다. 이를 위해 개별화교육계획(IEP)을 수립하고 실행하는 과정에서 유아특수교사와의 협력이 매우 중요했습니다. 유아특수교사와 함께 아이의 강점과 약점을 논의하고, 현실적인 목표를 설정했습니다. 실행 과정에서 나타나는 변화나 어려움은 수시로 공유하며 계획을 수정했습니다.

특수교육대상유아 중에는 친구와 함께 놀고 싶어 하지만 놀이의 흐름을 파악하지 못하거나 친구가 화가 난 이유를 이해하지 못해 어려움을 겪는 경우가 있었습니다. 이럴 때 교사가 옆에서 상황을 관찰하다가 친구들의 말이나 감정을 다시 정리해 설명해 주었습니다. "지금 ○○○는 네가 블록을 갑자기 가져가서 속상한 거야. 먼저 '미안해'라고 사과하고 다시 같이 놀자고 제안해 보는 건 어떨까?" 또 사회적 상황 이야기를 활용하여 상황에 따라 어떤 행동이나 반응을 해야 하는지 등을 아이와 연습해 보기도 하였습니다. 그 결과 2학기 말에 되어서는 친구들과의 놀이에 좀 더 자연스럽게 참여하게 되었고, 감정적인 갈등도 많이 줄어들면서 긍정적인 변화를 보일 수 있었습니다.

### 문제행동, 긍정적인 변화를 이끌어내는 발판

저는 문제행동을 단순히 억제하기보다 아이의 요구를 파악할 수 있는 신호로 이해하려고 노력했습니다. 문제행동이 나타나면 상황을 기록하고 원인을 분석했습니다. 그리고 다르게 표현할 수 있도록 대체 행동을 지도했습니다. 올바른 행동을 했을 때에는 즉각적으로 칭찬과 같은 긍정적인 피드백을 제공하여 점차 긍정적인 행동으로 전환할 수 있도록 도왔습니다.

예를 들어, 한 아이가 교실 이동이나 정리 상황, 과제 제시 등에서 거부 행동을 보일 때, 파트너 선생님의 조언을 토대로 ABC 기록법으로 행동의 원인을 분석했습니다. 그 결과 예측 불가능한 상황에서 불안을 느낀다는 것을 알게 되었고, 다음 활동에 대해 미리 사진으로 보여주며 올바른 행동에는 즉시 칭찬과 보상을 제공했습니다. 이 과정을 모두 특수선생님과 공유하며 필요에 따라 계속해서 방법들을 수정해 가며 진행한 덕분에 긍정적인 변화를 관찰할 수 있었습니다.

저는 통합교육을 통해 아이들은 서로의 다름을 인정하고 존중하며 함께 성장하는 법을 배우게 된다고 믿습니다. 그리고 그 과정에서 교사는 유아들의 가능성을 믿고 기다려주는 든든한 지원군이 되어야 합니다. 앞으로도 저는 유아들의 행복한 성장을 위해 끊임없이 배우고 노력하며, 함께 춤추는 교실을 만들어갈 것입니다.

## 3. 함께 그리는 통합교육의 빛 : 유아교사와 유아특수교사의 협력교수 이야기

### 예상치 못한 어려움 : '우리'는 함께 헤쳐나간다

통합교육 현장에서 가장 크게 부딪혔던 어려움은 단연 '시간 부족'이었습니다. 유치원 행사와 각종 업무가 쉴 새 없이 밀려올 때면, 아이들을 위한 수업 준비에 온전히 집중하기가 쉽지 않았습니다. 그럴 때마다 파트너 유아특수교사 선생님께서는 늘 먼저 저를 배려해 주셨습니다. 역통합 활동의 비중을 늘려주신 덕분에, 통합학급 교사로서 수업 준비에 대한 부담이 한결 줄어들 수 있었습니다. 선생님의 따뜻한 배려 덕분에 저는 준비 과정에서 지치지 않고, 아이들에게 더 집중할 수 있었습니다.

또 하나의 어려움은 '인력 부족'이었습니다. 특별한 상황이나 야외활동처럼 손이 많이 필요한 순간에는 늘 인력 부족을 실감했습니다. 그럴 때면 우리는 서로 역할을 나누어 문제를 해결했습니다. 어떤 때는 제가 통합학급 아이들 중 특수교육대상유아들을 직접 데리고 집중적으로 돌보기도 하고, 반대로 유아특수교사 선생님이 다른 아이들을 보살피며 균형을 맞추기도 했습니다. 이렇게 서로의 역할을 유연하게 조정하며, 상황에 맞는 최선의 해결책을 찾아나갔습니다.

결국 중요한 것은 서로의 배려와 이해였습니다. 현실적인 제약은 분명 존재했지만, 혼자가 아니라 함께였기 때문에 상황에 맞는 적절한 방법을 그때마다 찾아낼 수 있었습니다. 지금 돌이켜보면, 예상치 못한 어려움들은 오히려 '우리'의 팀워크를 더욱 단단하게 만들어준 소중한 경험들이었습니다.

## 4. 투명한 소통과 공감으로 함께 빚어낸 통합교육 공동체

유아교사로서, 저는 통합교육의 성공은 교사와 아이, 그리고 학부모가 함께 만들어가는 아름다운 그림과 같다고 믿습니다. 학부모님들과의 진심 어린 소통과 굳건한 신뢰는 유아들의 행복한 성장을 위한 든든한 디딤돌이 되어주었습니다.

### '엄마의 마음' : 불안을 안심으로 바꾸는 공감의 마법

통합교육의 첫걸음, 학부모님들의 마음속에는 깊은 불안이 자리하고 있었습니다. '우리 아이가 혹 다치지는 않을까', '이곳에서 진정한 교육을 받을 수 있을까' 하는 걱정 어린 물음들이 저를 향해 쏟아져 내렸습니다. 저는 그 불안의 그림자를 걷어내기 위해 투명한 소통과 진심 어린 공감의 다리를 놓는 데 집중했습니다.

아이의 하루를 단순히 "잘 지냈어요"라는 한마디로 갈무리하는 대신, 섬세한 이야기들을 전했습니다. "오늘 ○○이가 친구에게 먼저 다가가 '같이 놀자'고 속삭였어요", "미술 시간에는 짝꿍과 함께 그림을 그리며 행복한 웃음꽃을 피웠답니다"와 같이 생생한 일화들을 들려드렸죠. 칭찬 스티커를 받으며 환히 웃는 아이의 얼굴, 친구의 따뜻한 손에 이끌려가는 사진들을 통해, 아이가 교실에서 얼마나 값진 순간들을 경험하고 있는지 마음으로 느끼실 수 있도록 최선을 다했습니다.

특히 공격 행동을 보이는 특수교육대상유아로 인해 일반 유아 학부모님들이 불안해하시는 경우에는 더욱 세심한 주의를 기울였습니다. 교사들이 어떤 방식으로 조치를 취하고 있는지, 해당 유아를 어떻게 교육하고 지원하는지를 매일 구체적으로 설명드렸습니다. "○○이가 공격적인 행동을 보일 때, 즉시 ○○이를 분리하여 안전한 공간에서 진정할 수 있도록 돕고 있습니다", "○○이가 감정 조절 훈련을 받을 수 있도록 유아특수교사 선생님과 함께 개별화된 프로그램을 진행하고 있습니다." 그날그날 유치원 모습들을 공유하며 학부모님의 이해를 돕고자 노력했습니다. 이러한 과정을 꾸준히 이어가자 한 달 정도 지나 일반 유아가 다시 안정감을 찾았고, 그와 함께 학부모님의 불안도 자연스럽게 해소될 수 있었습니다.

### 특수교육대상유아 학부모와의 끈끈한 신뢰 쌓기 : 우리 아이 혼자가 아니구나

특수교육대상유아의 학부모님들은 더욱 복잡하고 다양한 감정을 느끼실 것이라고 생각했습니다. 죄책감, 미안함, 불안감 등 말로는 표현하기 힘든 어려움들을 겪고 계실 그분들의 마음을 어루만져 드리고 싶었습니다.

학부모님과 신뢰를 쌓기 위해 저는 가능한 한 대면 기회를 자주 만들려고 노력했습니다. 아이를 직접 데리러 오실 때마다 짧게라도 인사를 드리고, 교실에서의 모습을 간단히 전해드렸습니다. "오늘 ○○이가 친구들과 함께 노래를 부르며 춤을 췄어요", "블록 쌓기 시간에 짝꿍과 협력해서 멋진 성을 완성했답니다." 통합학급에서 있었던 하루를 사진과 함께 공유하며, 학부모님이 아이의 작은 변화를 곁에서 느끼실 수 있도록 했습니다. 특히 "친구가 먼저 손을 잡아줬어요", "함께 그림 그리기에 참여했어요"처럼 또래와 어울린 긍정적인 순간을 강조하면서 학부모님께서 안심할 수 있도록 노력했습니다.

또한 특수학급에서의 모습까지 함께 이야기하며, 제가 특수선생님과 늘 긴밀히 협력하고 있다는 점을 강조했습니다. "오늘 특수선생님과 함께 감각 놀이를 하며 즐거운 시간을 보냈다고 해요", "특수반 친구들과 함께 그림책을 보며 이야기를 나누는 모습이 인상적이었어요." 학부모님 입장에서는 아이가 여러 선생님의 따뜻한 눈길 속에 있다는 사실이 불안을 덜어주었고, '우리 아이가 혼자가 아니구나'라는 굳건한 신뢰로 이어졌습니다.

### "진심은 통한다" : 투명성, 경청, 공감으로 맺은 끈끈한 유대감

사실 특별한 전략을 세우기보다는 진심을 담으려 노력했습니다. 아이의 하루를 단순히 '잘 지냈어요', '재미있게 보냈어요'라고 말하기보다, 한 편의 이야기처럼 사진과 구체적인 에피소드로 생생하게 전했습니다. "오늘 ○○이가 친구에게 '예쁜 모자네' 하고 먼저 칭찬해 줬어요," 혹은 "그림 시간엔 좋아하는 공룡을 정말 멋지게 표현했답니다!"처럼 말이죠.

칭찬 스티커를 받으며 환하게 웃는 아이의 얼굴이나, 친구들과 어우러져 깔깔대는 행복한 순간들이 담긴 사진을 함께 보여드리며, 아이가 얼마나 즐겁고 긍정적인 경험을 하고 있는지 그 마음까지도 고스란히 전해드리고자 했습니다.

또한 학부모님의 걱정을 충분히 경청하고 공감하며 함께 해결책을 찾으려는 진심 어린 태도를 보여드리고자 노력했습니다. "어머님께서 걱정하시는 부분에 대해 충분히 이해합니다. 저 역시 ○○이가 친구들과 잘 어울릴 수 있도록 최선을 다하겠습니다", "○○이의 행동에 대해 함께 고민하고 방법을 찾아나가는 동반자가 되어드리겠습니다." 교사이지만 아이에 대해 가장 잘 이해하고 계시는 학부모님께 먼저 다양한 방법에 대해 조언을 구함으로써, 함께 교육하는 동반자라는 의미를 전달하고자 노력했습니다.

### 교사로서의 성장 : 통합교육을 통해 얻은 소중한 교훈, 책임을 배우다

통합교육에서 유아들의 성장은 여러 차례 경험할 수 있었지만, 이 질문에서는 교사로서의 성장을 이야기하고 싶습니다. 완전통합 유아를 처음 맡았을 때 저는 준비도 부족했고, 개별화교육계획을 어떻게 세우고 운영해야 하는지조차 몰랐습니다. 배우려는 의욕도 크지 않아 결국 1년을 허비했고, 그 아이에게 충분히 의미 있는 시간을 주지 못했다는 미안함이 오래 남아 있습니다.

그 경험은 제게 큰 전환점이 되었습니다. 이후 두 번째로 완전통합 유아를 맡았을 때는 처음과 전혀 다른 자세로 임했습니다. 이번에는 개별화교육계획의 수립부터 실행, 평가까지 적극적으로 참여했고, 모르는 부분에 대해 전문가이신 파트너 선생님과 순회교사 선생님의 조언을 받아 부족한 점을 채워 나갔습니다. 아이가 조금씩 긍정적인 변화를 보이는 과정에서 저 역시 교사로서 책임을 다하고 성장하고 있구나 하는 뿌듯함과 안정감을 느낄 수 있었습니다.

저는 통합교육을 통해 아이들의 잠재력은 무한하며, 교사의 노력과 헌신에 따라 그 잠재력이 현실로 발현될 수 있다는 것을 깨달았습니다. 그리고 그 깨달음은 저를 더욱 성장하는 교사로 이끌었습니다.

통합교육은 거창한 교육 철학이 아니라, 아이 하나하나를 있는 그대로 받아들이고 존중하는 마음에서 시작된다고 생각합니다. 완전통합 유아를 맡으며 처음에는 막막하고 부족했던 제가, 파트너 선생님과 협력하며 조금씩 성장할 수 있었던 것처럼, 통합교육은 교사도 함께 배우고 성장하는 과정입니다.

미래의 교육자들에게 꼭 전하고 싶은 말은, 혼자 모든 것을 잘하려고 애쓰지 않아도 된다는 것입니다. 중요한 것은 서로에게 의지하고 배우며 보완적인 파트너가 되는 것, 그리고 아이들을 바라보는 따뜻한 시선을 잃지 않는 것입니다. 통합교육을 성공적으로 이끌기 위해 필요하다고 생각하는 교사의 자질로는, 끊임없는 성찰과 회복탄력성, 그리고 아이들을 끝까지 믿는 마음이라고 생각합니다.

앞으로 통합교육이 나아가야 할 길은, 특수교육대상 아이들이 단순히 '함께 있는 것'을 넘어서, '자연스럽게 친구들과 어울리고 성장할 수 있는 환경을 만들어가는 것'이라 생각합니다. 그러기 위해서는 교사 개인의 노력뿐 아니라, 제도적 지원과 학교 전체의 문화가 함께 뒷받침되어야 할 것입니다.

### 서로에게 전하는 진심 : '우리'는 함께 성장한다

나의 파트너 정은지 선생님께

정은지 선생님과 함께하면서 덕분에 늘 힘을 얻었습니다. 이 한마디에 모든 감사가 담겨 있는 것 같습니다. 혼자였다면 분명 버겁고 지쳐서 포기하고 싶었던 순간들이 있었을 겁니다. 하지만 늘 곁에서 든든하게 함께해 주신 선생님 덕분에 포기하지 않고 끝까지 힘을 낼 수 있었습니다. 마치 험난한 산을 오르는 여정에서 서로를 지탱해 주는 든든한 동반자 같았습니다.

영유아들의 작은 변화 하나하나를 누구보다 기뻐해 주시고, 예상치 못한 어려운 상황에서도 당황하지 않고 차분하게 문제해결의 방향을 잡아주시는 선생님의 모습은 늘 저에게 깊은 존경심을 불러일으켰습니다. 선생님의 지혜와 침착함 덕분에 위기를 슬기롭게 헤쳐나갈 수 있었습니다.

무엇보다도 제 이야기를 진심으로 귀 기울여 들어주시고, 제 의견을 존중해 주신 덕분에 저는 교사로서뿐만 아니라 한 사람으로서도 성장할 수 있었습니다. 선생님은 단순히 업무 파트너를 넘어, 저의 생각과 감정을 공유하고 지지해 주는 멘토이자 인생의 동반자였습니다.

앞으로도 선생님과 함께라면 그 어떤 어려움도 능히 헤쳐나갈 수 있을 것 같습니다. 늘 감사드리고, 지금처럼 서로에게 배우고 서로를 지지하며 함께 성장해 나가기를 진심으로 바랍니다.

선생님과 함께 만들어갈 앞으로의 날들이 더욱 기대됩니다.

# Section 2

정은지(울산 약사가온유치원 유아특수교사)

*협력교수는 아이들의 성장을 위해 기꺼이*
*자신을 내려놓는 겸손한 동행이다.*

## 1. '함께, 더 높이' : 유아특수교사가 협력교수를 통해 발견한 교육의 진실

유아특수교사로서, 저는 유아교사와의 협력교수를 통해 영유아들의 잠재력을 더욱 활짝 꽃피울 수 있었습니다. 서로의 전문성을 존중하고, 부족한 부분을 채워주며 함께 성장하는 과정에서, 저는 교육의 진정한 의미를 깨달았습니다.

### 첫 만남 : '짝꿍'의 탄생, 공통의 비전 아래 하나 되다

유아교사와 유아특수교사로서 처음 만났을 때, 저는 운명적인 이끌림을 느꼈습니다. 통합반 선생님께서는 이전 유치원에서 제가 친하게 지냈던 유아특수교사 선생님과 통합학급을 운영하신 경험이 있어서, 이미 좋은 분이라는 것을 알고 있었기 때문입니다. 함께 이야기를 나누는 첫날, 선생님의 온화하고 수용적인 태도는 제 기대를 훨씬 뛰어넘었습니다. 특히 선생님께서 특수교육대학원에서 공부를 하고 계신다는 이야기를 들었을 때, 질 높은 통합교육을 함께 진행할 수 있다는 확신이 들었습니다. 그렇게 '우리'는 한 팀이 되었고, 통합교육에 대한 각자의 기대와 우려를 솔직하게 공유하며 공동의 목표를 설정했습니다.

통합교육을 진행하며, 우리는 유아의 행동과 환경에 집중했습니다. 다행히 우리 유치원은 화장실을 사이에 두고 특수학급과 통합학급이 연결되어 있어서 수시로 이동하며 소통할 수 있었습니다. 특정한 상황이 발생하거나 중재의 효과가 보일 때 즉시 공유하며 유아의 발달을 함께 관찰했습니다. 이렇게 우리는 서로의 전문성을 존중하며 공통의 비전을 실현해 나갔습니다.

## 2. '함께 빛나는 우리' : 따뜻한 시선과 믿음으로 빚어낸 통합교육의 기적

통합교육 현장에서는 급작스러운 안전사고, 학부모의 민원 등 교사를 난처하게 하는 문제들이 끊임없이 발생했습니다. 그럴 때마다 우리는 혼자서 해결하려고 애쓰는 대신, 서로에게 손을 내밀었습니다. 통합학급의 유아들과 학부모의 인식은 통합교육의 질을 좌우하는 중요한 요소라고 생각했기에 파트너 선생님과 저는 유아의 성공적인 사회적 통합을 위해 지속적으로 노력했습니다.

한 유아는 또래의 물건을 빼앗거나 작품을 망가뜨리는 행동으로 관심을 얻는 것을 즐겼습니다. 파트너 선생님과 저는 그 아이의 사회적 통합을 위해 지속적인 행동 중재를 실행했습니다. 하지만 다른 반의 특수학급 유아들도 지원해야 하는 상황에서 한 유아의 중재를 적절한 상황에 바로 적용하는 것이 현실적으로 어려운 부분이 많았습니다.

그래서 행동 중재와 병행하여 역통합교육을 시행했습니다. 역통합교육을 통해 통합학급 유아들이 특수학급에서의 활동에 흥미를 가지고, 특수학급에 초대해 준 유아에게 호감을 가지게 되었습니다. 이로 인해 통합학급 유아들은 특수학급 유아에 대해 이전보다 긍정적으로 반응했고, 동일한 행동에 대한 유아들의 수용력을 높였습니다. 저는 이러한 경험을 통해 협력이 어려운 상황을 극복하고 긍정적인 변화를 이끌어내는 데 얼마나 중요한 역할을 하는지 깨달았습니다.

팀워크를 강화하기 위해 저와 파트너 선생님은 정기적인 협의회뿐만 아니라 일상 속에서도 지속적으로 소통했습니다. 다행히 우리는 화장실을 사이에 두고 학급이 연결되어 있었기 때문에, 서로의 교실을 자유롭게 오가며 영유아들의 상황을 공유하고, 필요할 때마다 즉각적으로 지원할 수 있었습니다. 이는 형식적인 회의나 보고보다 더 효과적이었고, 서로의 신뢰를 깊게 하는 데 큰 역할을 했습니다.

예를 들어, 특수학급 유아들의 등원 버스 도착 시간이 늦어서 학급에 교사 혼자 있는 시간이 길어질 때가 있었습니다. 그럴 때면 통합학급 문을 열고 "저 놀러 가도 되나요?"라고 물어본 후 통합학급 유아들의 놀이에 참여했습니다. 유아특수교사가 놀이에 이미 참여하고 있던 상황에서 특수학급 유아들의 놀이 참여가 증진되었습니다. 함께 지내며 자연스럽게 "오늘 뭐 할 거예요?", "내가 뭐 도와줄 거 있어요?"라고 질문했고, 학습 준비 중 도울 수 있는 부분을 도우며 유아의 개별적 요구에 맞게 활동을 수정하면서 통합교육을 위해 노력했습니다.

## 3. '내 아이'라는 마음과 자연스러운 소통, 성공적인 통합교육의 열쇠

성공적인 통합교육을 이끌었던 핵심 동력은 '내 아이'라는 마음이었습니다. 유아특수교사는 통합학급 유아들도 모두 자신이 볼 수 있는 사랑스러운 아이들이라고 생각해야 하고, 통합학급 교사는 특수교육대상유아도 우리 반의 일원인 '내 아이'라고 생각해야 합니다. 이는 유아기 발달 특성상 모든 유아가 크고 작은 개별적인 요구 사항을 가지고 있기 때문입니다. 특수교육대상유아이기 때문에 통합학급 교사가 교육적 지원을 전가하거나, 통합학급 유아이기 때문에 유아특수교사가 외면한다면 그 태도는 분리를 조장하게 됩니다. 통합교육의 성공은 교사들이 모든 아이를 '내 아이'로 여기며, 서로의 전문성을 존중하고 협력하는 데서 시작됩니다.

이 마음가짐이 없으면 통합교육은 단순히 물리적인 통합에 그치고, 진정한 교육적 통합을 이루기 어렵습니다.

저는 유치원 통합교육의 궁극적인 목적은 사고가 유연한 유아기에 다양성을 인정하고 함께 더불어 사는 사회의 기반을 다지는 것이라고 생각합니다. 이를 위한 단기적인 목적은 통합학급 유아들과 '우정'을 다지는 것입니다. 통합교육은 단순히 특수교육대상유아와 일반 유아를 같은 공간에 두는 것이 아니라, 서로의 차이를 인정하고 그 차이를 통해 함께 성장하는 과정입니다. 이를 위해 저는 지속적으로 특수교육에 대한 이해를 높이고, 교사로서의 역량을 강화하며, 학부모와의 소통을 통해 교육 공동체를 형성해 나가겠습니다. 또한 유아특수교사와의 협력을 통해 아이들이 자연스럽게 어울릴 수 있는 환경을 조성하고, 모든 아이들이 존중받으며 성장할 수 있는 교육을 실천하겠습니다.

## 영유아들의 작은 변화와 성장을 발견하고 격려, 따뜻한 피드백의 중요성

특수교육대상유아의 성장은 아주 천천히 나타납니다. 그래서 파트너 선생님과 저는 유아의 현재 발달 상황에 대한 지속적인 소통을 통해 정확한 유아의 상태를 파악하려고 노력했습니다. 현행 수준에 대한 정확한 판단은 작은 변화와 성장을 바로 알아차릴 수 있는 기반이 되었습니다.

긍정적인 피드백을 제공할 때에는 유아가 무엇으로 인해 피드백을 받고 있는지 명확하게 알려주었습니다. "○○이가 친구에게 '예쁜 그림이네'라고 칭찬해 줘서 선생님이 정말 기뻐", "○○이가 스스로 옷을 정리하는 모습을 보니 정말 훌륭하구나." 또한 피드백을 제공할 때에는 교실이 떠들썩하게 제공하면서 다른 유아들에게도 긍정적인 영향을 미칠 수 있도록 했습니다. 만약 수줍음이 많은 유아라면 모두에게 긍정적인 피드백을 줌과 동시에 한 번 더 언급하면서 유아의 행동이 긍정적 피드백을 받고 있음을 또래 유아가 자연스럽게 인식할 수 있도록 제공했습니다. 저는 긍정적인 피드백이 유아의 자존감을 높이고 긍정적인 행동을 강화하는 데 매우 효과적이라고 생각합니다. 칭찬과 격려를 통해 유아들은 자신의 능력을 믿고 긍정적인 방향으로 성장할 수 있습니다.

## '우리'는 새로운 길을 개척한다 : 아이 중심 교육

통합교육의 효과를 극대화하기 위해 저와 파트너 선생님은 다양한 혁신적인 시도를 했습니다. 교육 방법, 교재 개발, 환경 구성 등 모든 측면에서 영유아들의 흥미와 참여를 유발하기 위해 노력했습니다. 특히, 유아들이 자연스러운 상황에서 스스로 학습할 수 있도록 환경을 조성하는 데 중점을 두었습니다.

우리 반에서는 특정 도전 행동에 대한 지도를 특수교육대상유아에게만 국한하지 않고, 전반적인 모든 유아들에게 적용했습니다. 예를 들어, 친구의 물건을 허락 없이 만지거나 가져가는 행동을 목표로 설정한 유아가 있었습니다. 이 행동은 특수학급 유아의 개별화교육 목표로 설정된 행동이자 통합학급 유아 중 일부가 보이는 행동이기도 했습니다. 그래서 동일한 행동을 보였을 때 그 행동을 발견한 교사 모두 그 상황에서 일관적인 교수를 할 수 있었습니다. "친구의 물건을 가지고 싶을 때는 '나 이거 해봐도 될까?' 하고 물어봐야 해."라는 말을 공통적으로 교수했습니다.

반복적이고 일관적인 교수를 적용하니 유아들이 스스로 문제 상황에 적절하게 대처하는 모습을 보였습니다. 저는 이러한 통합적인 접근 방식이 모든 영유아들의 사회성 발달에 긍정적인 영향을 미친다고 생각합니다.

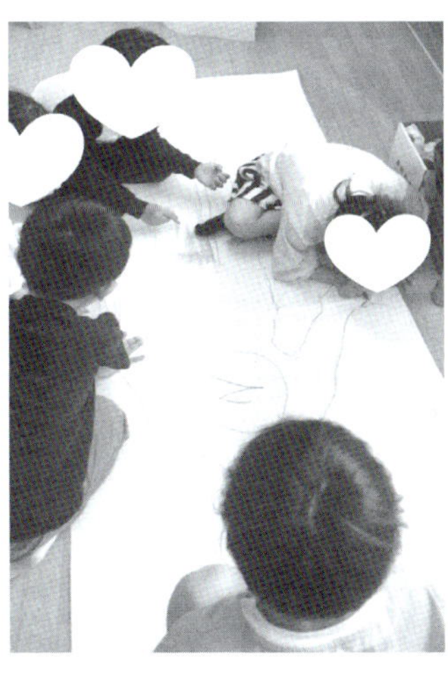

자연스럽게 놀이하는 유아들의 모습

### '함께 빛나는 우리' : 통합교육을 통해 피어난 긍정의 힘, 사회성 발달, 자존감 향상

유아특수교사로서 저는 통합교육을 통해 아이들이 경험하는 긍정적인 변화들을 보며 깊은 감동을 받았습니다. 서로 다른 개성을 가진 아이들이 함께 어울리고 성장하며, 긍정적인 사회성을 함양하고, 스스로를 존중하는 마음을 키워나가는 모습은 그 어떤 보상보다 값진 결실이었습니다.

파트너 선생님과 저의 궁극적인 목적은 유아들이 따뜻한 마음을 가지고 서로를 대하는 것이었습니다. 통합학급의 유아들과 특수학급 유아를 가리지 않고, 유아들이 서로 양보하고, 사과하고 용서하는 배려와 관용을 배우기를 바랐습니다. 질 좋은 통합교육을 통해 유아들이 졸업할 때 자신의 감정을 보다 적절하게 표현하는 법을 배웠고, 자신의 마음을 바라보면서 타인의 실수를 용서하는 관용을 베풀었습니다.

저는 통합교육을 통해 영유아들의 사회성이 긍정적으로 변화하는 것을 직접 경험했습니다. 유아들은 통합교육을 통해 배려와 관용을 배울 수 있는 기회를 가졌습니다. 특별한 교육적 요구가 있는 유아들의 행동에 대한 이유를 알게 되고, 그 행동에 적절히 대처하는 성인의 모습을 관찰하며 모델링했습니다. 이는 통합학급 유아들 간의 갈등 상황으로 일반화되어, 또래의 행동을 이해하려 하고, 사소한 실수에 예민하게 반응하던 유아들이 관용을 베푸는 모습을 보여주는 결과를 낳았습니다.

또한 저는 협력교수 유형 중 대안교수 방법을 많이 활용했습니다. 통합학급 교사가 전반적인 활동의 방법에 대해 안내하면, 유아특수교사는 대집단 활동에서 교사의 이야기에 집중하기 어려워하는 유아들에게 개별적으로 지원을 제공했습니다. 이 방법은 유아들이 활동에 흥미를 잃기 전에 즉각적인 안내를 할 수 있어 활동에 흥미를 지속시켜 학습 동기를 이끌었습니다. 또한 활동을 준비하며 추가적인 지원이 필요한 부분을 사전에 협의하여 학습의 효과를 증진했습니다.

저는 통합교육을 통해 유아들이 학습 능력을 향상시키는 것을 경험했습니다. 개별화된 지원을 통해 유아들은 자신의 수준에 맞는 교육을 받을 수 있었고, 이는 학습 동기를 높이고 학업 성취도를 향상시키는 데 기여했습니다.

그뿐만 아니라 유아의 성공 경험을 위해 현재 수행 수준을 파악하고, 지원이 있으면 수행할 수 있는 도전적인 활동을 제시했습니다. 예를 들어, 지체장애가 있는 유아가 숲놀이터를 갔을 때 처음에는 줄 타기를 어려워했지만, 교사와 손을 잡고 반을 건너고, 다음 기회에는 모두 건널 수 있도록 했습니다. 이러한 성공에 대한 내용은 가정과도 공유해 긍정적 피드백을 한 번 더 받을 수 있도록 지원했습니다.

저는 통합교육을 통해 유아들이 자존감과 자신감을 향상시키는 것을 확인했습니다. 긍정적인 피드백과 지지적인 환경 속에서 유아들은 자신의 능력을 믿고 긍정적인 방향으로 성장할 수 있었습니다.

저는 통합학급 유아들이 특수학급 유아의 등원 여부, 오늘의 기분, 현재의 상태, 행동에 관심을 보이며 사회적 통합이 성공적으로 이루어진 사례를 잊을 수 없습니다. 2년 동안 같은 반을 하는 유아들이 있었고, 그 유아들은 통합교육을 당연하게 받아들였습니다. 유아가 상동 행동을 하는 것을 활동을 하는 여러 가지 방법 중 하나로 활용했습니다.

특히 한 유아가 청각 과민을 보여 귀를 막는 경우가 많았는데, 통합학급 유아들은 "선생님, ○○가 시끄러운가 봐요. 우리가 조금 조용히 이야기할게요"라고 하며 서로 배려하는 모습을 보였습니다. 자유 놀이 시간에 특수학급 유아가 특정 유아에게 안기는 경우가 있었는데, 처음에는 그 유아가 당황하는 모습을 보였습니다. 그러나 교사가 "기분 나빴니? ○○가 너를 좋아해서 그런 행동을 했나 봐. 기분 나빴으면 사과하라고 가르쳐 줄게"라고 물어보자, 당황하던 유아가 "아니요, 기분 안 나빴어요. 괜찮아요"라고 이야기했습니다. 이렇게 통합학급 유아들의 감정을 존중하면서 통합교육을 진행하자, 어느 순간 통합학급 유아들이 경쟁적으로 특수학급 유아의 애정을 받기 위해 특수학급 유아가 좋아하는 활동을 하고, 놀이의 참여를 유도하기 위해 노력하는 모습을 보였습니다.

친구가 좋아하는 행동을 해준 후 함께 웃음짓는 유아들

### 미래의 교육자들에게 : '우리'의 메시지를 전합니다, 사랑과 헌신으로

저는 항상 "유치원 선생님들은 바보같이 착하다"라는 조금은 과격한 표현을 사용합니다. 선생님들께서는 사회가 가지는 오해 속에서 스스로를 지키며 유아들을 올바르게 자라나게 하기 위해 노력하십니다. 저는 이 선생님들 모두 이미 훌륭한 자질을 가지고 계신다고 생각합니다. 다만, 통합교육이 보다 원활하게 이루어지기 위해 부탁드리고 싶은 점이 두 가지 있습니다.

첫째, 유아의 발달이나 행동과 관련하여 유아특수교사의 시선이 필요하다고 느끼실 경우, 주저하지 마시고 도움을 요청해 주시길 바랍니다. 유아특수교사는 단순히 특수교육대상유아만을 위한 존재가 아니라, 모든 유아의 발달과 성장을 지원하는 데 중요한 역할을 합니다. 유아특수교사와의 협력은 통합교육의 질을 높이는 데 결정적인 역할을 합니다.

둘째, 본인의 교육활동 중 조정이 필요한 부분이 있다면 유아특수교사와 공유해 주시길 부탁드립니다. 교사 간의 소통과 협력은 통합교육의 가장 중요한 기반이 되기 때문입니다. 서로의 전문성을 존중하며 함께 고민하고 해결책을 찾는 과정에서 더 나은 교육을 제공할 수 있습니다.

통합교육은 단순히 특수교육대상유아와 일반 유아를 같은 공간에 두는 것이 아니라, 서로의 차이를 인정하고 그 차이를 통해 함께 성장하는 과정입니다. 이를 위해 교사들은 끊임없이 배우고 성장해야 하며, 서로를 신뢰하고 존중하는 태도가 필요합니다.

저는 앞으로도 모든 아이들이 존중받으며 성장할 수 있는 교육 환경을 만들기 위해 노력할 것입니다. 미래의 교육자 여러분, 통합교육의 가치를 믿고, 아이들을 향한 따뜻한 시선을 잃지 마시길 바랍니다. 함께라면 우리는 더 나은 교육을 만들어갈 수 있습니다.

### 서로에게 전하는 진심 : '우리'는 함께 성장한다

나의 짝꿍! 김유정 선생님께

팀원으로서 선생님께 진심으로 감사와 존경의 마음을 전합니다. 통합학급 선생님을 잘 만나는 것이 유아특수교사에게 얼마나 큰 복인지 다시 한번 깨닫게 해주신 선생님께 진심으로 감사드립니다.

선생님은 항상 열린 마음으로 활동의 방향을 제시해 주시고, 특수교육대상유아의 작은 의견 하나도 놓치지 않고 놀이에 적용할 수 있도록 세심하게 배려해 주셨습니다. 덕분에 아이들은 자신감을 가지고 적극적으로 활동에 참여할 수 있었고, 통합학급 안에서 모두가 함께 성장하는 기회를 얻을 수 있었습니다.

선생님께서 유아들에게 보여주신 애정 어린 눈빛과 따뜻하고 상냥한 말투는 저에게 큰 감동과 깨달음을 주었습니다. 때로는 저 자신을 되돌아보게 만들기도 했습니다. 선생님의 긍정적인 에너지와 아이들을 향한 진심 어린 사랑은 저에게 큰 영감을 주었고, 앞으로 제가 교사로서 나아가야 할 방향을 제시해 주었습니다.

선생님과 함께한 시간은 짧았지만, 제게는 잊을 수 없는 소중한 경험이었습니다. 선생님의 가르침을 마음속에 새기고, 저 또한 아이들에게 긍정적인 영향을 줄 수 있는 따뜻한 교사가 되도록 노력하겠습니다.

항상 감사드립니다.

# 제 10 장

# 경계를 허물고 서로에게 배우다

# 제10장
# 경계를 허물고 서로에게 배우다

한민경(대구대학교 유아특수교육과 겸임교수/
유아교사, 유아특수교사 역임)

## 유아교사들의 이야기 : 유아특수교사와의 협력교수를 통해 깨달은 다섯 가지 배움

통합교육은 특수교육대상유아를 일반 학급에 통합시키는 것을 넘어, 모든 아이의 개별적 요구와 잠재력을 존중하며 함께 성장할 수 있도록 지원하는 교육 철학의 실현입니다. 유아교사들은 통합교육 실천을 통해, 유아특수교사들과의 협력을 통해 전문성을 확장하고, 공감 능력을 향상시키며, 협력적 관계를 형성하는 등 다양한 측면에서 긍정적인 변화를 경험합니다. 이러한 긍정적인 변화는 교사들의 내면을 성장시키고, 나아가 아이들의 행복한 성장을 돕는 단단한 힘이 되어줍니다. 저 역시 유아교사이자 유아특수교사로서, 하나의 교실에서 짝을 이뤄 통합교육의 화음을 만들어낸 18명 선생님들의 이야기에 깊이 공감하며 큰 울림을 받았습니다. 그 공감을 담아 통합학급 선생님들이 파트너 유아특수교사와의 만남을 통해 얻게 된 다섯 가지 소중한 깨달음을 정리해 보았습니다.

## 1. 전문성 확장과 역량 강화 : 멈추지 않는 배움의 열정

유아특수교사들은 유아교사들에게 맞춤형 교육 전략과 다양한 교육 도구를 소개하며, 이를 통해 유아교사들은 영유아들의 다양한 요구에 더욱 효과적으로 대응할 수 있게 됩니다. 이는 교사들이 단순히 수업을 진행하는 차원을 넘어, 아이들의 학습 과정을 깊이 이해하고 지원하는 전문가로 성장하는 데 크게 기여합니다.

그러므로 통합교육은 유아교사들에게 새로운 교육 방법과 전략을 배우는 소중한 기회입니다. 유아특수교사와의 협력을 통해 유아교사들은 자신의 수업 역량을 연구하고 강화하게 됩니다. 전문성을 확장하려는 이러한 끊임없는 노력은 교사로서 더욱 발전하는 원동력이 되며, 단순한 지식 전달자를 넘어 아이들의 학습을 촉진하는 능동적인 안내자로 거듭나게 합니다.

배우고, 배우고, 또 배우다

## 2. 공감 능력 향상과 따뜻한 마음 함양 : 마음으로 소통하는 교사

통합학급 담임인 유아교사들은 유아특수교사와의 협력을 통해 깨달음을 얻었습니다. 아이의 감정을 읽고 공감하는 능력은 단순히 교사와 아이의 관계를 돈독히 할 뿐만 아니라, 아이들이 서로를 이해하고 존중하는 사회적 역량을 키우는 데에도 크게 기여한다는 사실입니다.

이 과정에서 서로에게 배운 점도 명확합니다. 유아특수교사는 '감정 이해와 공감'의 중요성을 전했고, 유아교사는 유아특수교사의 '따뜻한 인격적 태도'가 아이들의 마음을 여는 것을 목격했습니다. 특수 아동뿐 아니라 정서적 어려움이 있는 일반 아이들까지 변화시키는 이 따뜻한 마음이야말로 교육의 본질입니다.

## 3. 협력적 관계 형성 능력 증진 : 함께 만들어가는 교육의 성장

통합교육에서 교사 간의 협력은 더 나은 교육 환경을 만드는 데 결정적인 역할을 합니다. 유아교사들은 유아특수교사들과의 끈끈한 팀워크를 통해 현장의 어려움을 극복하고 시너지 효과를 창출할 수 있었습니다.

유아교사들은 동료 교사인 유아특수교사와의 협력, 그리고 학부모와의 소통을 통해 얻은 값진 경험을 통해 '함께함'의 중요성을 다시금 깨우쳤습니다. 마치 오케스트라가 각자의 역할을 존중하며 아름다운 음악을 탄생시키듯, 교사들이 서로 협력할 때 비로소 진정한 통합교육이 완성되었음을 고백하였습니다.

- 통찰 : 유아특수교사들은 유아교사들에게 '협력'의 진정한 가치를 전합니다. 협력은 단순히 문제를 해결하는 도구가 아니라, 교육 공동체 전체를 성장시키고 아이들을 지원하는 데 없어서는 안 될 필수적인 힘입니다.

## 4. 기다림의 미학 : 영유아들의 속도에 맞추다

유아특수교사들은 유아교사들에게 '기다림의 미학'을 실천하는 모습을 보여줍니다. 획일적인 틀에 아이들을 맞추려 하기보다는, 개별적인 요구와 발달 속도를 존중하며 아이들이 스스로 성장할 수 있도록 기다려주고 격려하는 모습은 교육의 진정한 의미를 깨닫게 합니다. 아이 한 명 한 명의 고유한 속도에 맞춰 섬세하게 지원하는 노력은 개별 맞춤 지원의 진정한 가치를 보여줍니다.

- 통찰 : 유아교사들은 유아특수교사들과의 협력을 통해 깨달았습니다. 기다림은 단순히 견디는 시간이 아니라, 아이의 잠재력을 믿는 가장 깊은 사랑의 표현이라는 사실을 말입니다. 이는 아이가 스스로의 속도에 맞춰 성장할 수 있도록 돕는, 무엇보다 소중한 교육 철학입니다.

## 5. 맞춤형 지원 : 침묵을 깨고 소통의 문을 열다

유아특수교사들은 유아교사들에게 영유아들의 개별적인 요구에 맞는 맞춤형 지원의 중요성을 깨닫게 합니다. 유아교사들은 무발화 아동이 PECS(그림 교환 의사소통 시스템)를 통해 자신의 요구를 표현할 수 있게 된 사례를 통해 개별 맞춤 지원의 놀라운 효과를 경험합니다. 아이의 특성과 필요에 맞는 적절한 의사소통 방법을 제공함으로써, 침묵 속에 갇혀 있던 아이가 세상과 소통하고 자신의 욕구를 표현할 수 있게 된 것입니다.

• 통찰 : 유아교사들은 유아특수교사와의 협력교수를 통해 '맞춤형 지원'의 진정한 의미를 알아갑니다. 그것은 단순한 교육 기술이 아니라, 아이의 가능성을 신뢰하는 사랑과 헌신입니다. 바로 이 마음이 아이의 삶을 긍정적으로 변화시키는 강력한 힘으로 작용합니다.

유치원에서 아이들의 대화 : 아이들의 생각을 탐험하다

## 유아특수교사들의 이야기 : 유아교사와의 협력교수를 통해 깨달은 점

통합교육은 단순히 특수한 요구를 가진 아이들을 일반 학급에 통합하는 것을 넘어, 유아특수교사들에게도 깊은 성찰과 성장의 기회를 제공합니다. 유아교사들과 함께 생활하며 그들의 교육 철학을 배우고, 자신의 교육관을 재정립하는 과정에서 유아특수교사들은 더욱 훌륭한 교육 전문가로 성장할 수 있습니다. 이 절에서는 유아특수교사들이 통합교육을 통해 어떻게 성장하고, 더 나은 교육 공동체를 만들어가는지 탐구합니다.

유아특수교사들은 유아교사들과의 협력을 통해 아이 중심 교육의 진정한 가치를 깨닫습니다. 유아교사들의 따뜻한 소통, 섬세한 배려, 그리고 창의적인 교육 방법은 단순히 교육 기술을 넘어, 영유아들의 마음을 어루만지고, 그들의 잠재력을 최대한으로 발휘할 수 있도록 돕는 사랑과 헌신의 표현입니다. 통합교육은 교사와 아이 모두에게 성장의 기회를 제공하며, 더 나은 미래를 위한 희망의 등불이 됩니다. 유아특수교사들은 이러한 경험을 통해 교육의 본질을 다시 한번 깨닫고, 함께 성장하는 기쁨을 누립니다

통합교육 현장에서 유아특수교사들은 유아교사들과의 협력을 통해 단순히 지식과 기술을 넘어, 교육의 본질과 아이 중심 교육의 진정한 가치를 깨닫게 됩니다. 유아교사들의 따뜻한 소통, 섬세한 배려, 그리고 창의적인 교육 방법은 유아특수교사들에게 새로운 시각과 영감을 제공하며, 함께 성장하는 기쁨을 누리게 합니다. 이 협력은 교육 방식을 넘어, 영유아들의 잠재력을 최대한으로 발휘할 수 있도록 돕는 사랑과 헌신의 표현입니다.

## 1. 소통과 공감 : 학부모와의 끈끈한 신뢰 구축

유아특수교사들은 유아교사들이 학부모와의 투명한 소통과 진심 어린 공감을 통해 신뢰를 구축하는 모습에서 깊은 감명을 받습니다. 이는 단순히 정보를 전달하는 것을 넘어, 학부모의 불안을 해소하고 교육 공동체의 일원으로서 적극적으로 참여할 수 있도록 돕는 중요한 과정입니다.

- 투명한 정보 공유 : 유아교사들은 학부모와의 소통을 위해 하원 시 영유아들의 일상을 공유하고, 학부모의 불안감을 해소하기 위해 노력합니다. 이는 학부모가 아이의 교육과정에 대해 이해하고 신뢰를 쌓는 데 중요한 역할을 합니다. 유아특수교사들은 이러한 투명성이 학부모와의 신뢰를 구축하는 데 얼마나 중요한지 깨닫습니다.

- 적극적인 참여 유도 : 유아교사들은 학부모 연수, 자원봉사 등 다양한 프로그램을 통해 학부모가 교육 공동체의 일원으로서 참여할 수 있도록 지원합니다. 이는 학부모가 교육에 대한 책임감을 느끼고, 아이의 성장에 적극적으로 기여할 수 있도록 돕습니다. 유아특수교사들은 이러한 참여가 학부모와 교사 간의 협력을 강화하고, 아이의 성장에 긍정적인 영향을 미친다는 것을 깨닫습니다.
- 공감과 이해 : 유아교사들은 학부모의 어려움을 공감하고, 긍정적인 피드백을 통해 학부모가 아이의 성장을 지지할 수 있도록 돕습니다. 이는 학부모와 교사 간의 긍정적인 관계를 형성하고, 아이의 교육 효과를 극대화하는 데 기여합니다. 유아특수교사들은 이러한 공감이 학부모와의 신뢰를 구축하는 데 얼마나 중요한지 깨닫습니다.

## 2. 긍정의 힘 : 작은 변화를 놓치지 않는 섬세한 관찰력

유아교사들은 영유아들의 작은 변화와 성장을 놓치지 않고 칭찬과 격려를 아끼지 않습니다. 이는 영유아들의 자존감을 높이고, 긍정적인 행동을 강화하며, 잠재력을 끌어올리는 데 중요한 역할을 합니다.

- 칭찬과 격려 : 유아교사들은 영유아들의 적극적인 참여를 유도하기 위해 칭찬과 격려를 아끼지 않습니다. 이는 아이들이 성취감을 느끼고, 더욱 적극적으로 활동에 참여하도록 동기를 부여합니다. 유아특수교사들은 이러한 긍정적인 피드백이 영유아들의 자신감을 높이고, 더 나은 성장을 이끌어내는 데 얼마나 중요한지 깨닫습니다.
- 지지적인 환경 조성 : 유아교사들은 긍정적인 피드백을 통해 아이들이 자신의 생각과 의견을 존중받는 경험을 하도록 돕습니다. 이는 아이들이 편안하게 자신을 표현하고, 새로운 도전에 두려움 없이 나설 수 있도록 격려합니다. 유아특수교사들은 이러한 지지적인 환경이 영유아들의 정서적 안정과 성장에 얼마나 중요한지 깨닫습니다.

## 3. 기다림의 미학 : 영유아들의 속도에 맞춘 개별 맞춤 지원

유아교사들은 영유아들의 개별적인 요구와 발달 속도를 존중하며, 획일적인 방식이 아닌 맞춤형 지원을 제공합니다. 이는 아이들이 자신의 속도로 성장할 수 있도록 돕는 중요한 교육 철학입니다.

- 섬세한 맞춤형 지원 : 유아교사들은 영유아들의 수준과 흥미에 맞는 자료와 활동을 제공하며, 시각적 자료를 활용해 활동을 단계별로 제시합니다. 이는 아이들이 학습에 더 쉽게 참여하고, 자신감을 키울 수 있도록 돕습니다. 유아특수교사들은 이러한 맞춤형 지원이 영유아들의 학습 효과를 극대화하는 데 얼마나 중요한지 깨닫습니다.
- 융통성 있는 교육과정 운영 : 유아교사들은 영유아들의 변화하는 흥미와 요구에 맞춰 교육과정을 유연하게 조정합니다. 이는 아이들이 학습에 대한 흥미를 유지하고, 긍정적인 학습 태도를 형성하는 데 기여합니다. 유아특수교사들은 이러한 융통성이 영유아들의 학습 동기를 유지하는 데 얼마나 중요한지 깨닫습니다.

## 4. 놀이 중심 교육 : 즐거움 속에서 피어나는 배움의 성장

통합교육 현장에서 유아특수교사들은 유아교사들의 유아 중심 교육 실천 사례를 통해 영유아들의 개별적인 요구를 충족시키고, 그들의 잠재력을 최대한으로 발휘할 수 있도록 돕는 교육 환경 조성의 중요성을 깨닫습니다. 예를 들어, 유아교사들은 영유아들의 흥미와 관심을 고려하여 맞춤형 활동을 제공하고, 아이들이 스스로 생각하고 표현할 수 있는 기회를 제공합니다. 이러한 유아 중심 교육은 유아특수교사들에게 영유아들의 가능성을 믿고 존중하는 교육 철학의 중요성을 되새기게 합니다. 유아특수교사들은 이러한 사례를 통해 자신의 교육 방법을 재조명하고, 영유아들의 개별적인 요구에 더 잘 부응할 수 있는 교육 환경을 조성하는 데 필요한 역량을 기울 수 있습니다.

유아교사들은 놀이를 통해 영유아들의 성장과 발달을 효과적으로 이끌어 냅니다. 놀이는 아이들에게 즐거움과 자유를 선사하며, 자연스럽게 학습이 일어나도록 돕는 강력한 도구입니다.

- 흥미 유발 : 유아교사들은 아이들이 좋아하는 활동을 중심으로 교육을 계획합니다. 이는 아이들이 스스로 배우고 성장하는 즐거움을 느끼며, 학습에 대한 긍정적인 태도를 형성하도록 돕습니다. 유아특수교사들은 이러한 흥미 유발이 영유아들의 학습 동기를 강화하는 데 얼마나 중요한지 깨닫습니다.
- 창의적인 놀이 지도 : 유아교사들은 영유아들의 흥미와 요구에 맞춰 놀이를 변형하고 확장합니다. 이는 영유아들의 창의력을 키우고, 무한한 가능성을 열어주는 데 중요한 역할을 합니다. 유아특수교사들은 이러한 창의적인 접근이 영유아들의 잠재력을 최대한으로 발휘하는 데 얼마나 중요한지 깨닫습니다.

## 5. 협력과 신뢰 : 교육 공동체의 힘

유아교사들은 팀워크와 협력을 통해 통합교육의 어려움을 극복하고 시너지 효과를 창출합니다. 이는 교사들 간의 신뢰를 구축하고, 교육 현장 전체의 역량을 강화하는 데 기여합니다.

- 팀워크 : 유아교사들은 동료 교사와의 협력을 통해 통합교육의 어려움을 극복하고, 더 나은 교육 환경을 조성합니다. 이는 교사들 간의 지식과 경험을 공유하고, 서로를 지지하며 성장할 수 있는 기회를 제공합니다. 유아특수교사들은 이러한 팀워크가 교육의 효과를 극대화하는 데 얼마나 중요한지 깨닫습니다.
- 학부모와의 협력 : 유아교사들은 학부모와의 신뢰를 바탕으로 적극적으로 참여하고 지지해 줄 수 있도록 돕습니다. 이는 학부모가 교육 공동체의 일원으로서 아이의 성장에 기여할 수 있도록 격려합니다. 유아특수교사들은 이러한 협력이 영유아들의 성장에 얼마나 긍정적인 영향을 미치는지 깨닫습니다.

# 통합교육 : 망설임을 넘어 용기를 내딛다

통합교육은 처음에는 망설임과 두려움을 동반할 수 있습니다. 그러나 이 망설임을 넘어 용기를 내딛는 순간, 통합교육은 교사들에게 무한한 성장과 발전의 기회를 제공합니다. 유아특수교사와의 협력을 통해 배려와 공감을 배우고, 자신을 되돌아보며 전문성을 확장하는 과정은 교사들을 더욱 성숙하고 유능한 교육 전문가로 성장시키는 원동력이 됩니다.

## 1. 교사의 내면에서 피어나는 변화 : 지속적인 성찰과 전문성 함양

### 첫째, 통합교육은 열린 마음으로 서로에게 배우게 합니다

겸손한 자세와 진심 어린 소통은 발전적인 교육 공동체의 기반이 됩니다.

특히 유아교사가 가진 '흥미를 이끄는 능력'과 '놀이 중심의 섬세한 관찰력'은 유아특수교사에게 훌륭한 영감이 됩니다. 서로 배우려는 이러한 태도는 단순한 개인의 전문성 강화를 넘어, 아이들을 위한 최적의 교육 환경을 함께 만들어가는 원동력이 됩니다. 열린 마음으로 경험과 지혜를 나누는 것이야말로 동반 성장의 필수 조건입니다.

### 둘째, 교육 철학에 대한 깊이 있는 성찰 : 끊임없이 배우고 성장하게 합니다

통합교육은 유아교사와 유아특수교사들에게 자신의 교육 철학을 되돌아보고, 끊임없이 배우고 성장할 수 있는 기회를 제공합니다.

유아교사들과 함께 생활하며 그들의 철학을 배우는 과정에서, 유아특수교사들은 자신의 교육관을 재정립하고 부족한 부분을 채울 수 있습니다. 예를 들어, 아이들의 창의성과 자율성을 키우기 위해 다양한 활동을 제공하는 유아교사의 모습은 유아특수교사들에게 교육의 본질에 대해 깊이 생각하게 합니다. 이는 단순한 지식 습득을 넘어, 교육 철학에 대한 깊은 성찰을 통해 더 나은 교육 전문가로 성장하는 소중한 계기가 됩니다.

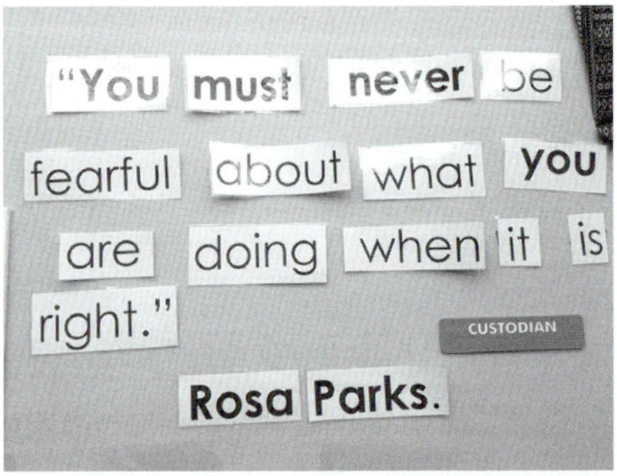


우리는 믿는다. 그리고 우리는 두려워하지 않는다.

## 셋째, 통합교육은 통합학급 담임교사와 유아특수교사들에게 마치 거울과 같은 역할을 합니다

통합학급에서 유아교사와 유아특수교사의 만남은 서로를 비추는 거울이 되어, 교사로서의 지난 시간을 돌아보고 더 나은 내일을 모색하게 합니다.

유아특수교사와의 협력은 지식의 배움을 넘어, 교육 철학을 깊이 되새기고 새로운 눈을 뜨게 하는 소중한 시간입니다. 아이들에게 꼭 맞는 옷을 지어주듯 맞춤형 교육을 고민하는 과정에서, 우리는 그동안의 방식이 얼마나 획일적이었는지, 그리고 얼마나 더 유연해져야 하는지 마음 깊이 깨닫게 됩니다.

## 2. 통합교육을 통한 새로운 언어 습득 : 이해와 공감의 폭을 넓히다

통합교육은 교사들에게 '새로운 언어'를 선물합니다. 이는 단순한 통합을 넘어, 아이들의 세계로 들어가는 열쇠가 되어줍니다.

이 언어를 배우며 교사는 특수교육을 머리가 아닌 가슴으로 이해하고, 아이들과 깊은 소통을 나누게 됩니다. 그 과정에서 우리는 아이가 겪는 어려움을 진심으로 헤아리게 되며, 그 안에 숨겨진 빛나는 잠재력을 찾아낼 지혜를 얻게 됩니다.

### 첫째, 통합교육은 교사들에게 가슴으로 읽어내는 새로운 언어를 선물합니다

통합교육 여정 속에서 우리는 아이들의 말 없는 어려움을 헤아리고, 그들의 작은 세상으로 들어가 공감의 숨결을 나누게 됩니다.

언어 발달이 느린 아이에게 다가가기 위해 배웠던 새로운 소통 방식은, 아이가 가진 표정과 몸짓이 얼마나 아름다운 언어인지 깨닫게 해주었습니다. 이는 단순히 지식을 넓히는 것을 넘어, 세상의 다채로운 빛깔을 오롯이 품어 안는 새로운 마음의 창을 얻는 것과 같습니다.

이처럼 유아교사와 유아특수교사가 함께 고민하며 일궈낸 포용적인 교육은 우리 모두의 교육 철학을 깊어지게 합니다. 통합교육은 누군가만을 위한 교육이 아니라, 교사와 아이들 모두가 함께 배우고 자라나는 가장 아름다운 성장통입니다.

### 둘째, 통합교육은 공감의 폭을 넓히는 과정입니다

통합교육의 현장은 이해를 넘어 깊은 공감이 피어나는 곳입니다.

자폐 스펙트럼 아이가 느끼는 불안을 감싸 안기 위해 애쓰는 순간, 교사는 아이의 작은 세상 속으로 들어가 그 감정을 함께 느끼게 됩니다. 이 따뜻한 공감은 교사와 아이를 진정으로 연결해 주는 다리가 되어줍니다. 아이가 바라보는 세상을 함께 바라볼 때, 우리는 비로소 아이를 위한 가장 좋은 길을 찾고 그 안에 숨겨진 보석 같은 잠재력을 발견할 수 있습니다.

### 셋째, 통합교육은 교육의 폭을 확장합니다

서로를 배우는 통합교육의 과정은 교사의 세계를 넓혀주는 문이 됩니다.

아이 한 명 한 명에게 닿기 위해 치열하게 고민하며 익힌 새로운 교육법들은, 결국 교실 내 모든 아이를 위한 비옥한 토양이 되어줍니다. 특수교육대상 아이를 위한 노력이 일반 아이들의 성장까지 돕는 유연함으로 이어지는 것입니다. 이처럼 통합교육은 단순한 지식 습득을 넘어, 모든 아이를 품을 수 있는 넓은 품과 단단한 실력을 길러줍니다. 교사로서 교육의 참된 본질을 깨닫고 더 깊어지는, 참으로 소중한 시간입니다.

## 3. 다름을 존중하는 마음 : 포용적인 시각으로 세상을 바라보다

통합교육은 아이들을 한 공간에 모으는 것을 넘어, 우리 모두가 '다름'의 가치를 배우는 아름다운 여정입니다.

'정상'과 '비정상'을 나누던 차가운 시선을 거두고, 아이 하나하나의 고유한 빛깔과 잠재력을 있는 그대로 바라보는 포용의 마음을 심어줍니다. 이 따뜻한 시선은 모든 아이를 소중한 존재로 품어 안으며, 서로 어우러져 함께 살아가는 세상을 만드는 가장 단단한 토대가 되어줍니다.

### 첫째, 통합교육은 교사들에게 영유아들의 '다름'의 아름다움을 이해하고 존중하는 마음을 키우는 소중한 기회를 선사합니다

이는 아이가 가진 어려움에 머물던 시선을 거두고, 저마다 지닌 고유한 빛깔과 잠재력을 바라보게 합니다.

활동 전환을 힘겨워하며 자신만의 놀이 세계에 깊이 빠진 아이가 있습니다. 교사는 다그치기보다 아이의 마음을 먼저 읽으려 노력합니다. 세상 밖으로 나올 수 있게 흥미의 다리를 놓아주고, 예측 가능한 기다림으로 불안을 감싸 안습니다. 이 따뜻한 조율의 과정 끝에, 교사는 아이가 품은 경이롭고 고유한 세계를 마주하게 됩니다.

### 둘째, 통합교육은 교사들에게 마음의 문을 활짝 여는 포용적인 시각을 선물합니다

이는 아이가 가진 다름을 '이해'하는 것을 넘어, 모든 아이가 품은 저마다의 빛깔과 고유함을 가슴 깊이 받아들이는 여정입니다.

언어 발달이 느린 아이에게 다가가기 위해 우리는 새로운 소통의 창을 엽니다. 그곳에서 표정과 몸짓이라는 언어가 얼마나 아름답고 풍성한지 깨닫게 됩니다. 이러한 깊은 이해는 아이의 숨겨진 잠재력에 날개를 달아주는 나침반이 되어 줍니다. 포용적인 눈으로 아이를 바라볼 때, 우리는 비로소 '가르치는 선생님'에서 아이의 삶을 함께 걷는 '진정한 동반자'가 될 수 있습니다.

### 셋째, 다양성을 존중하는 사회를 만들어갑니다

통합교육은 특수한 요구를 가진 아이들을 위한 교육이 아니라, 모든 아이들이 함께 성장하고 배우는 과정입니다. 이 과정에서 교사들은 영유아들의 고유한 개성과 잠재력을 존중하는 마음을 키우게 됩니다. 이는 단순히 교실 안에서의 교육을 넘어, 사회 전체에 다양성을 존중하고 함께 살아가는 문화를 만들어가는 데 중요한 역할을 합니다. 예를 들어, 특수교육을 통해 교사들은 아이들이 서로의 다름을 존중하고, 함께 협력하며 살아가는 방법을 배우게 됩니다. 이는 단순히 교실 안에서의 교육을 넘어, 사회 전체에 다양성을 존중하고 함께 살아가는 문화를 만들어가는 데 중요한 역할을 합니다.

우리는 서로에게 천군만마!

## 4. 통합교육 : 획일성을 넘어 개별 맞춤 교육으로 나아가다

통합교육은 단순히 특수한 요구를 가진 아이들을 일반 학급에 통합하는 것을 넘어, 획일적인 교육 방식을 벗어나 영유아들의 다양한 특성과 요구에 부응하는 개별화된 교육 방법을 끊임없이 탐구하도록 유도합니다. 모든 아이는 고유한 개성을 지니고 있으며, 통합교육은 이러한 개성을 존중하고 각자의 잠재력을 최대한으로 발휘할 수 있도록 맞춤형 지원을 제공합니다. 이는 단순히 특수교육에 대한 지식을 습득하는 것을 넘어, 교육의 본질에 대해 깊이 생각하게 하는 중요한 과정입니다.

### 첫째, 개별화 교육 : 획일성을 넘어 아이 한 명 한 명을 빛나게 합니다

통합교육은 획일적인 교육 방식을 벗어나, 개별 아동의 특성을 이해하고 맞춤형 지원을 제공하는 데 초점을 맞춥니다. 모든 아이는 저마다 다른 학습 속도, 관심사, 강점과 약점을 가지고 있습니다. 통합교육은 이러한 다양성을 인정하고, 각 아이의 잠재력을 최대한 발휘할 수 있도록 돕는 맞춤형 교육 방법을 탐구하도록 유도합니다. 예를 들어, 언어 발달이 느린 아이에게는 시각적 자료나 비언어적 커뮤니케이션 방법을 활용하여 학습을 돕는 반면, 수학적 재능이 뛰어난 아이에게는 더 높은 수준의 문제를 제공하여 도전의 기회를 제공할 수 있습니다. 이는 단순히 모든 아이에게 동일한 교육을 제공하는 것을 넘어, 각 아이의 고유한 요구에 맞춘 교육을 실천하는 것입니다. 개별화교육은 모든 아이가 잠재력을 최대한 발휘할 수 있도록 돕는 교육의 핵심 목표입니다. 이는 단순히 특수한 요구를 가진 아이들을 위한 교육이 아니라, 모든 아이에게 더 효과적이고 포용적인 교육을 제공할 수 있는 능력을 키우는 기회입니다.

### 둘째, 자기효능감 향상 : 어려움을 넘어 성취를 맛보게 합니다

통합교육은 예상치 못한 어려움과 도전을 동반하지만, 이러한 난관을 극복하는 과정에서 교사들은 자기효능감을 향상시키는 실천적인 전략들을 체득하게 됩니다. 어려움을 극복하고 성공적인 결과를 만들어내는 경험은 교사로서의 자신감을 높이고, 앞으로 더 큰 도전에 나설 수 있는 용기를 줍니다. 예를 들어, 특수한 요구를 가진 아이가 학급에 적응하고 성장하는 모습을 목격하는 경험은 교사에게 큰 성취감을 선사합니다. 이러한 성공적인 경험은 교사들이 더 큰 도전에 나설 수 있는 자신감을 키우고, 교육에 대한 열정을 더욱 고취시킵니다. 자기효능감은 교사들이 교육 현장에서 직면하는 다양한 문제를 해결하고, 더 효과적인 교육 방법을 모색하는 데 중요한 역할을 합니다. 통합교육은 교사들에게 이러한 자기효능감을 키울 수 있는 기회를 제공합니다.

### 셋째, 함께 성장하는 교사 공동체 : 체계적인 연수 프로그램의 힘입니다

통합교육의 성공적인 실천은 교사들이 서로 지식과 경험을 공유하고 함께 고민하며 성장할 수 있도록 지원하는 체계적인 연수 프로그램이 필수적입니다. 이는 교사들이 특수교육에 대한 이해를 높이고, 더 효과적인 교육 방법을 모색하는 데 중요한 역할을 합니다. 예를 들어, 특수교육 관련 연수, 워크숍, 컨퍼런스에 적극적으로 참여하여 전문성을 향상시키는 것은 교사들이 특수한 요구를 가진 아이들을 더 효과적으로 지원할 수 있는 능력을 키우는 데 중요한 역할을 합니다. 또한 교사 간의 협력과 소통을 장려하는 조직 문화를 조성하는 것도 중요합니다. 이는 교사들이 서로의 경험과 지식을 공유하고, 어려움을 함께 해결하며, 혁신적인 교육 방법을 개발하는 데 중요한 역할을 합니다. 체계적인 연수 프로그램은 교사들이 특수교육에 대한 이해를 높이고, 더 효과적인 교육 방법을 모색하는 데 중요한 역할을 합니다. 이는 단순히 특수교육에 대한 지식을 습득하는 것을 넘어, 교사들이 함께 성장하고 배우는 공동체를 형성하는 데 중요한 역할을 합니다.

함께 성장하는 우리들 : 함께 연수 참여하기

## 5. 학교, 협력의 문화를 꽃피우다 : 함께 만들어가는 통합교육의 미래

통합교육의 성공은 학교 차원의 체계적인 지원, 긍정적인 조직 문화 조성, 학부모의 이해와 참여, 그리고 교사들에게 전하는 용기와 격려가 모두 중요한 요소로 작용합니다. 통합교육을 실천한 18명의 교사들은 통합교육이 학교 전체의 협력과 지원 속에서 어떻게 더 큰 성과를 이룰 수 있는지 탐구하였고 다음과 같이 제안하였습니다.

### 첫째, 학교의 든든한 지원 : 교사의 교육 몰입을 위한 견고한 기반

통합교육이 성공적으로 안착하기 위해서는 학교 차원의 행정적·재정적 지원이 필수적입니다. 교사들이 안정적인 환경에서 오직 교육에만 집중할 수 있도록, 학교는 특수교육 관련 자료, 보조 교사, 그리고 적절한 교육 공간 등 필수적인 자원과 인프라를 충분히 제공하여 효과적인 통합교육 실천의 확고한 기반을 마련해야 합니다.

또한 교사 간의 활발한 협력과 소통을 장려하는 조직 문화를 조성하는 것이 무엇보다 중요합니다. 교사들이 자유롭게 경험과 지식을 공유하고, 어려움을 함께 해결하며, 혁신적인 교육 방법을 모색할 수 있는 환경이야말로 통합교육의 질을 높이는 핵심 동력입니다. 학교는 교사들이 서로를 존중하고 지원하며 함께 성장할 수 있는 포용적인 분위기를 조성하는 데 앞장서야 합니다.

### 둘째, 학부모와의 따뜻한 동행 : 이해와 공감으로 피어나는 소통

통합교육의 진정한 성공은 학부모님의 깊은 이해와 적극적인 참여 없이는 완성될 수 없습니다. 학부모님은 영유아 교육의 가장 소중한 파트너이며, 그분들의 긍정적인 인식과 지지는 통합교육의 효과를 무한히 확장하는 필수적인 요소입니다.

학교는 학부모님께 장애에 대한 올바른 지식을 전달하고, 통합교육이 아이들에게 가져다줄 긍정적인 변화를 마음으로 알리는 데 힘써야 합니다. 예를 들어, 학부모 워크숍이나 세미나를 통해 통합교육의 목표와 구체적인 방법을 설명하고, 부모님들이 교육 과정에 직접 참여하며 자신의 역할을 찾을 수 있는 기회를 적극적으로 제공할 수 있습니다. 나아가 교사, 학부모, 전문가가 함께 소통하고 지혜를 나누는 끈끈한 네트워크를 구축하는 것도 중요합니다. 이러한 협력은 학부모님을 교육 공동체의 핵심 구성원으로 이끌고, 영유아들의 빛나는 성장을 함께 지원하는 든든한 환경을 조성할 것입니다.

### 셋째, 교사에게 전하는 용기와 격려 : '혼자가 아닌 함께'

통합교육은 때로는 힘든 여정이 될 수 있습니다. 특히 특별한 요구를 가진 아이들을 가르치는 과정에서 교사들은 다양한 어려움에 직면할 수 있습니다. 이때 교사들에게 '혼자가 아닌 함께'라는 믿음을 심어주는 것이 중요합니다. 학교는 교사들이 어려움을 극복할 수 있도록 지속적인 지원과 격려를 제공해야 합니다. 작은 성공을 격려하고 함께 기뻐하는 긍정적인 분위기를 조성하는 것도 교사들의 사기를 높이는 데 중요합니다. 예를 들어, 특수한 요구를 가진 아이가 학급에 적응하고 성장하는 모습을 목격하는 경험은 교사에게 큰 성취감을 선사합니다. 이러한 성공적인 경험을 공유하고, 교사들이 서로를 격려하며 함께 성장할 수 있는 환경을 조성하는 것은 통합교육의 성공에 중요한 역할을 합니다.

혼자가 아닌 함께 : 통합교육 실천을 위한 다학문적 전문가들의 협력

혼자가 아닌 함께!

## 6. 통합교육 교사들이 제안하는 실천과제

통합교육의 성공적인 실천을 위해서는 체계적인 지원과 협력, 그리고 지속적인 전문성 개발이 필수적입니다. 여기에서는 통합교육을 더욱 효과적으로 실천하기 위한 구체적인 발전 방안을 제시합니다.

### 첫째, 지속적인 전문성 개발 : 교사의 역량 강화

통합교육을 효과적으로 실천하기 위해서는 교사들의 전문성이 지속적으로 개발되어야 합니다. 유아교사들은 특수교육 관련 연수, 워크숍, 컨퍼런스에 적극적으로 참여하여 특수한 요구를 가진 아이들을 더 효과적으로 지원할 수 있는 능력을 키워야 합니다. 이러한 전문성 개발은 교사들이 특수교육에 대한 이해를 높이고, 다양한 교육 방법을 탐구하며, 영유아들의 개별적인 요구에 맞춘 교육을 제공하는 데 중요한 역할을 합니다. 예를 들어, 특수교육 관련 연수 프로그램은 교사들에게 특수한 요구를 가진 아이들을 이해하고, 그들의 잠재력을 최대한 발휘할 수 있도록 돕는 방법을 배우는 기회를 제공합니다. 또한 교사들은 이러한 연수를 통해 새로운 교육 도구와 방법을 배우고, 이를 실제 교육 현장에 적용할 수 있습니다.

통합교육 전문성 향상을 위한 국제학술대회 참가

### 둘째, 유아특수교사와의 협력 강화 : 공동의 목표를 향해

통합교육의 성공은 유아특수교사와 통합학급 담임교사 간의 긴밀한 협력에 달려 있습니다. 정기적인 협의를 통해 교육 계획을 공동으로 수립하고, 정보를 공유하며 서로의 경험을 배우는 기회를 가져야 합니다. 이는 교사들이 특수교육에 대한 이해를 높이고, 더 효과적인 교육 방법을 모색하는 데 중요한 역할을 합니다. 예를 들어, 유아특수교사와 일반 교사가 함께 교육 계획을 수립하고, 특수한 요구를 가진 영유아들의 학습 목표를 설정하는 과정에서 서로의 전문성을 활용할 수 있습니다. 또한 교사들은 유아특수교사와의 협력을 통해 특수한 요구를 가진 아이들에게 맞춤형 지원을 제공하는 방법을 배우고, 이를 실제 교육 현장에 적용할 수 있습니다.

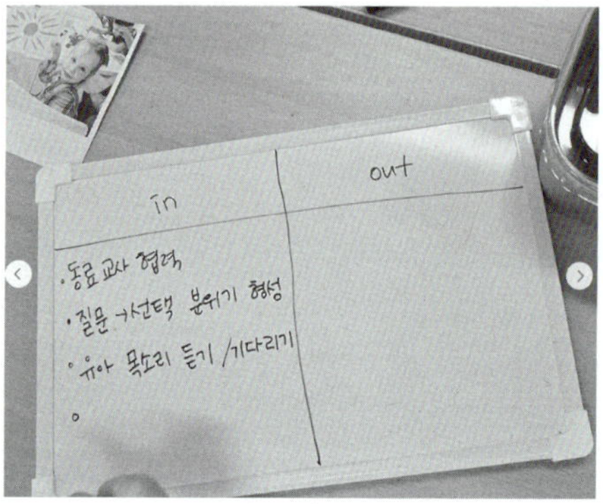


우리가 실천할 것들

### 셋째, 탄탄한 지원 체계 구축 : 교사가 교육에 온전히 몰입하는 환경 조성

통합교육이 성공적으로 뿌리내리기 위해서는 학교, 교육청, 그리고 지역사회가 긴밀하게 연대하여 다층적인 지원 체계를 구축하는 것이 필수적입니다. 교사들이 안정적인 환경에서 교육 본연의 역할에 집중하고 최고의 역량을 발휘할 수 있도록, 각 주체는 지속적이고 실질적인 지원을 아끼지 않아야 합니다.

학교 차원의 적극적 지원(교실 내 실행력 강화)이 필요합니다. 학교는 교사들이 교육에만 전념하도록 필요한 자원과 인프라를 충분히 확보해야 합니다. 특히 인적 자원 강화가 핵심입니다. 유아특수교사, 보조 교사, 특수교육 보조원 등 통합교육 관련 전문 인력을 충분히 확보하고 효율적으로 배치하여 교사의 부담을 경감합니다.

그리고 물적 환경 개선에 힘써야 합니다. 특수교육대상유아의 개별 특성을 고려한 맞춤형 교구, 보조공학 기기, 그리고 안정적인 휴식 공간 등 학습 및 생활 환경을 조성합니다(예 감각 자극에 민감한 유아를 위한 차분한 휴식 공간 마련, PECS 등 의사소통 도구 비치, 다양한 난이도의 그림책 구비 등).

가장 필요한 건 행정 부담 경감입니다. 교사들이 교육 활동 외의 불필요한 행정 업무에 시간을 낭비하지 않도록 시스템을 효율화하고 행정 지원 인력을 배치합니다. 그리고 협력 문화 조성의 중요성을 모두 깨닫고 실천해야 합니다. 교사 간 정기적인 통합학급 협의회, 사례 공유 시간을 마련하여 서로의 경험과 지식을 공유하고 협력적인 조직 문화를 장려합니다.

이러한 전방위적인 지원 체계가 견고하게 구축될 때, 교사들은 아이들의 개별적인 성장과 통합교육의 비전을 실현하는 데 온전히 몰입할 수 있으며, 이는 곧 모든 아이들이 행복하게 어우러지는 교육 현장으로 이어질 것입니다.

18명의 통합교육 실천가들은 한 목소리로 이야기합니다.

통합교육은 단순히 특수한 요구를 가진 아이들을 위한 교육이 아니라, 모든 교사와 아이들이 함께 성장하고 배우는 과정입니다. 이 과정에서 교사들은 서로의 경험과 지혜를 나누고, 더 나은 교육 환경을 조성하며, 아이들을 위한 최적의 교육 방법을 모색합니다. 통합교육의 미래는 이러한 협력과 지원 속에서 더욱 빛나게 될 것입니다.

협력교수는 하나의 목표를 향해 나아가는 두 개의 심장이 뛰는 여정이다.

# 저/자/약/력

- **백상수**
  대구대학교 사범대학 유아특수교육학과 교수
- **류은영**
  경상북도교육청 소속 유아교사
- **강솔**
  대전광역시교육청 소속 유아교사
- **김소원**
  충청북도교육청 소속 유아특수교사
- **김연재**
  강원특별자치도교육청 소속 유아교사
- **김유정**
  울산광역시교육청 유아교사
- **박수빈**
  경기도교육청 소속 유아특수교사
- **송선영**
  경상북도구미교육지원청 특수교육지원센터 유아특수교사
- **신민선**
  서울특별시교육청 소속 유아교사
- **양예림**
  대전광역시교육청 소속 유아특수교사
- **유민하**
  경기도교육청 소속 유아교사
- **윤원주**
  경기도교육청 소속 유아특수교사
- **이유라**
  서울특별시교육청 소속 유아특수교사
- **임재영**
  경기도교육청 소속 유아교사
- **전현태**
  충청북도교육청 소속 유아교사
- **정은지**
  울산광역시교육청 유아특수교사
- **하지윤**
  강원특별자치도교육청 소속 유아특수교사
- **한민경**
  대구대학교 유아특수교육과 겸임교수
  (대구교육청 유아교사, 유아특수교사 역임)

# 우리는 유아통합교육 교사입니다

**|공저자|** 백상수 · 한민경 · 류은영 · 강 솔 · 김소원 · 김연재
김유정 · 박수빈 · 송선영 · 신민선 · 양예림 · 유민하
윤원주 · 이유라 · 임재영 · 전현태 · 정은지 · 하지윤

**|1판 1쇄|** 발행 2025년 12월 30일

**|발행인|** 김 동 훈
**|발행처|** 공 동 체

**|주소|** 경기도 고양시 일산동구 호수로 358-39, 동문타워 I 905호(백석동)
**|전화|** 031) 814-3000(대표)
**|팩스|** 031) 814-3100
**|홈페이지|** http://www.compub.co.kr
**|전자우편|** compub@naver.com
**|출판등록|** 2005년 10월 6일
**|등록번호|** 제396-2005-36호

**|ISBN|** 979-11-7554-056-9
정가 20,000원